Rössner · Safferling | 30 Probleme aus dem Strafprozessrecht

30 Probleme aus dem Strafprozessrecht

Von

Dr. Dieter Rössner

ehem. Professor an der Philipps-Universität Marburg

und

Dr. Christoph Safferling, LL.M. (LSE)

Professor an der Friedrich-Alexander-Universität Erlangen-Nürnberg

4. Auflage 2020

Verlag Franz Vahlen

Zitiervorschlag: *Rössner/Safferling* StrafProzR

www.vahlen.de

ISBN 978 3 8006 6043 8

Wilhelmstraße 9, 80801 München
Druck: Druckhaus Nomos
In den Lissen 12, 76547 Sinzheim

Satz: R. John + W. John GbR, Köln
Umschlaggestaltung: Martina Busch, Grafikdesign, Homburg Saar

Gedruckt auf säurefreiem, alterungsbeständigem Papier
(hergestellt aus chlorfrei gebleichtem Zellstoff)

Vorwort 4. Auflage

Seit dem Abschlussbericht der Expertenkommission zur Reform der StPO des BMJV im Herbst 2015 ist der Gesetzgeber mehrfach aktiv geworden. Im Jahr 2017 wurde durch das Gesetz zur effektiveren und praxistauglicheren Ausgestaltung des Strafverfahrens der Katalog der heimlichen Ermittlungsmaßnahmen nicht nur neu strukturiert, sondern auch durch Quellen-TKÜ und Online-Durchsuchung erheblich erweitert. Mehrere kleine, oft durch den europäischen Gesetzgeber notwendig gewordene Anpassungen wurden vorgenommen, bis kurz vor Jahresende 2019 mit dem Gesetz zur Modernisierung des Strafverfahrens erneut erheblich in die Sturktur der StPO eingegriffen wurde. Klassische Fragen wie das Beweisantragsrecht und die Befangenheit wurden neu gefasst mit dem Zweck, Missbrauch zumal durch die Verteidigung vorzubeugen. Diese Änderungen sind in hohem Maße prüfungsrelevant und wurden von uns in der Neuauflage berücksichtigt und erläutert. Gleichwohl haben wir versucht, den Umfang des Buches in etwa beizubehalten. Zahlreiche Hinweise auf die aktuelle Rechtsprechungspraxis wurden neu aufgenommen, Exkurse wurden ausgebaut und Übersichten neu gefasst. Maßgeblichen Anteil an dieser Neuauflage hatte die wissenschaftliche Mitarbeiterin *Jana Trapp*. Sie wurde unterstützt von Frau *Daniela Karst*, Herrn *Johannes Lechler*, Frau *Janelle Paul*, Herrn *Lorenz Pokorny*, Frau *Melanie Rosa*, Frau *Alena Gallmetzer* sowie Herrn *Jindrich Sedlacek*.

Was die verwendete Sprache betrifft, so orientieren wir uns an den derzeitigen geschlechterbezogenen Gesetzesformulierungen, weshalb an mehreren Stellen das generische Maskulinum verwendet wird, dessen sich auch die StPO sowie das StGB bedient. Gleichwohl wollen wir an dieser Stelle darauf hinweisen, dass die Verwendung der männlichen Form in diesem Buch geschlechtsunabhängig verstanden werden soll. Unser Dank gilt einmal mehr dem Verlag Franz Vahlen und der Lektoratsleiterin *Bärbel Smakman*, die von der Konzeption überzeugt, diese Neuaufnahme ermöglichten. Wir danken auch für die vielen Zuschriften von Leserinnen und Lesern, die uns auf ärgerliche Fehler hingewiesen, aber auch neue Ideen vorgebracht haben. Sie wurden von uns gerne aufgegriffen. Wir freuen uns auch in Zukunft über Zuschriften, denn sicher wird auch in dieser Auflage trotz unseres intensiven Bemühens, nicht alles fehlerfrei sein.

Tübingen und Erlangen, Februar 2020 *Dieter Rössner und Christoph Safferling*

Vorwort 2. Auflage

Zehn Jahre sind seit der letzten Auflage vergangen. Die Neuauflage war längst überfällig. Die Emeritierung von Professor *Dieter Rössner* und die Hinzuziehung des Mitautoren Professor *Christoph Safferling* haben diese Verzögerung mitverursacht. Diese Neuauflage ist aber auch mehr als eine Aktualisierung der 30 Probleme. Wir haben neue Probleme aufgenommen und vor allem die »neuen Medien« einbezogen. Der Einsatz von Brechmitteln war in der 2. Auflage zunächst herausgefallen, wurde von uns nun aber wieder aufgenommen, zumal eine zwischenzeitlich ergangene Entscheidung des EGMR einen schönen Anlass bietet, um die zunehmende Beeinflussung des deutschen Strafverfahrensrechts durch die EMRK darzustellen (6. Problem). Außerdem musste der »Deal« nach der Entscheidung des BVerfG und der seither ergangenen Rechtsprechungstätigkeit des BGH völlig neu aufgestellt werden. Durch drei neue Zusatzfälle konnten wir die wichtigen Voraussetzungen der Untersuchungshaft, der Durchsuchung und der Telefon- und Wohnraumüberwachung als zentrale Prüfungsbereiche weiter vertiefen.

Wir haben auch versucht durch eine striktere Ordnung der Fälle an den Ablauf des Strafverfahrens, die Zugänglichkeit des Buches zu erleichtern. Erhalten bleibt der übergreifende, an strukturiertes Denken appellierende Ansatz der einzelnen Fälle. Um das Verständnis für die Gesamtstrukturen zu erleichtern haben wir noch weitere Übersichten eingefügt. Wir haben außerdem die vielzähligen weiterführenden Literaturhinweise nicht nur aktualisiert, sondern auch stark entschlackt, um die Leserinnen und Leser nicht mit Verweisen auf in die Jahre gekommene Aufsätze abzuschrecken, sondern sie eher zum Weiterlesen anhand von gezielt ausgewählten Werken zu animieren.

Die Konzeption der neuen Fälle wurde maßgeblich mit der wissenschaftlichen Mitarbeiterin an der Friedrich-Alexander-Universität Erlangen-Nürnberg, Frau Assessorin *Svenja Ottmann* erarbeitet. Unterstützt wurde sie dabei von der Mitarbeiterin, Frau Rechtsreferendarin *Laura Neumann*. Bei Recherche- und Korrekturarbeiten halfen außerdem die studentischen Hilfskräfte *Georg Bugsch*, *Laura Wanek*, *Sarah Wirth* und *Marlene Wüst*. Unser Dank gilt außerdem dem Erlanger Kollegen Professor *Felix Freiling*, der an seinem Lehrstuhl für IT-Sicherheitsstrukturen im Schwerpunkt IT-Forensik betreibt und uns bei den Fällen mit IT-Bezug segensreich beistand (8. Problem). Herzlicher Dank gebührt auch dem Verlag Franz Vahlen und der Lektoratsleiterin *Bärbel Smakman* für die wie immer perfekte Zusammenarbeit.

Die hier präsentierten Fälle wurden an der Friedrich-Alexander-Universität Erlangen-Nürnberg in einer Vertiefungsveranstaltung zur StPO in Vorbereitung auf die Veröffentlichung mit Studierenden durchgearbeitet. Sie haben sich dort bewährt. Wir hoffen, dass die Leserinnen und Leser ebenso von der Lektüre und häuslichen Nacharbeit des examensrelevanten Stoffs im Strafverfahrensrecht profitieren. Für Anregungen, Hinweise und Korrekturen sind wir stets dankbar (str1@fau.de).

Tübingen und Erlangen, Juni 2016 — *Dieter Rössner* und *Christoph Safferling*

Vorwort zur 1. Auflage

Der neue Band ergänzt die Reihe Klausurprobleme im Strafrecht um das Prozessrecht. Die 30 Fälle orientieren sich einerseits an den üblichen prozessualen Zusatzfragen im Rahmen materiellrechtlicher Strafrechtsklausuren sowie am Stoff der mündlichen Prüfung, bieten aber auch eine Grundlage für strafprozessrechtliche Schwerpunktsetzungen im Studium und die Vertiefung in der Referendarausbildung.

Das Buch ist als Repetitorium für den gesamten Ablauf des Strafverfahrens konzipiert und entsprechend gegliedert. Die 30 Probleme vermitteln nicht nur isoliertes Wissen über die Lösung eines (wichtigen) Einzelfalles, sondern im jeweiligen Vorspann unter der Überschrift »Ausgangspunkt« wird der Kontext und prozessuale Hintergrund der Problemstellung systematisch dargestellt. Auf diese Weise wird den Studierenden einerseits das gesamte examensrelevante Wissen des Strafprozessrechts abschnittsweise zur einprägsamen Wiederholung geboten, andererseits werden sie in die Lage versetzt, das Einzelproblem unter Bezug auf die Grundprinzipien sowie Strukturen und Systematik des Strafverfahrensrechts zu erfassen und zu durchdenken. Dadurch werden sie es ohne Schwierigkeiten bewältigen, Abweichungen von den Standardfällen in Klausuren mit überzeugender Argumentation zu bewältigen. Die Leser werden durch diese Lernmethode auch Einsichten zur prinzipienorientierten Rechtsanwendung im Verfahrensrecht erhalten.

Die unterschiedlichen Lösungsansätze des jeweiligen Problems werden mit ihren tragenden Argumenten unter einer möglichst griffigen Bezeichnung als »Lehre« oder »Annahme« in einer Überschrift zusammengefasst. Wichtiger ist freilich die Kenntnis der Argumentation. Diese muss nicht auswendig gelernt, sondern im Kontrast zu den anderen Lösungsansätzen verstanden werden. Auf diese Weise wird man befähigt, die Argumentation selbstständig und überzeugend darzubieten, auch wenn der zu bearbeitende Fall Abweichungen enthält.

Zum Lernen juristischer Argumentation im Rahmen dieses Repetitoriums wird auf die den Fällen vorgestellten »Hinweise zum effektiven juristischen Lernen« verwiesen. Hier finden sich Anregungen, wie Sie nicht nur das Wissen aufnehmen, sondern auch bei der Falllösung effektiv einsetzen können. Ein Beispiel dazu finden Sie in Problem Nr. 17.

Mein ehemaliger wissenschaftlicher Mitarbeiter, Rechtsreferendar Dr. *Emanuel Guhra*, hat das Entstehen dieses Bandes durch tatkräftige und engagierte Mitarbeit wesentlich gefördert. Ihm gilt mein herzlicher Dank ebenso wie Frau *Claudia Ersfeld*, die das Manuskript geduldig und zuverlässig erstellt hat.

Marburg, Mai 2003 *Dieter Rössner*

Inhaltsverzeichnis

Abkürzungsverzeichnis

aA .... andere Ansicht
aE .... am Ende
Abs. .... Absatz
AK .... Alternativkommentar
Anh. .... Anhang
AO .... Abgabenordnung
arg. .... argumentum
Art. .... Artikel
Aufl. .... Auflage

BayAGGVG .... Gesetz zur Ausführung des Gerichtsverfassungsgesetzes und von Verfahrensgesetzen des Bundes Bayern
BayObLG ...... Bayerisches Oberstes Landesgericht
BayVBl .... Bayerische Verwaltungsblätter
BayVGH .... Bayerischer Verwaltungsgerichtshof
Bd. .... Band
BeckRS .... Beck Online Rechtsprechung; Elektronische Entscheidungsdatenbank in Beck Online
Beschl. .... Beschluss
BGH .... Bundesgerichtshof
BGHSt .... Entscheidungen des Bundgerichtshofs in Strafsachen
BKAG .... Gesetz über das Bundeskriminalamt und die Zusammenarbeit des Bundes und der Länder in kriminalpolizeilichen Angelegenheiten (Bundeskriminalamtgesetz)
BMJV .... Bundesministerium für Justiz und Verbraucherschutz
BND .... Bundesnachrichtendienst
BT-Drs. .... Bundestagsdrucksache
BtMG .... Gesetz über den Verkehr mit Betäubungsmitteln (Betäubungsmittelgesetz)
BVerfG .... Bundesverfassungsgericht
BVerfGG .... Gesetz über das Bundesverfassungsgericht (Bundesverfassungsgerichtsgesetz)
BVerfGE .... Entscheidungen des Bundesverfassungsgerichts
BZRG .... Gesetz über das Zentralregister und das Erziehungsregister (Bundeszentralregistergesetz)

dh .... das heißt

EGGVG .... Einführungsgesetz zum Gerichtsverfassungsgesetz
EGMR .... Europäischer Gerichtshof für Menschenrechte
Einl. .... Einleitung
EMRK .... Konvention zum Schutz der Menschenrechte und Grundfreiheiten
EuGH .... Europäischer Gerichtshof
EuHb .... Europäischer Haftbefehl
EuHbG .... Europäisches Haftbefehlsgesetz
EuHb-RB. ...... Rahmenbeschluss des Rates vom 13. Juni 2002 über den Europäischen Haftbefehl
EUR .... Euro
EuRhÜbk ...... Übereinkommen über die Rechtshilfe in Strafsachen zwischen den Mitgliedstaaten der Europäischen Union

FS .... Festschrift
f./ff. .... folgende
Fn. .... Fußnote

GA .... Goltdammer's Archiv für Strafrecht (Zeitschrift)
gem. .... gemäß
GG .... Grundgesetz
ggf. .... gegebenenfalls
GRCh .... Charta der Grundrechte der Europäischen Union
GrS .... Großer Senat für Strafsachen
GS .... Gedächtnisschrift
GVG .... Gerichtsverfassungsgesetz

hM .... herrschende Meinung
HRRS .... Online-Zeitschrift für höchstrichterliche Rechtsprechung zum Strafrecht
Hs. .... Halbsatz

idR .... in der Regel
IPBPR.......... Internationaler Pakt über bürgerliche und politische Rechte
IRG............ Gesetz über die internationale Rechtshilfe in Srafsachen
iSd .... im Sinne des/der
iVm .... in Verbindung mit

JA .... Juristische Arbeitsblätter (Zeitschrift)
JGG .... Jugendgerichtsgesetz
JR .... Juristische Rundschau (Zeitschrift)
JuS .... Juristische Schulung (Zeitschrift)
JZ .... Juristen Zeitung (Zeitschrift)

KG .... Kammergericht
KK-StPO .... Karlsruher Kommentar zur StPO
KMR .... Kleinknecht/Meyer, Kommentar zur StPO

Lfg............. Lieferung
LG .... Landgericht

mwN .... mit weiteren Nachweisen
MDR .... Monatsschrift für Deutsches Recht

NJOZ .... Neue Juristische Online-Zeitschrift
NJW .... Neue Juristische Wochenschrift
Nr. .... Nummer
NStZ .... Neue Zeitschrift für Strafrecht
NStZ-RR .... Neue Zeitschrift für Strafrecht – Rechtsprechungsreport
NTS-ZA .... Zusatzabkommen zu dem Abkommen zwischen den Parteien des Nordatlantikvertrages über die Rechtsstellung ihrer Truppen hinsichtlich der in der Bundesrepublik Deutschland stationierten ausländischen Truppen
NVwZ-RR ...... Neue Zeitschrift für Verwaltungsrecht – Rechtsprechungsreport

o. .... oder
OLG .... Oberlandesgericht

PAG .... Polizeiaufgabengesetz
Pkw .... Personenkraftwagen

RiStBV .... Richtlinien für das Straf- und Bußgeldverfahren
Rn. .... Randnummer

S. .... Satz, Seite
s. .... siehe

SDÜ .... Übereinkommen zur Durchführung des Übereinkommens von Schengen vom 14. Juni 1985 zwischen den Regierungen der Staaten der Benelux-Wirtschaftsunion, der Bundesrepublik Deutschland und der Französischen Republik betreffend den schrittweisen Abbau der Kontrollen an den gemeinsamen Grenzen
SK-StPO .... Systematischer Kommentar zur StPO
sog. .... so genannt
stRspr .... ständige Rechtsprechung
StGB .... Strafgesetzbuch
StPO .... Strafprozessordnung
str. .... streitig, strittig
StrafProzR ...... Strafprozessrecht
StrafVerfR ...... Strafverfahrensrecht
StS .... Strafsenat
StV .... Strafverteidiger (Zeitschrift)
StVO .... Straßenverkehrs-Ordnung

TKG .... Telekommunikationsgesetz

uU .... unter Umständen
UNCAT .... Übereinkommen gegen Folter und andere grausame, unmenschliche oder erniedrigende Behandlung oder Strafe (Anti-Folter-Übereinkommen)
Urt. .... Urteil

v. .... vom
v.A.w .... von Amts wegen
VereinsG .... Gesetz zur Regelung des öffentlichen Vereinsrechts (Vereinsgesetz)
VerwArch ...... Verwaltungsarchiv
VGH .... Verfassungsgerichtshof
vgl. .... vergleiche
Vor .... Vorbemerkung
VStGB .... Völkerstrafgesetzbuch
VwGO .... Verwaltungsgerichtsordnung

zT .... zum Teil
zB .... zum Beispiel
zit. .... zitiert
ZRP .... Zeitschrift für Rechtspolitik
ZStW .... Zeitschrift für die gesamte Strafrechtswissenschaft

Verzeichnis der abgekürzt zitierten Literatur

Ambos, K., Internationales Strafrecht, 5. Aufl. 2018 (zit.: *Ambos* IntStrafR)

Arloth, F., Strafprozeßrecht, 1995 (zit.: *Arloth* StrafProzR)

Beck'scher Online-Kommentar StPO mit RiStBV und MiStra hrsg. v. Graf, J.-P., 35. Edition, Stand 1.10.2019 (zit.: BeckOK StPO/*Bearbeiter*)

Bettermann, K. A./Nipperdey, H. C./Scheuner, U., Die Grundrechte, Handbuch der Theorie und Praxis der Grundrechte, 3. Bd., 2. Hbd: Rechtspflege und Grundrechtsschutz, 1959 (zit.: *Bearbeiter* in Bettermann/Nipperdey/Scheuner Die Grundrechte III 2)

Beulke, W./Swoboda, S., Strafprozessrecht, 14. Aufl. 2018 (zit.: *Beulke/Swoboda* StrafProzR)

Eisenberg, U., Beweisrecht der StPO. Spezialkommentar, 10. Aufl. 2017 (zit.: *Eisenberg* Beweisrecht StPO)

Fezer, G., Strafprozeßrecht, 2. Aufl. 1995 (zit.: *Fezer* StrafProzR)

Fischer, T., Strafgesetzbuch und Nebengesetze, 67. Aufl. 2020 (zit.: *Fischer* StGB)

Gornig, G.-H./Jahn, R., Fälle zum Polizei- und Ordnungsrecht, 4. Aufl. 2014 (zit.: *Gornig/Jahn* Fälle POR)

Götz, V./Geis, M.-E., Allgemeines Polizei- und Ordnungsrecht. Ein Studienbuch, 16. Aufl. 2017 (zit.: *Götz/Geis* AllgPOR)

Heidelberger Kommentar Strafprozessordnung hrsg. v. Gercke, Björn (u.a.), 6. Aufl. 2019 (zit.: HK-StPO/*Bearbeiter*)

Hellmann, U., Strafprozessrecht, 2. Aufl. 2006 (zit.: *Hellmann* StrafProzR)

Joecks, W., Strafprozessordnung Studienkommentar, 4. Aufl. 2015

Karlsruher Kommentar zur Strafprozessordnung mit GVG, EGGVG und EMRK, 8. Aufl. 2019 (zit.: KK-StPO/*Bearbeiter*)

KMR Kommentar zur Strafprozessordnung hrsg. v. v. Heintschel-Heinegg B./Bockemühl, J., Stand 23.09.2019 (zit.: KMR-StPO/*Bearbeiter*)

Knemeyer, F., Polizei- und Ordnungsrecht, 11. Aufl. 2007 (zit.: *Knemeyer* POR)

Krey, V./Heinrich M., Deutsches Strafverfahrensrecht, 2. Aufl. 2019 (zit.: *Krey/Heinrich* StrafVerfR)

Kühne, H.-H., Strafprozessrecht. Eine systematische Darstellung des deutschen und europäischen Strafverfahrensrechts, 9. Auflage 2015 (zit.: *Kühne* StrafprozR)

Löwe, E./Rosenberg, W., Die Strafprozessordnung und das Gerichtsverfassungsgesetz: StPO (zit.: Löwe/Rosenberg/*Bearbeiter*)

Bd. 1, Einleitung 1–111n, 23. Aufl. 1976

Bd. 1, Einleitung 1–111n, 24. Aufl. 1988

Bd. 2, §§ 48–93 StPO, 27. Aufl. 2017

Bd. 4, §§ 112–150 StPO, 26. Aufl. 2007

Bd. 5, §§ 151–212b StPO, 27. Aufl. 2018

Bd. 6/1, §§ 213–255a StPO, 27. Aufl. 2019

Bd. 6/2, §§ 256–295 StPO, 26. Aufl. 2013

Bd. 7/1, §§ 296–311a StPO, 26. Aufl. 2014

Bd. 7/2, §§ 312–373a StPO, 26. Aufl. 2013

Bd. 8, §§ 374–448 StPO, 26. Aufl. 2009

Meyer-Goßner, L./Schmitt, B., Strafprozessordnung mit GVG und Nebengesetzen, 62. Aufl. 2019 (zit.: Meyer-Goßner/Schmitt/*Bearbeiter*)

Münchner Anwaltshandbuch Strafverteidigung, hrsg. v. Müller, E.; Schlothauer, R.; Schütrumpf, M., 2. Aufl. 2014 (zit.: MAH Strafverteidigung/*Bearbeiter*)

Park, T., Durchsuchung und Beschlagnahme, 4. Aufl. 2018 (zit.: *Park* Durchsuchung)

Peters, K., Strafprozess – Ein Lehrbuch, 4. Aufl. 1985 (zit.: *Peters* StrafProzR)

Pfeiffer, G., Strafprozessordnung Kommentar, 5. Aufl. 2005 (zit.: *Pfeiffer* StPO)

Ranft, O., Strafprozessrecht. Systematische Lehrdarstellung für Studium und Praxis, 3. Aufl. 2005 (zit.: *Ranft* StrafProzR)

Reihe Alternativkommentare, Kommentar zur Strafprozessordnung in drei Bänden hrsg. v. Achenbach, H./Dästner, C. (zit.: AK-StPO/*Bearbeiter*)

Bd. 1, §§ 1–93 StPO, 1988

Bd. 2.1., §§ 94–212b StPO, 1992

Bd. 2.2., §§ 213–275 StPO, 1993

Bd. 3, §§ 276–477 StPO, 1996

Roxin, C./Schünemann, B., Strafverfahrensrecht, 28. Aufl. 2014 (zit.: *Roxin/Schünemann* StrafVerfR)

Rüping, H., Das Strafverfahren, 3. Aufl. 1997 (zit.: *Rüping* Strafverfahren)

Safferling, C., Internationales Strafrecht. Strafanwendungsrecht, Völkerstrafrecht, Europäisches Strafrecht, 2011 (zit.: *Safferling* IntStrafR)

Schlüchter, E., Das Strafverfahren, 2. Aufl. 1983 (zit.: *Schlüchter* Strafverfahren)

Schramm, E., Internationales Strafrecht, 2. Aufl. 2018 (zit.: *Schramm* IntStrafR)

Systematischer Kommentar zur Strafprozessordnung und zum Gerichtsverfassungsgesetz, hrsg. v. Wolter, J., Loseblatt (Lieferung 148) 8. Aufl. 2015 (zit.: SK-StPO/*Bearbeiter*)

Steiner, U./Brinktrine, R. (Hrsg.), Besonderes Verwaltungsrecht, 9. Aufl. 2018 (zit.: *Bearbeiter* in Steiner/Brinktrine BesVerwR)

Volk, K./Engländer, A., Grundkurs StPO, 9. Aufl. 2018 (zit.: *Volk/Engländer* GK StPO)

Wick, K., Demokratische Legitimation von Strafverfahren, 2018

Hinweise zum effektiven juristischen Lernen

Das hier präsentierte fall- und problemorientierte Lernbuch zum Strafprozessrecht stellt die Ausgangsfälle jeweils in einen Gesamtkontext, der für das Verständnis und die Lösung wichtig ist. Daher sollten Sie immer den **Ausgangspunkt** sorgfältig lesen, um das Problem richtig einordnen zu können. 22 **überblicksartige** Darstellungen sollen bei dieser Einordnung helfen und den betreffenden Kontext beschreiben. Die **Lösungsansätze** der Einzelprobleme werden mit Blick auf die hier im Vordergrund stehenden Lern- und Gedächtnisleistungen als möglichst griffige und eingängige Merkposten mit den tragenden Argumenten aufbereitet. Im **Streitentscheid** wird das jeweilige Problem exemplarisch einer argumentativen Lösung zugeführt, wobei eine andere Ansicht nahezu überall vertretbar ist. Darüber hinaus dienen 22 **Exkurse** zur vertieften, weitergehenden Auseinandersetzung mit denselben Problemkreis berührenden Thematiken. **Hinweiskästen** geben Querverweise, Bezüge zur Rechtsprechung oder ähnlichen Themen. **Zusatzprobleme** handeln problematische Themengebiete fernab von Einzelproblematiken zum besseren Verständnis ab. So ausgestattet sollte der Leser in der Lage sein, die Probleme eines Falles zu erkennen, sie richtig einzuordnen und die entscheidenden sachlichen Argumente zur Lösung an der Hand haben. Das ist schon viel – für eine gute juristische Lösung aber leider noch nicht alles. Der Weg dahin führt nicht nur über dieses, sondern über alle Lehr- und Lernbücher hinaus. Verlangt sind nicht mehr weitere ins Einzelne gehende Gedächtnisleistungen, sondern **methodische Fertigkeiten** und die **Kunst juristischer Argumentation** bei der Falllösung. Eine gelungene Falllösung erschöpft sich nicht im Abhaken angelernter Argumente, sondern gefragt ist eine eigenständige, strikt am konkreten Fall und seinen Besonderheiten – nicht am Lehrbuch – orientierte saubere juristische Argumentation. Dabei wird im Strafverfahrensrecht sehr häufig die Querverbindung zu verfassungsrechtlichen Normen, insbesondere zu den Grundrechten der Art. 1–19 GG und den sog. Justizgrundrechten in den Art. 101–104 GG, erforderlich. Am Ende steht zumeist eine Abwägung zwischen Individualgrundrechten, dem Strafverfolgungsinteresse der Allgemeinheit und eventuellen Opferbelangen. Eine solche **Abwägung** ist nicht in ein oder zwei Sätzen zu erledigen. Hier müssen Sie aus dem Vollen schöpfen und aufbieten, was Sie an juristischer Argumentation beherrschen. Unabhängig vom konkreten Ergebnis werden Sie mit einer Begründung, die der Bedeutung der Grundrechte gerecht wird und die »**Funktionstüchtigkeit der Strafrechtspflege**« im Blick behält, immer punkten.

In einem Buch wie diesem, das die juristische Argumentation auf »Fundamente« zurückführt, um systematisch lernen zu können, muss das Vorstehende besonders betont werden. Eine überzeugende Falllösung ist nicht nach dem Schema eines Lernbuchs zu erarbeiten. Krass: »Meinung I Argument 1–3 gegen Meinung II Argument 1–4 usw. Ich entscheide mich für Meinung II, weil es 4 Argumente dafür gibt«. Sie müssen bei der Ausarbeitung der Falllösung auf dem Fundament Ihres Wissens exakt fallorientiert und kreativ vorgehen: Weder das Gesetz noch die interpretierenden Autoritäten kennen die Einzelheiten des Ihnen vorliegenden Falles, sodass die »Vordenker« Ihnen allenfalls beim Konstruieren helfen, nicht aber die konkrete Problemstellung entscheiden können. Besonders deutlich wird dies in **Problem 23**, wo die Grundsätze der Tagebuchentscheidung auf höchstpersönliche Erkenntnisse im digitalen Zeitalter übertragen werden müssen. Die verlangte Aufgabe der Subsumtion des einmaligen Sachverhaltes unter die generelle Norm umfasst nicht nur die Auslegung mit den hier dargestellten abstrakten Argumenten, sondern letztlich die Antwort auf die Kernfrage aller juristischer Fallarbeit, ob der im Fall beschriebene Sachverhalt dem vom Gesetz als Normfall vorgestellten entspricht.

Kehren wir zum Eingangsbild zurück und halten noch mal fest: Auf den Fundamenten juristischer Problemlösungsvorräte ist mithilfe fall- und sachbezogener juristischer Argumentation das Gesamtgebäude orientiert an den Bedürfnissen und Besonderheiten des konkreten Falles wieder zu errichten und eigenständig überzeugend auszugestalten. Wie in der Architektur bedarf es in der Rechtswissenschaft dazu eines soliden Wissens über Problemstellungen und ihre Lösungsansätze ebenso wie Einfühlungsvermögen und gestalterisches Können mit einem Hauch Kreativität. Letzteres kann man mit etwas juristischer Begabung erreichen und üben. Auch dazu soll Sie dieses Lernbuch anregen. Freilich sind Sie da selbst gefordert, denn solches »Know how« entsteht nur durch Übung. Die fallorientierte Argumentationstechnik verlangt an erster Stelle eine klare und fein ziselierte Herausarbeitung der Problemstellung im konkreten Fall. An dieser zentralen Stelle laufen viele Arbeiten schon daneben, denn vielfach lässt sich bei der konkreten Problemstellung schon manche Streitfrage eliminieren, die nicht zur konkreten Falllösung beiträgt: Gut demonstrieren lässt sich dies anhand **Problem 30**. In diesem Fall kommt es entscheidend darauf an, ob die Einstellung gem. § 153 I StPO durch die Staatsanwaltschaft oder gem. § 153 II StPO durch das Gericht erfolgt. Nur in letzterem Fall stellt sich die Frage des Umfangs der beschränkten Rechtskraft in der bei Ausgangspunkt b) dargestellten Art und Weise. Wird dies verkannt, und werden die verschiedenen Ansichten im Rahmen einer § 153 I StPO Konstellation heruntergebetet, wird am Problem schlichtweg vorbeigeschrieben. Die Herausarbeitung der konkreten Problemstellung ist aber das A und O der Falllösung. Dies wird häufig übersehen – vielfach auch von Studierenden, die ihr Wissen »anbringen« wollen. Die erfolgreiche Devise dagegen ist: Erst das konkrete Problem verstehen und dann das Wissen anwenden.

Aufbauprobleme sind im Prozessrecht, soweit es für das Studium und die Erste Juristische Prüfung relevant ist, weit weniger bedeutsam als im materiellen Recht, wenn man von einigen logisch zwingenden, aber auch unmittelbar einleuchtenden Prinzipien absieht, wie zB dass die Prozessvoraussetzungen und die Zulässigkeit eines Verfahrens vor der Begründetheit zu prüfen sind (dazu *Beulke* StrafProzR Rn. 612 ff.). Im Übrigen handelt es sich im Prozessrecht um Einzelprobleme, die sich an der fraglichen Norm und der speziellen Aufgabenstellung orientieren, wofür die 30 hier behandelten unterschiedlichen Probleme exemplarisch sind. In strafprozessualen Zusatzfragen zur strafrechtlichen Examensklausur, in Schwerpunktbereichsklausuren oder in mündlichen Prüfungen wird auch sehr häufig isoliert nach einem spezifischen Problem gefragt, das dann aber eben erkannt und herausgearbeitet werden muss.

Das vorliegende Lernbuch wird Ihnen in erster Linie das sachliche Fundament in systematisch aufbereiteter Form zur Lösung von examensrelevanten Strafprozessfällen liefern. Ihre Fähigkeit, einen Fall methodisch einwandfrei und mit überzeugender juristischer Argumentation zu lösen, soll aber nicht vernachlässigt werden. Entsprechend gesteigerten Gewinn und die Vervollkommnung Ihrer juristischen Fähigkeiten erwerben Sie, wenn Sie das Buch nicht nur als Lerngrundlage verwenden, sondern möglichst viele Fälle auf dieser Basis selbstständig im argumentativen Stil lösen, nachdem Sie sich das Wissen dazu angeeignet haben. Im Streitentscheid finden Sie jeweils ein solches argumentatives Lösungsbeispiel, an dem Sie sich beim jeweiligen Problem auch selbst versuchen sollten. Wenn Sie diese Mühe auf sich nehmen, können Sie sicher sein, dass Sie den gelernten Stoff verstanden haben und nicht mehr vergessen werden sowie zusätzlich die über die Qualität einer Leistung entscheidende juristische Argumentationstechnik erwerben.

1. Kapitel: Ermittlungsverfahren I – Die Rolle der Staatsanwaltschaft

1. Problem: Der Beschuldigte – Eigenschaft als Beschuldigter

Beispiel:

A reist von den Niederlanden kommend in die Bundesrepublik Deutschland ein. Bei einer Stichprobenkontrolle fällt dem Zollbeamten Z auf, dass A übermäßig nervös ist. Aus diesem Grund fragt Z nach von A mitgeführten Betäubungsmitteln oder Waffen, woraufhin A zwei Tüten Marihuana aus der Fahrertür herausgibt. Im anschließenden Strafverfahren beruft sich A darauf, dass das Marihuana, dessen Herausgabe als Äußerung im Rahmen einer Vernehmung iSd §§ 163a, 136 StPO zu werten ist, nicht als Beweismittel verwertet werden darf, da er schon bei der Frage nach den Betäubungsmitteln über sein Recht zu Schweigen nach § 136 I 2 StPO hätte belehrt werden müssen. Zu Recht?

Ausgangspunkt:

Belehrungspflicht zugunsten des Beschuldigten gem. § 136 I StPO (hier iVm § 163a IV 2 StPO)?

Die Belehrungspflicht gilt bei Beginn der **ersten Vernehmung des Beschuldigten.** Für die Frage des Bestehens einer Belehrungspflicht kommt es also maßgeblich darauf an, ob der Vernommene Beschuldigter ist und ob es sich um eine Vernehmung iSd § 136 I StPO handelt.

Hinweis: § 136 StPO gilt ausweislich seines Wortlautes nur für die richterliche Vernehmung. Für die Vernehmung durch die Polizei verweist § 163a IV 2 StPO auf § 136 I 2–6, II, III StPO sowie auf § 136a StPO. Dieser ist bei Vernehmungen durch die Polizei also immer zu zitieren! Bei Vernehmungen durch die Staatsanwaltschaft verweist § 163a III 2 StPO auf die §§ 133–136a StPO.
Der im Wege der StPO-Reform im Jahre 2017 neu gefasste § 163 III StPO normiert die Pflicht eines Zeugen, auf polizeiliche Ladung vor Ermittlungspersonen der Staatsanwaltschaft zu erscheinen und zur Sache auszusagen, wenn der Ladung ein Auftrag der Staatsanwaltschaft zugrunde liegt.

Überblick I: Strafprozessrechtsverhältnis

Beginn:	Beschuldigung eines Verdächtigen durch die Strafverfolgungsbehörden (Staatsanwaltschaft oder ihre Ermittlungspersonen, § 152 GVG)
Hauptbeteiligte:	Gericht, Staatsanwaltschaft und Beschuldigter (bzw. Angeklagter)
Weitere Beteilige:	Verteidiger, Polizei, Nebenkläger, Zeugen, Sachverständige, Verletzter
Ende:	Einstellende Abschlussverfügung der Staatsanwaltschaft, § 171 StPO oder rechtskräftige Entscheidung des Gerichts

Der Begriff des Beschuldigten wird in der StPO nicht definiert, sondern vorausgesetzt (vgl. § 157 StPO). Er stellt einen **Oberbegriff** für denjenigen dar, gegen den ein

Strafverfahren betrieben wird. Eine weitergehende Differenzierung enthält § 157 StPO zwischen **Angeschuldigtem** und **Angeklagtem**, woraus sich ergibt, dass der Beschuldigte derjenige ist, gegen den sich ein Ermittlungsverfahren richtet. Vor Beschuldigung handelt es sich nur um einen »Verdächtigen«, nach rechtskräftiger Verurteilung um einen »Verurteilten«.

Hinweis: Die exakte Bezeichnung des Beschuldigten je nach Verfahrensabschnitt gehört zu den Grundlagen und sollte in schriftlichen Ausführungen stets eingehalten werden.

Beschuldigter:	Angeschuldigter:	Angeklagter:
Tatverdächtiger, gegen den das Verfahren als Beschuldigter betrieben wird	Beschuldigter ab dem Zeitpunkt der Erhebung der öffentlichen Klage (§ 157 Var. 1 StPO) = ab Einreichung der Anklageschrift (§ 170 I StPO)	Beschuldigter ab Eröffnung des Hauptverfahrens (§ 157 Var. 2 StPO) durch Eröffnungsbeschluss (§ 203 StPO)

Nicht jeder Verdächtigte muss also zwingend Beschuldigter sein. Vielmehr bedarf es einer Begründung der Beschuldigtenstellung. An diese Eigenschaft sind wesentliche Rechte des Beschuldigten (zB § 136 StPO), aber auch Pflichten bzw. Nachteile (zB § 81a StPO) geknüpft. **Umstritten** ist, wodurch diese Beschuldigtenstellung begründet wird (vgl. zur Entwicklung dieser Begründung, *A. Schumann* GA 2010, 699 [715]).

Lösungsansätze zur Begründung der Beschuldigteneigenschaft

I. Subjektive Begründung der Beschuldigteneigenschaft

Die Beschuldigtenstellung entsteht durch Willensakt der Strafverfolgungsbehörden. Der Verdächtige wird durch gezieltes Betreiben des Verfahrens gegen ihn wegen des Verdachts der zur Last gelegten Straftat zum Beschuldigten. Beschuldigte sind Verdächtige, gegen die die Strafverfolgungsbehörden gezielt das Verfahren richten.

Vertreten von:
RGSt 32, 72 (73); BGHSt 10, 8 (12) = NJW 1957, 230; BGHSt 34, 138 (140) = NJW 1987, 1955; *Arzt,* Kriminalistik 1970, 379 (380 ff.); für weitere Fundstellen s. Vorauflage.

1. Argument
Um Beschuldigter zu sein, muss ein anderer diese Person beschuldigen (Wortsinn).

2. Argument
Aus der Eigenschaft als Beschuldigter ergeben sich für die Strafverfolgungsbehörden wichtige Pflichten (zB § 136 I 2 StPO), die diese nur treffen können, wenn sie gegen diese Person ermitteln (Sinn und Zweck).

3. Argument
Der Tatverdacht allein ist kein ausreichendes Kriterium zur Begründung der Beschuldigteneigenschaft, da es keine klare Grenze und unterschiedliche Verdachtsgrade gibt.

II. Objektive Begründung der Beschuldigteneigenschaft

Entscheidend ist allein der Stand der Ermittlungen bzw. die Lage des Verfahrens. Ein Verdächtiger, der aus Sicht eines objektiven Betrachters in der jeweiligen Verfahrenslage als möglicher Täter der Straftat in Betracht kommt, ist Beschuldigter.

Maßgeblich vertreten von:
v. Gerlach NJW 1969, 776 (777).

1. Argument
Die Begründung der Beschuldigtenstellung ist gerade keine Ermessensentscheidung der Strafverfolgungsbehörden, sondern objektives Tatbestandsmerkmal, das durch den unbestimmten Begriff des Tatverdachts umschrieben ist.

2. Argument
Die Begründung der Beschuldigtenstellung darf nicht im Belieben der Strafverfolgungsbehörden stehen.

III. Subjektiv-objektive Begründung der Beschuldigteneigenschaft

Die Beschuldigtenstellung ergibt sich sowohl aus objektiven als auch aus subjektiven Elementen. Erforderlich ist ein finaler Willensentschluss der Strafverfolgungsbehörden, der sich nach außen manifestiert haben muss (angelehnt an § 397 I AO). Die Strafverfolgungsbehörden müssen eine Maßnahme ergreifen, die erkennbar darauf abzielt, gegen den von der Maßnahme Betroffenen vorzugehen. Erforderlich ist zudem ein individualisierter Anfangsverdacht (sog. **Inkulpationsakt**).

Vertreten von:
BGHSt 37, 48 (52) = NStZ 1990, 446 (447); BGHSt 38, 214 (228) = NStZ 1992, 294; BGHSt 51, 367 (370) = NStZ 2007, 653; BGH NStZ 2015, 291; BGH NStZ 2019, 539; in der Literatur maßgeblich *Rogall*, Der Beschuldigte als Beweismittel gegen sich selbst, 1977, 26 ff.; SK-StPO/*Rogall* vor §§ 133 ff. Rn. 31; Meyer-Goßner/Schmitt/*Schmitt* StPO Einl. Rn. 76.

1. Argument
Eine rein objektive, mittels Tatverdacht begründete Beschuldigtenstellung ist wegen der Existenz der Figur des tatverdächtigen Zeugen (§ 55 StPO) nicht haltbar.

2. Argument
Die strafrechtliche Verfolgung einer Person als Beschuldigter ist Prozesshandlung und damit willensgesteuerter, finaler Akt, weshalb Ausgangspunkt ein Willensakt der Strafverfolgungsbehörden sein muss.

3. Argument
Um der Gefahr des Missbrauchs und der Rechtsunsicherheit entgegenzutreten, muss dieses subjektive Element objektiviert werden. Diese Objektivierung erfolgt entsprechend des Rechtsgedankens des § 397 I AO durch das Erfordernis von Maßnahmen, die erkennbar darauf abzielen, gegen eine Person als Beschuldigten vorzugehen. Zudem ist erforderlich, dass konkrete, tatsächliche Anhaltspunkte vorliegen, die es nach

kriminalistischer Erfahrung als möglich erscheinen lassen, dass der Betroffene eine Straftat begangen hat (Anfangsverdacht, § 152 II StPO). So kann verhindert werden, dass willkürlich Personen »zum Beschuldigten gemacht werden«.

Im Beispielsfall:
Nach der rein objektiven Begründung lag ein die Beschuldigtenstellung begründender Tatverdacht im Zeitpunkt der Kontrolle nicht vor. Bloße Nervosität kann hierfür nicht ausreichen, sind doch eine Reihe anderer Gründe für das Vorliegen einer solchen denkbar. Mit der rein subjektiven Begründung lag ein die Beschuldigtenstellung begründender Willensakt des Zollbeamten ebenfalls nicht vor, vielmehr nahm dieser nur seine allgemeine Möglichkeit der Kontrolle einreisender Personen wahr. Die objektiv-subjektive Begründung sieht in der Frage nach mitgeführten Waffen oder Drogen eine Maßnahme, die noch nicht darauf abzielte, A strafrechtlich zu verfolgen bzw. einem begründeten Tatverdacht nachzugehen. Es lag trotz der Frage nach typischen Gegenständen einer Zollkontrolle lediglich eine Vermutung des Zollbeamten und kein konkreter Tatverdacht vor. Es handelt sich nicht um eine Frage, die den Verfolgungswillen final manifestiert, sondern vielmehr um eine Standardfrage.

Nach allen Ansichten lag also **keine Beschuldigtenstellung** des A vor, weshalb er nicht gem. §§ 163a IV 2, 136 I 2 StPO über sein Schweigerecht zu belehren war.

Hinweis: Typisch objektiver Ausdruck eines subjektiven Verfolgungswillens sind zB die Einleitung eines förmlichen Strafverfahrens gegen eine Person als Beschuldigten, die Vernehmung einer Person ausdrücklich als Beschuldigter oder konkludent die Anordnung einer Maßnahme, die nur gegen einen Beschuldigten zulässig ist (zB bei Verhaftung ist der Beschuldigte unverzüglich gem. § 114b I, II Nr. 2 StPO über sein Schweigerecht zu belehren).
Zur Frage der Beschuldigteneigenschaft: BGHSt 51, 367 = NStZ 2007, 653; zuletzt fortgeführt in BGH NJW 2019, 2627.

Exkurs I: Der Vernehmungsbegriff der StPO

Vernehmung ist das Gegenübertreten des Vernehmenden in amtlicher Funktion und das Verlangen von Auskünften von dem Beschuldigten in dieser Eigenschaft. Es werden aber nicht alle Äußerungen des Beschuldigten erfasst, die ein Strafverfolgungsorgan direkt oder indirekt herbeigeführt hat (BGHSt [GrS] 42, 139 = NStZ 1996, 502) (sog. formeller Vernehmungsbegriff). **Spontanäußerungen** gegenüber den Strafverfolgungsbehörden, die ohne Befragung vor der Vernehmung erfolgen, stellen keine Beschuldigtenvernehmung in diesem Sinne dar. Häufig bedienen sich die Strafverfolgungsbehörden sog. **informatorischer Befragungen**, bei denen noch keine konkrete Person verdächtig ist. Durch diese will man sich einen Überblick über das Geschehen verschaffen. Auch dabei handelt es sich nicht um eine Beschuldigtenvernehmung. Zur Frage der Pflicht zur qualifizierten Belehrung nach Spontanäußerungen vgl. BGH NJW 2009, 3589.

Weiterführende Literaturhinweise:

Beulke/Swoboda StrafProzR Rn. 115 ff.; *Roxin/Schünemann* StrafVerfR § 39 Rn. 15 ff.; *Volk/Engländer* GK StPO § 9 Rn. 1 ff.

2. Problem: »Außer Dienst« – Außerdienstliche Kenntniserlangung der Staatsanwaltschaft

Beispielsfall:

Staatsanwalt S sitzt am Abend zusammen mit Bekannten aus seinem Fußballverein in einer Gaststätte. Dabei wird angeregt darüber diskutiert, ob sich Verbrechen auszahlen oder nicht. A erzählt schließlich S, dass sein Schwager B vor kurzem zu einer Menge Geld gekommen sei, indem er einer alten Frau unter Vorhalten eines Messers ihre Handtasche geraubt habe. Muss S etwas unternehmen?

Ausgangspunkt:

Bestünde eine Verfolgungspflicht des S, dann müsste er Ermittlungen gegen B einleiten.

Überblick II: Funktion der Staatsanwaltschaft

Ermittlungsverfahren	Zwischen- und Hauptverfahren	Nach Rechtskraft des Urteils
»Herrin« des Ermittlungsverfahrens • alleinige Anklagebefugnis, § 152 I StPO • »Organ der Rechtspflege« Verpflichtung zur Objektivität, § 160 II StPO; Umfang der Ermittlungen erstreckt sich auf be- und entlastendes Material	Anklagevertreterin • Anwesenheitspflicht, § 226 I StPO • »Organ der Rechtspflege« Verpflichtung zur Objektivität, § 160 II StPO	Strafvollstreckungsbehörde

§§ 152 II, 170 I StPO sind Ausdruck des sog. **Legalitätsprinzips**. Beim Vorliegen tatsächlicher Anhaltspunkte für das Bestehen einer verfolgbaren und strafbaren Handlung ist die Staatsanwaltschaft zum Einschreiten (§ 152 II StPO), bei hinreichendem Tatverdacht zur Anklageerhebung (§ 170 I StPO) verpflichtet. Die Pflicht zur Objektivität gilt also auch für die Frage des »Ob« der Ermittlungen. Den Gegensatz zum Legalitätsprinzip bildet das sog. **Opportunitätsprinzip**. Dieses kommt in den §§ 153–154 f. StPO zum Ausdruck, die unter bestimmten Voraussetzungen eine (partielle) **Verfahrenseinstellung trotz Tatverdachts** erlauben.

Überblick III: Einstellung aus Opportunitätsgründen §§ 153 ff. StPO

Geringfügigkeit des Tatvorwurfs	Fälle des Absehens von Strafe	Übergewicht anderer Straftaten	weichendes Strafverfolgungsinteresse in besonderen Situationen
• § 153 StPO ohne Rechtsfolge • § 153a StPO gegen Auflagen und Weisungen	• § 153b StPO iVm §§ 46a, 46b, 60 StGB	• § 154 StPO unwesentliche Nebenstraftaten • § 154a StPO Beschränkung der Strafverfolgung	• § 153c StPO Auslandstaten • § 153d StPO politische Taten • § 153e StPO tätige Reue • § 153f StPO Taten nach dem VStGB • § 154b StPO Auslieferung/ Landesverweisung • § 154c StPO Opfer einer Nötigung/ Erpressung durch Androhung der Offenbarung einer Straftat

Grundsätzlich besteht also eine Verfolgungspflicht aufgrund des Legalitätsprinzips. Ausnahmen nach §§ 153, 153a StPO sind nicht einschlägig, da hier ein Verbrechen (§ 12 I StGB; schwerer Raub) vorliegt und die §§ 153, 153a StPO nur bei Vergehen Anwendung finden. **Problematisch** ist aber, dass S im Rahmen seines Privatlebens vom schweren Raub des B Kenntnis erlangte. Denn müsste S **immer** Einschreiten, wenn er von irgendeiner Straftat privat Kenntnis erlangt, wäre er immer »im Dienst«. Bei Nichteinschreiten würde sich S gem. § 258a StGB strafbar machen. Damit liegt eine Kollision von Legalitätsprinzip auf der einen und Privatsphäre des S auf der anderen Seite vor. Wie diese Kollision aufzulösen ist, ist **umstritten**.

Lösungsansätze zur Auflösung der Kollision zwischen Privatsphäre und Ermittlungspflicht:

I. Lediglich Befugnis zum Einschreiten

Prinzipiell besteht keine Pflicht zum Einschreiten bei außerdienstlicher Kenntniserlangung, sondern lediglich eine in das Ermessen des Beamten gestellte Befugnis zum Einschreiten.

Vertreten von:
Vgl. statt vieler Meyer-Goßner/Schmitt/*Schmitt* StPO § 160 Rn. 10 mwN; für weitere Fundstellen s. Vorauflage.

1. Argument
Die Entstehungsgeschichte des § 152 II StPO weist eindeutig auf eine Beschränkung der Pflicht zum Einschreiten auf amtliche Kenntniserlangung hin (historisches Argument).

2. Argument
Eine uneingeschränkte Pflicht zum Einschreiten stellt einen unzumutbaren Eingriff in die Privatsphäre der Beamten und eine erhebliche Belastung privater Beziehungen dar.

II. Pflicht zum Einschreiten abhängig von der Deliktsschwere

Die Pflicht zum Einschreiten bei außerdienstlicher Kenntniserlangung gilt ausschließlich bei Delikten, die nach Art und Umfang die öffentlichen Belange in besonderem Maße berühren. Ausnahmen sollen beim Untätigbleiben aufgrund pflichtgemäß abgewogener sittlicher Entscheidung gelten.

Vertreten von:
BGHSt 5, 225 (229) = NJW 1954, 1009 (1010); BGHSt 12, 277 (280 f.) = NJW 1959, 494 (495); BGHSt 38, 388 (391); OLG Nürnberg, Beschl. v. 6.11.2017 – 1 Ws 297/17 = JuS 2018, 181; *Beulke/Swoboda* StrafProzR Rn. 91; zweifelnd hinsichtlich des Umfangs der Verpflichtung *Fischer* StGB § 258a Rn. 4a; zur Bestimmtheit dieser Abwägung BVerfG NJW 2003, 1030.

1. Argument
Kompromiss zwischen Privatsphäre und Legalitätsprinzip.

2. Argument
Bloße Befugnis zum Einschreiten führt zu Strafverfolgungslücken.

III. Pflicht zum Einschreiten bei bestimmten Katalogtaten

Zur Konkretisierung von Ansicht II, die wegen der Unbestimmtheit bedenklich ist, erscheint eine Orientierung an den Katalogtaten des § 138 I StGB für das Vorliegen einer Verpflichtung zum Einschreiten bei außerdienstlicher Kenntniserlangung sinnvoll.

Vertreten von:
MüKoStGB/*Cramer/Pascal* § 258a Rn. 7; *Roxin/Schünemann* StrafVerfR § 39 Rn. 3; *Satzger* JURA 2007, 754 (756).

Argument
Rechtsunsicherheit bei Anwendung der »Deliktschwere« als Kriterium.

IV. Pflicht zum Einschreiten nur bei Verbrechen

Zur Konkretisierung von Ansicht II wird auf den Charakter des Delikts als Verbrechen, § 12 I StGB, für die Frage der Verpflichtung zum Einschreiten bei außerdienstlicher Kenntniserlangung abgestellt.

Vertreten von:
Hellmann StrafProzR Rn. 52; *Krey/Heinrich* StrafVerfR Rn. 609 ff.

1. Argument
Die Schwelle der Pflicht zur Ermittlungsaufnahme ist niedriger als bei § 138 I StGB.

2. Argument
§ 12 I StGB bringt bereits die vom Gesetzgeber gewählte Schwelle der Erheblichkeit zum Ausdruck.

Im Beispielsfall:

Geht man von einer bloßen Verfolgungsbefugnis aus, besteht keine Verfolgungspflicht für S. Orientiert man sich an der Deliktschwere, käme man zu einer Verfolgungspflicht, da durch einen Raub mit einem Messer die Belange der Allgemeinheit nicht nur unwesentlich beeinträchtigt werden. Bei Orientierung an den Katalogtaten besteht ebenfalls eine Verfolgungspflicht, da § 249 StGB in § 138 I Nr. 7 StGB erwähnt ist. Stellt man auf die Deliktsart ab, liegt eine Verfolgungspflicht vor, da Raub gem. § 249 I StGB bereits im Grunddelikt ein Verbrechen gem. § 12 I StGB darstellt.

Da die letzten drei Ansichten zum gleichen Ergebnis gelangen, ist der Streit nur im Verhältnis zur ersten Ansicht zu entscheiden. Gegen eine bloße Befugnis zum Einschreiten spricht zum einen die entstehende Verfolgungslücke, die unvereinbar mit dem Legalitätsprinzip wäre. Denn die Verneinung der Verfolgungspflicht im privaten Bereich führt dazu, dass auch schwerste Verbrechen trotz positiver Kenntnis der zuständigen Beamten nicht zur Verfolgung gelangen. Zum anderen kollidieren Legalitätsprinzip und Privatinteresse, sodass ein gerechter Ausgleich beider zu schaffen ist. Dies bedeutet aber nicht, dass das Legalitätsprinzip hinter dem Privatinteresse völlig zurückzutreten hat. Eine bloße Befugnis zum Einschreiten ist daher im konkreten Fall abzulehnen. Es besteht eine **Verfolgungspflicht für S.**

Überblick IV: Prozessmaxime

Das hier behandelte **Legalitätsprinzip** stellt eine der **sog. Prozessmaximen** (= Prozessrechtsgrundsätze) dar, deren Aufgabe die Gewährleistung der Rechtsstaatlichkeit des Strafverfahrens darstellt.

Prozessrechtsgrundsatz	Bedeutung	Einschränkung
Offizialprinzip, § 152 I StPO	Anklagemonopol des Staates; anders: Dispositionsgrundsatz im Zivilprozess	Privatklagedelikt (§ 374 StPO); Antragsdelikte; Ermächtigungsdelikte
Akkusationsprinzip, § 151 StPO	Anklagegrundsatz im Gegensatz zum Inquisitionsprinzip; gerichtliche Untersuchung durch Klageerhebung; keine Personalunion von Richter und Staatsanwalt	
Legalitätsprinzip, §§ 152 II, 170 I StPO	Verfolgungs-, Ermittlungs- und Anklagezwang im Gegensatz zum Opportunitätsprinzip; abgesichert durch das Klageerzwingungsverfahren §§ 172 ff. StPO	§§ 153 ff. StPO; Private Kenntniserlangung
Öffentlichkeitsgrundsatz, § 169 I GVG, Art. 6 I 1, 2 EMRK	Öffentlichkeit der mündlichen Hauptverhandlung; Kontrollfunktion der Öffentlichkeit → **Problem 26**	§§ 169 II, 170 ff. GVG

Prozessrechtsgrundsatz	Bedeutung	Einschränkung
Mündlichkeitsgrundsatz, § 261 StPO	Prozessstoff, der in die Urteilsfindung einfließt, soll in der Hauptverhandlung auch angesprochen werden; schützt das Recht auf rechtliches Gehör (Art. 103 I GG); Urteil ergeht aufgrund der Tat, wie sie sich nach dem Ergebnis der Hauptverhandlung darstellt (§ 264 I StPO)	
Grundsatz der freien richterlichen Beweiswürdigung, § 261 StPO	Grundsätzlich keine festen Beweisregeln im Strafprozess; Gericht entscheidet über das Ergebnis der Beweisaufnahme nach seiner freien Überzeugung	§ 274 StPO; § 190 StGB; Beweisverbote (zB § 136a StPO)
Unmittelbarkeitsgrundsatz, §§ 226 I, 250, 261 StPO	Im Rahmen der Hauptverhandlung muss sich der Richter bei ständiger Anwesenheit einen direkten und unvermittelten Eindruck vom Tatgeschehen machen; es muss stets das tatnächste Beweismittel verwendet werden	§§ 251 ff. StPO (→ **Problem 15**)
Amtsermittlungsgrundsatz, § 244 II StPO	Untersuchungsgrundsatz/ Inquisitionsprinzip im Gegensatz zum Verhandlungsgrundsatz; Verpflichtung der Strafverfolgungsorgane zur Sachverhaltsaufklärung von Amts wegen; Prinzip der materiellen Wahrheit zur Verwirklichung des Schuldprinzips	§ 257c StPO (→ **Problem 12**)
Beschleunigungsgrundsatz, Art. 20 III GG, Art. 6 I EMRK	Angemessene Frist der Aufklärung des Strafvorwurfs; Konzentrationsmaxime in der Hauptverhandlung (§§ 228, 229 StPO); abgesichert auch durch §§ 198 ff. GVG Seit dem 13.12.2019 gelten mit den Schutzfristen des vor- und nachgeburtlichen Mutterschutzes (§ 3 MuSchG) harmonisierte Fristen zur Unterbrechung der Hauptverhandlung, § 229 III 1 Nr. 2 StPO. Anlass war ein Urteil des BGH (Urt. v. 7.11.2016 – 2 StR 9/15 = NJW 2017, 745).	

Prozessrechtsgrundsatz	Bedeutung	Einschränkung
Grundsatz der Unschuldsvermutung, Art. 20 III GG, Art. 6 II EMRK	»*in dubio pro reo*«; Beschuldigter gilt bis zu seiner rechtskräftigen Verurteilung als unschuldig	
Grundsatz des »*fair trial*«, Art. 20 III GG, Art. 6 I EMRK	Gebot des fairen Strafverfahrens; Beschuldigter kein bloßes »Objekt« des Strafverfahrens; Prinzip der »Waffengleichheit«	
Grundsatz des gesetzlichen Richters, Art. 101 GG	Keine Ausnahmegerichte	
Grundsatz des rechtlichen Gehörs, Art. 103 I GG	Äußerungsrecht und Fragerecht des Betroffenen	
Grundsatz der Selbstbelastungsfreiheit, Art. 2 I, 1 I GG	*Nemo tenetur se ipsum accusare*; der Betroffene muss nicht an seiner eigenen Überführung mitwirken; keine negativen Schlüsse aus seinem berechtigten Schweigen (zuletzt BGH StV 2018, 776)	
Grundsatz des Opferschutzes	*Fair-trial*-Grundsatz gilt auch für das Opfer; prozessualer Fürsorgegrundsatz (opferbezogene Verfahrensvorschriften und opferschonendes Verhandlungsklima) Vgl. dazu *Safferling* ZStW 122 (2010), 87 (116). Durch die im Jahre 2019 umgesetzte Änderung des § 397a I Nr. 1 StPO wurde die Nebenklageberechtigung auf alle Vergewaltigungstabestände des StGB ausgeweitet.	Seit 13.12.2019 kann das Gericht gem. 397b I 1 StPO einer Gruppe von Nebenklägern bei »gleichgelagerten Interessen« einen gemeinsamen Opferanwalt (Mehrfachvertretung) beiordnen (zB gemeinsamer Angehöriger, § 397b I 2 StPO).

Weiterführende Literaturhinweise:

Volk/Engländer GK StPO § 18 Rn. 1 ff.; *Roxin/Schünemann* StrafVerfR Kap. 2.

3. Problem: Andere Ansicht – Abweichen der Staatsanwaltschaft von der Rechtsprechung

Beispiel:

V stellt für die städtischen Verkehrsbetriebe Strafantrag gegen A wegen Erschleichens von Leistungen (§ 265a StGB). A wurde zum fünften Mal in der städtischen Straßenbahn ohne Fahrschein gefasst. Der Staatsanwalt S lehnt die Eröffnung eines Ermittlungsverfahrens ab, da er entgegen der höchstrichterlichen Rechtsprechung der Ansicht ist, dass Schwarzfahren nicht den Tatbestand des Erschleichens von Leistungen gem. § 265a I Var. 3 StGB erfüllt. Hierfür sei nach seiner Ansicht nämlich ein auf die Umgehung möglicher Kontrollen gerichtetes Verhalten erforderlich, welches bei A nicht ersichtlich war. Ist das Vorgehen des S korrekt?

Ausgangspunkt:

Grundsätzliche Anklagepflicht der Staatsanwaltschaft aus dem Legalitätsprinzip (§§ 152 II, 170 I StPO), wenn es sich um strafbares Verhalten handelt (→ **Problem Nr. 2**).

Die Staatsanwaltschaften sind parallel zu den Gerichten organisiert. Auch bei der Staatsanwaltschaft handelt es sich nach außen um ein der Rechtsprechung zugeordnetes und selbstständiges Organ der Rechtspflege. Allerdings ist die Staatsanwaltschaft entsprechend ihrer Organisation auch ein Organ der Exekutive, sog. **Zwitterstellung** der Staatsanwaltschaft. Diese Zwitterstellung steht jedoch der Auslegung des Begriffs der »ausstellenden Justizbehörde« iSd Art. 6 Abs. 1 EuHb-RB entgegen. Danach wird an die Ausgestaltung der Befugnisse und Stellung der Staatsanwaltschaft eines Mitgliedstaates bei der Entscheidung über die **Ausstellung eines Europäischen Haftbefehls** der Maßstab angelegt, dass diese nicht der Gefahr ausgesetzt sein darf, unmittelbar oder mittelbar Anordnungen oder Einzelweisungen seitens der Exekutive, etwa eines Justizministers, unterworfen zu werden (EuGH [Große Kammer], Urt. v. 27.5.2019 – C-508/18, C-82/19 PPU [OG und PI] = NJW 2019, 2145. Demnach erfüllt die deutsche Staatsanwaltschaft diese Voraussetzungen zur Zeit nicht, vgl. S. 93 grauer Kasten). Gemäß §§ 141–151 GVG sind die Staatsanwaltschaften monokratisch und hierarchisch aufgebaute Behörden mit Devolutions- und Substitutionsrecht des Vorgesetzten (§ 145 GVG) sowie Weisungsgebundenheit (§ 147 GVG). Völlige sachliche und persönliche Unabhängigkeit gilt gem. Art. 97 GG nur für Richter. § 150 GVG regelt die **Unabhängigkeit der Staatsanwaltschaft** von den Gerichten. Daraus folgert die weit überwiegende Meinung (vgl. *Roxin/Schünemann* StrafVerfR § 9 Rn. 14), dass die Staatsanwaltschaft ein Verhalten anklagen darf, das nach der (derzeitigen) Rechtsprechung straflos ist, nach anderer vertretbarer Meinung jedoch strafbar ist. Denn nur so besteht faktisch die Möglichkeit einer Änderung der Rechtsprechung, da dies stets eine Anklage voraussetzt. Das Legalitätsprinzip (§§ 152 II, 170 I StPO) wird hier nicht berührt. **Umstritten** ist allerdings, ob die Staatsanwaltschaft umgekehrt auch ein Verhalten nicht zur Anklage bringen darf, das nach Ansicht der höchstrichterlichen Rechtsprechung strafbar, nach anderer vertretbarer Meinung aber straflos ist, da hier das Legalitätsprinzip (nicht unmittelbar) berührt ist.

Lösungsansätze:

I. Bindungswirkung einer ständigen Rechtsprechung

Die ständige höchstrichterliche Rechtsprechung hinsichtlich der Strafbarkeit eines bestimmten Verhaltens bindet die Staatsanwaltschaft.

Vertreten von:
BGHSt 15, 155 (158 f.) = NJW 1960, 2346 (2347); OLG Zweibrücken NStZ 2007, 420; vgl. statt vieler auch Meyer-Goßner/Schmitt/*Meyer-Goßner* GVG Vor § 141 Rn. 11; *Volk/Engländer* GK StPO § 12 Rn. 5.

1. Argument
Ohne Bindungswirkung besteht die Gefahr der Auflösung der Einheitlichkeit der Rechtsanwendung.

2. Argument
Die Verneinung der Bindungswirkung ist unvereinbar mit dem Legalitätsprinzip.

3. Argument
Die Staatsanwaltschaft als Organ der Rechtspflege ist einem geordneten Gang der Strafverfolgung verpflichtet und darf dies nicht durch Opportunitätserwägungen bei »quasigesetzlicher« Wirkung einer ständigen Rechtsprechung außer Acht lassen.

4. Argument
Die Gewaltenteilung hindert eine eigenständige rechtliche Beurteilung durch die Staatsanwaltschaft, da die Rechtsprechung allein den Gerichten zugewiesen wird (Art. 92 GG).

5. Argument
§ 170 I StPO verpflichtet zur Anklage bei hinreichender Verurteilungswahrscheinlichkeit, die bei einer gefestigten, ständigen Rechtsprechung besteht.

II. Bindungsfreiheit

Die Staatsanwaltschaft ist im Rahmen einer vertretbaren Auslegung der Gesetze unabhängig und nicht an die höchstrichterliche Rechtsprechung gebunden.

Vertreten von:
KK-StPO/*Diemer* § 152 Rn. 13; *Roxin/Schünemann* StrafVerfR § 9 Rn. 14.

1. Argument
§ 150 GVG regelt die Unabhängigkeit von Gerichten und Staatsanwaltschaft.

2. Argument
Die Staatsanwaltschaft ist den Grundsätzen von Wahrheit und Gerechtigkeit verpflichtet, die die Bildung einer selbstständig und eigenverantwortlich gewonnenen Rechtsüberzeugung voraussetzen.

3. Argument
Das Legalitätsprinzip schließt es nicht aus, dass die Staatsanwaltschaft die Strafbarkeitsfrage und die Auslegung des Gesetzes nach vertretbaren, eigenen Maßstäben vornimmt.

4. Argument
Bei Annahme einer Bindungsfreiheit liegt kein Eingriff in das Gewaltenteilungsprinzip vor, da die Nichtanklage eines für straflos befundenen Verhaltens keine rechtsprechende Tätigkeit iSd Art. 92 GG darstellt.

5. Argument
Der Begriff der »ständigen Rechtsprechung« ist unpräzise und schwer fassbar.

6. Argument
Aus der Möglichkeit der Staatsanwaltschaft ein nach ständiger Rechtsprechung strafloses, aber nach anderer vertretbarer Meinung strafbares Verhalten anzuklagen, muss im Umkehrschluss auch eine Bindungsfreiheit zugunsten des Angeklagten bestehen.

III. Bindung an Gewohnheitsrecht

Ausnahmsweise ist die Staatsanwaltschaft an höchstrichterliche Rechtsprechung gebunden, wenn sich diese Rechtsprechung nahezu zum Gewohnheitsrecht verdichtet hat.

Vertreten von:
Löwe/Rosenberg/*Graalmann-Scheerer*, 27. Auflage 2018, StPO § 170 Rn. 27.

1. Argument
Die Staatsanwaltschaft ist Recht und Gesetz verpflichtet, also auch dem Gewohnheitsrecht.

2. Argument
Eine Bindung an höchstrichterliche, ständige Rechtsprechung ist zu eng und läuft dem Beschuldigtenschutz zuwider, da der Beschuldigte sich nur in der Hauptverhandlung verantworten müssen soll, wenn Staatsanwaltschaft und eröffnendes Gericht unabhängig voneinander die Strafbarkeit seines Verhaltens bejahen.

IV. Bindungswirkung einzelner Judikate

Die Staatsanwaltschaft ist an einzelne höchstrichterliche Entscheidungen gebunden.

Vertreten von:
Löwe/Rosenberg/*Schäfer*, 24. Aufl. 1988, StPO Einf. §§ 1–111n Kap. 13, Rn. 41.

Argument
Der Begriff der ständigen Rechtsprechung ist ungenau und nicht exakt bestimmbar.

Im Beispielsfall:

Nach ständiger höchstrichterlicher Rechtsprechung ist »Schwarzfahren« und damit Erschleichen einer Beförderungsleistung gem. § 265a I Var. 3 StGB bereits dann verwirklicht, wenn das Verkehrsmittel ohne gültigen Fahrschein benutzt wird. Auch ohne laufende Fahrausweiskontrolle gilt, dass sich der Täter durch das normale, übliche Verhalten (Benutzung) als zahlender Fahrgast geriert und den Anschein einer ordnungsgemäßen Benutzung des Verkehrsmittels hervorruft (BGHSt 53, 122 = NJW 2009, 1091; OLG Frankfurt a.M. NJW 2010, 3107; OLG Hamm NStZ-RR 2011, 206; zur Verfassungsmäßigkeit dieser Auslegung BVerfG NJW 1998, 1135; nach KG NJW 2011, 2600 soll dieser Anschein auch für einen Überzeugungstäter gelten, der seine Zahlungsunwilligkeit offen durch das Tragen eines T-Shirts mit dem Aufdruck »Ich zahle nicht.« »Freie Fahrt für Bus und Bahn.« zum Ausdruck bringt). Damit hat sich A nach ständiger Rechtsprechung durch das bloße Benutzen der Straßenbahn gem. § 265a I Var. 3 StGB strafbar gemacht. Nach hA in der Literatur (vgl. statt vieler *Fischer* StGB § 265a Rn. 20 mwN) erfordert Erschleichen ein Erlangen der Beförderungsleistung durch manipulatives Einwirken auf, Umgehen oder Ausschalten von Sicherungseinrichtungen, die gerade der Entrichtung des Entgelts dienen sollen; bloßes Ausnutzen des freien Zugangs oder der ungesicherten Verfügbarkeit genügt nicht. Damit hat sich A durch das bloße Benutzen der Straßenbahn nach herrschender Literatur nicht gem. § 265a I Var. 3 StGB strafbar gemacht. Geht man von einer Bindungswirkung der ständigen Rechtsprechung oder auch einzelner Judikate aus, so müsste S hier Anklage erheben und hat sich dementsprechend falsch verhalten. Geht man von einer Bindungsfreiheit aus, müsste S nicht anklagen und hat sich korrekt verhalten. Stellt man auf die Bindung an Gewohnheitsrecht ab, so müsste es sich bei der ständigen Rechtsprechung zu § 265a StGB um eine gesamtgesellschaftlich anerkannte Judikatur handeln. Schon das Bestehen einer in der Literatur herrschenden Gegenansicht widerlegt dies. Demnach hätte S nicht anklagen müssen und hat sich damit korrekt verhalten.

Die Ansichten kommen zu unterschiedlichen Ergebnissen, sodass der Streit zu entscheiden ist. **Gegen eine Bindungsfreiheit** spricht, dass sich die Staatsanwaltschaft nicht entgegen Art. 92 GG den Gerichten überordnen darf. Klagt die Staatsanwaltschaft ein nach Ansicht der Rechtsprechung strafbares Verhalten nicht an, so entzieht sie dieses Verhalten der gerichtlichen Überprüfung. Zudem widerspricht die Bindungsfreiheit einer einheitlichen Rechtsanwendung und stellt sich in Widerspruch zu Art. 3 I GG. Auch bei einer Bindung der Staatsanwaltschaft ist deren Unabhängigkeit dadurch gewahrt, dass sie im gerichtlichen Verfahren ihre Auffassung vertreten und für den Angeklagten einen Freispruch aus Rechtsgründen beantragen kann, ohne diesem sein Recht auf einen gesetzlichen Richter (Art. 101 GG) zu entziehen. Damit sprechen **die besseren Gründe für eine Bindung** der Staatsanwaltschaft. Zu entscheiden ist nun nur noch, woran die Staatsanwaltschaft genau gebunden ist. Gegen eine Bindung an Gewohnheitsrecht spricht zum einen, dass strafbegründendes Gewohnheitsrecht schon per se ein sehr umstrittenes Institut darstellt, zum anderen der indifferente und undurchsichtige Maßstab, an dem das Vorliegen von Gewohnheitsrecht gemessen wird. Gegen eine Bindung an Einzeljudikatur spricht, dass dies eine Unfehlbarkeit von Gerichtsentscheidungen suggeriert und übersieht, dass es sogar innerhalb verschiedener Spruchkörper unterschiedliche Meinungen gibt. Die besten Argumente sprechen **für eine Bindung an die ständige, höchstrichterliche Rechtsprechung**, da in diesen Fällen mit dem Wortlaut des § 170 I StPO eine Verurteilung wahrscheinlich ist und ein Unterlassen der Anklage dann einen Verstoß gegen das Legalitätsprinzip darstellt. S hätte A also anklagen müssen und hat sich daher nicht korrekt verhalten.

4. Problem: »Lockspitzel« – Rechtsstaatswidrige Tatprovokation

Beispiel:

Gegen T läuft ein Ermittlungsverfahren wegen des Verdachts des unerlaubten Handeltreibens mit Betäubungsmitteln in nicht geringer Menge (§ 29a I Nr. 2 BtMG). Im Zuge dessen wird der Einsatz von verdeckten Ermittlern genehmigt. Zwei dieser verdeckten Ermittler bauten zunächst Kontakt zum unverdächtigen A auf, der ein guter Bekannter von T war, um so Kontakt zu Letzterem herzustellen. Dabei gaben die verdeckten Ermittler zunächst vor, an Immobilienobjekten interessiert zu sein, die A ihnen daraufhin im Rahmen mehrerer Telefonate anbot. Im Laufe weiterer Gespräche machten die Ermittler deutlich, dass sie bereit seien mit allem »Geld zu machen«, woraufhin A erneut Immobilienangebote machte. Im weiteren Verlauf fragten die Ermittler A nach weiteren Verdienstmöglichkeiten. Daraufhin offenbarte A zunächst den Kontakt zu einer Gruppe Zigarettenschmuggler, wobei A aber darauf hinwies, dass er nur den Kontakt herstellen werde, mit der Sache an sich aber nichts zu tun haben wolle. Bei einem späteren Gespräch gab einer der Ermittler gegenüber A an, dass ihm das Risiko des Zigarettenschmuggels in Anbetracht des damit verbundenen geringen Gewinns sehr hoch erscheine. Daraufhin machte A deutlich, dass seine Kontakte auch mit Kokain und Amphetaminen handeln, wobei er aber erneut ausdrücklich darauf hinwies, dass er damit nichts zu tun haben wolle, sondern lediglich eine Vermittlungsprovision kassiere. In einem nächsten Gespräch machte A gegenüber den Ermittlern deutlich, dass er mit den bisherigen Geschäften, über die gesprochen wurde, nichts mehr zu tun haben wolle, kein Interesse habe und den beiden Ermittlern misstraue. Trotzdem führten die Ermittler das Gespräch fort und konnten das Misstrauen des A beschwichtigen, sodass dieser letztlich – entgegen seiner vorherigen Bedenken – den Erwerb von Kokain und Amphetamin von T gegen eine Provision von 5.000 EUR für die Ermittler organisierte. Einen Tag nach der Übergabe wurden T und A verhaftet. Staatsanwalt S fragt sich, ob er wegen mittäterschaftlichen Handeltreibens mit Betäubungsmitteln in nicht geringen Mengen (§§ 29a I Nr. 2 BtMG, 25 II StGB) Anklage erheben darf?

Ausgangspunkt:

Anklageerhebung durch die Staatsanwaltschaft (§ 170 I StPO).

Es besteht eine Anklagepflicht der Staatsanwaltschaft gem. § 170 I StPO bei hinreichendem Tatverdacht (§ 203 StPO). Dagegen wird das Verfahren gem. § 170 II StPO eingestellt, wenn kein hinreichender Tatverdacht besteht, also der ermittelte Sachverhalt keinen Straftatbestand erfüllt oder der Beschuldigte unschuldig ist, die Straftat nicht nachweisbar ist, nicht begangen wurde oder Verfahrenshindernisse vorliegen.

Exkurs II: Der Ablauf des Ermittlungsverfahrens

Beginn des Ermittlungsverfahrens

Anfangsverdacht, § 152 II StPO

- Kenntniserlangung einer Straftat (durch Anzeige/Antrag, § 158 StPO oder von Amts wegen)
- Zureichende Anhaltspunkte, die nach der kriminalistischen Erfahrung die Beteiligung des Betroffenen an einer Straftat als möglich erscheinen lassen

Ermittlungen (Staatsanwaltschaft und Polizei, § 163 StPO)

- Sachverhaltserforschung (§ 160 II StPO) im Hinblick auf die be- und entlastenden Umstände
- Erhebung von Beweisen, deren Verlust zu besorgen ist (§ 160 II StPO)
- Ermittlungsgeneralklausel (§ 161 StPO); besondere Regelung von Zwangsmaßnahmen
- Vernehmung Beschuldigter, § 163a I 1 StPO/Zeugen und Sachverständigen, §§ 161a I, 73 StPO
- Beantragung gerichtlicher Untersuchungshandlungen beim Ermittlungsrichter, § 162 StPO

Ende des Ermittlungsverfahrens

Erhebung der öffentlichen Klage, § 170 I StPO bei hinreichendem Tatverdacht

Bei vorläufiger Tatbewertung ist die Verurteilung des Beschuldigten wahrscheinlicher als ein Freispruch

Ausnahme: §§ 153 ff. StPO Einstellung aus Opportunitätsgründen trotz hinreichenden Tatverdachts

Einstellung des Verfahrens, § 170 II StPO, wenn kein hinreichender Tatverdacht besteht

Verfahrenshindernisse sind **sog. negative Prozessvoraussetzungen,** die für die Zulässigkeit eines Sachurteils nicht vorliegen dürfen (zB Strafunmündigkeit, Tod des Beschuldigten). **Prozessvoraussetzungen** sind Umstände, die für die Zulässigkeit eines Sachurteils positiv erforderlich sind (zB Verhandlungsfähigkeit des Beschuldigten). Liegen Verfahrenshindernisse vor oder Prozessvoraussetzungen nicht vor, darf in der Sache nicht entschieden werden. Die Staatsanwaltschaft hat das Verfahren also einzustellen (§ 170 II StPO). Das Vorliegen der Prozessvoraussetzungen bzw. das Nichtvorliegen von Verfahrenshindernissen ist in jeder Lage des Verfahrens **von Amts wegen** zu prüfen.

Hinweis: Klagt die Staatsanwaltschaft trotz fehlender Prozessvoraussetzungen oder Vorliegens eines Verfahrenshindernisses an, so prüft das Gericht von Amts wegen im Zwischenverfahren die Prozessvoraussetzungen bzw. das Nichtvorliegen von Verfahrenshindernissen und stellt je nach Art des Hindernisses vorläufig ein (§ 205 StPO) oder lehnt die Eröffnung des Hauptverfahrens ab (§ 204 StPO). Im Hauptverfahren hat das Gericht ebenfalls von Amts wegen die Voraussetzungen/Hindernisse zu prüfen und kann ggf. durch Urteil gem. § 260 III StPO das Verfahren einstellen.

Umstritten ist, ob hier ein solches Verfahrenshindernis vorliegt. Ein solches könnte im Einsatz der verdeckten Ermittler als »Lockspitzel« liegen, die A zur Begehung einer Straftat anstiften (sog. **Agent-provocateur-**Konstellation), da A von sich aus überhaupt kein Interesse am Handel mit Betäubungsmitteln zeigte und nur auf mehrfaches Antreiben durch die Beamten entgegen seiner Zweifel agierte. Beim Einsatz von Lockspitzeln verhält sich der Staat nämlich an sich widersprüchlich: seine Aufgabe ist es Straftaten zu verhindern und zu verfolgen, nicht hingegen sie zu fördern oder hervorzurufen. Es handelt sich um eine Situation, in der kriminalpolitisch nachvollziehbares, ermittlungstaktisch geprägtes Verhalten der Strafverfolgungsbehörden dem Grundsatz des fairen Verfahrens (Art. 6 I 1 EMRK) gegenübertritt. Aufgrund der kriminalpolitischen Notwendigkeit solcher Ermittlungsmaßnahmen ist eine Tatprovokation nicht per se unzulässig (vgl. EGMR NStZ 1999, 47 [48] – de Castro ./. Portugal; BGH NStZ 2000, 269 [270]), allerdings findet sie ihre Grenze in der Rechtsstaatswidrigkeit. Daraus ergeben sich zwei Problemkreise: Zum einen wann eine **rechtsstaatswidrige Tatprovokation** vorliegt und zum anderen welche **Folgen** das Vorliegen einer solchen rechtsstaatswidrigen Tatprovokation nach sich zieht bzw. wie eine solche zu kompensieren ist. Wenn sich die Strafverfolgungsbehörden nicht auf passive Strafermittlung beschränken, sondern die betroffene Person derart beeinflussen, dass diese zur Begehung einer Straftat verleitet wird, die sie sonst nicht begangen hätte, und zwar mit dem Zweck die Feststellung einer Straftat zu ermöglichen (EGMR NStZ 2015, 412 [414]), liegt eine rechtsstaatswidrige Tatprovokation vor. Dies gilt insbesondere dann, wenn unverdächtige, zunächst **nicht** tatgeneigte Personen von einem Amtsträger (bzw. von einer Privatperson in einer dem Staat zuzurechnenden Art und Weise, zB Vertrauensperson) zu einer Straftat verleitet werden und dies zu einem Strafverfahren führt (EGMR NStZ 2015, 412 [414]; zuletzt BGH NStZ 2018, 355 [356]; BGH NStZ 2016, 52 [54]). Zumindest ein den §§ 152 II, 160 I StPO entsprechender Verdachtsgrad muss für die Zulässigkeit der Provokation gegeben sein. Im konkreten Fall lag eine solche rechtsstaatswidrige Tatprovokation vor. **Umstritten** sind die Rechtsfolgen einer solchen rechtsstaatswidrigen Tatprovokation.

Lösungsansätze hinsichtlich der Folgen einer rechtsstaatswidrigen Tatprovokation:

I. Strafausschließungsgrund

Bei rechtsstaatswidriger Tatprovokation entsteht bereits kein Strafanspruch des Staates.

Vertreten von:
angedeutet in BGH StV 1984, 58 (59).

1. Argument
Die Normverletzung wurde durch den Staat selbst ausgelöst, weshalb die Norm zu ihrer Stabilisierung keiner Sanktion gegenüber dem Provozierten bedarf. Der Staat selbst beeinträchtigte die Geltung der Norm. Damit betrifft das Verhalten bereits die Entstehung der Tat und führt zu einem Strafausschließungsgrund.

2. Argument
Mit einer Straftat als Provokation der Rechtsordnung stellt sich der Täter gegen Gemeinschaft und Staat. Der Staat hat aber im Fall der rechtsstaatswidrigen Tatprovoka-

tion die Straftat betrieben. Deshalb verfolgt er mit der Straftat weitergehende Interessen, sodass sich die Tat nicht als Störung der öffentlichen Ordnung darstellt.

II. Verfahrenshindernis

Die rechtsstaatswidrige Tatprovokation ist ein von Amts wegen zu berücksichtigendes Verfahrenshindernis.

Vertreten von:
BVerfG NJW 2015, 1083 (1084) bei extremen, schwerwiegenden Verstößen denkbar; BGH NStZ 2015, 541 (1. StS) ohne darzulegen, wann ein Lockspitzeleinsatz als solcher Extremfall gelten soll; BGH NStZ 2018, 355 (1. StS) als absolute Ausnahme; BGH NStZ 2016, 52 Verfahrenshindernis (wohl) auch ohne Extremfall (2. StS); BGH BeckRS 2018, 17767 (5. StS).

1. Argument
Der Provozierte hat sich zwar durch die Tat schuldhaft verhalten, allerdings liegt die Bedingung für diese Handlungsweise im Verhalten des Staates. Dieses stellt die Normgeltung der eigenen Normsetzung infrage, weshalb die Durchführung eines Strafverfahrens widersprüchlich wäre.

2. Argument
Durch die Annahme eines Verfahrenshindernisses wird dem Lockspitzel die Möglichkeit genommen über das Strafverfahren zu disponieren, da durch die Tatprovokation der Strafanspruch entsteht.

3. Argument
Durch die Annahme eines Verfahrenshindernisses werden die Staatsanwaltschaften angehalten und unter einen gewissen Druck gesetzt, ihre Ermittlungspersonen entsprechend zu schulen, um sich nicht dem Misserfolg der Einstellung wegen eines provozierten Verfahrenshindernisses zu stellen.

III. Lösung über ein Beweisverbot

Alle durch den rechtsstaatswidrigen Lockspitzeleinsatz erlangten Beweismittel sind im Prozess unverwertbar, wobei auch »Verfahren mit vergleichbaren Konsequenzen« akzeptiert würden, worunter aber eine bloße Strafmilderung nicht fallen soll.

Vertreten von:
Favorisiert in EGMR NStZ 2015, 412 (416) – Furcht ./. Deutschland; BVerfG NJW 2015, 1083 verweist neben Strafzumessungslösung auf Möglichkeit der Annahme eines Beweisverwertungsverbots.

1. Argument
Würde ein Verfahrenshindernis angenommen werden, so käme die Genugtuungs- und Präventionsfunktion des Strafrechts nicht zum Tragen. Der freie Wille des zur Tat Provozierten sowie der materielle Rechtsverstoß würde bei einer rein prozessualen Lösung kein Gewicht mehr erlangen.

2. Argument
Trotz der Provokation handelt es sich beim Verhalten des Täters um einen Normbruch. Die Normgeltung ist durch die Tatprovokation grundsätzlich nicht beeinträchtigt, allerdings handelt es sich um einen derartig schwerwiegenden Eingriff in das allgemeine Persönlichkeitsrecht des Täters, dass direkt aus Art. 2 I GG iVm Art. 1 I GG ein Beweiserhebungsverbot folgen muss, aus dem bei einem Verstoß gegen das Erhebungsverbot ein Verwertungsverbot folgt.

IV. Strafzumessungslösung

Die rechtsstaatswidrige Tatprovokation ist auf Strafzumessungsebene mildernd zu berücksichtigen. Teilweise soll im Rahmen der Strafzumessung der staatliche Strafanspruch auf Null reduziert werden.

Vertreten von:
zuletzt BGH NStZ 2014, 277 (280); *Sinn/Maly* NStZ 2015, 379 (383).

1. Argument
Ein Strafverfahren muss uneingeschränkt stattfinden. Ansonsten stünde der Schutz der dem Staat anvertrauten Rechtsgüter zur Disposition des Lockspitzels.

2. Argument
Die Annahme eines Verfahrenshindernisses ist in diesem Fall nicht angemessen, da selbst ein massiver Verstoß gegen § 136a StPO laut Gesetz »nur« ein Beweisverwertungsverbot nach sich zieht und zudem in gravierenden Fällen die gerichtliche Aufklärung des Lockspitzeleinsatzes versperrt.

3. Argument
Der kategorische Nichtbestrafungsansatz im Rahmen der Lockspitzelproblematik führt zu einer unzulässigen Gleichsetzung von Staat und pflichtwidrig provozierendem Lockspitzel.

4. Argument
Die Strafzumessungslösung bietet die Möglichkeit einer flexiblen Handhabung der Lockspitzelproblematik durch Abwägung zwischen staatlichen Strafverfolgungsinteressen und grundrechtsbezogener Individualgrenze.

Im Beispielsfall:

Die Annahme eines Strafausschließungsgrundes lässt bereits den materiell-rechtlichen Strafanspruch gegen A entfallen. Mangels Strafbarkeit sollte S keine Anklage erheben (Einstellung § 170 II StPO). Zum gleichen Ergebnis gelangt man, wenn man vom Vorliegen eines Verfahrenshindernisses ausgeht. Hier ist das Verhalten zwar strafbar, aber eben nicht verfolgbar, da dem Verfahren das Hindernis des rechtsstaatswidrigen Lockspitzeleinsatzes entgegensteht, sodass keine Anklage erhoben werden sollte, sondern das Verfahren einzustellen ist (§ 170 II StPO). Geht man von einem umfassenden Beweisverbot aus, müsste weiterhin geprüft werden, ob ein hinreichender Tatverdacht auch ohne die Verwertung der Aussagen der verdeckten Ermittler vorliegt. Nur dann sollte S anklagen. Anderenfalls sollte S das Verfahren einstellen, da die Tat nicht nachweisbar ist (§ 170 II StPO). Nimmt man eine Lösung auf Ebene der Strafzumessung an, so hat S die Tat anzuklagen (§ 170 I StPO). Erst auf Ebene der Strafzumessung erfolgt dann eine Kompensation der rechtsstaatswidrigen Tatprovokation. Die verschiedenen Ansätze führen zu unterschiedlichen Ergebnissen, sodass der Streit zu entscheiden ist. Gegen die Annahme eines Strafausschließungsgrundes spricht, dass trotz der Tatprovokation materiell-rechtliches Unrecht vorliegt. Gegen die Annahme eines Verfahrenshindernisses spricht der Vergleich zu § 136a StPO, sowie der Fakt, dass ein solches an klar zu bestimmende Tatsachen anknüpfen muss und nicht erst durch die Bewertung des gesamten Tatgeschehens nach umfassender Prüfung in der Hauptverhandlung zu ermitteln sein darf. Zudem sind die von BVerfG und BGH angedeuteten »Extremfälle«, in denen ein solches Verfahrenshindernis möglicherweise anzunehmen sei, nicht klar definiert. Hinzu kommt, dass das Vorliegen eines Verfahrenshindernisses stets in jeder Lage des Verfahrens von Amts wegen zu prüfen ist (§ 244 II StPO), was bedeutet, dass der BGH von Amts wegen das komplette Geschehen zum Lockspitzeleinsatz zu prüfen hätte, was dem Prüfkonzept des BGH in der Revisionsinstanz widerspricht. Die vom EGMR favorisierte Annahme eines Beweisverwertungsverbotes berührt zwar nicht die Strafbarkeit des Verhaltens per se und lässt auch die Durchführung eines Strafverfahrens unberührt. Allerdings zieht diese Lösung praktische Probleme nach sich. In sich konsequent und den Vorgaben des EGMR entsprechend wäre eine Lösung nur bei Annahme einer sog. **Fernwirkung von Beweisverwertungsverboten (→ Problem 21)**. Da der BGH eine solche aber nicht annimmt, erscheint die bloße Annahme der Unverwertbarkeit der Aussagen des Lockspitzels als wenig angemessene und den Vorgaben des EGMR nicht entsprechende Lösung. Für ein Vorgehen auf Ebene der Strafzumessung spricht die Möglichkeit einer flexiblen Reaktion auf den Lockspitzeleinsatz. Allerdings muss hier beachtet werden, dass der EGMR die frühere Praxis des BGH einer erheblichen Strafmilderung für nicht ausreichend hält (vgl. EGMR NStZ 2015, 412 [416]). Vielmehr spricht vieles dafür, den Strafanspruch auf Null reduziert anzusehen, da feststeht, dass der Täter die Tat ohne die Provokation nicht begangen hätte, weshalb kein Strafbedürfnis besteht. Diese Lösung soll über eine Anwendung des § 60 StGB (Absehen von Strafe) erreicht werden (vgl. *Sinn/Maly* NStZ 2015, 379 [385]). Nur so kann von einem Verfahren mit vergleichbaren Ergebnissen wie bei der Annahme eines Beweisverwertungsverbotes gesprochen werden, wie es der EGMR fordert. Es ist also anzunehmen, dass die rechtsstaatswidrige Tatprovokation auf Ebene der Strafzumessung den Strafanspruch des Staates auf Null reduziert und von Strafe abgesehen werden muss. S hat also trotzdem die Tat anzuklagen, da weder ein Verfahrenshindernis noch ein Beweisverwertungsverbot besteht (aA im Hinblick auf BGH NStZ 2016, 52 gut vertretbar).

Hinweis: Eine ähnliche Problematik besteht bei der Frage der Kompensation einer rechtsstaatswidrigen, konventionswidrigen (Art. 6 I EMRK) **Verfahrensverzögerung**. Auch hier werden unterschiedliche Lösungen vertreten, die auch die Annahme eines Verfahrenshindernisses oder eine Lösung auf Ebene der Strafzumessung beinhalten. Während der BGH früher von einer Strafzumessungslösung ausging, ist seit der Entscheidung des Großen Senates für Strafsachen aus dem Jahr 2008 (BGHSt [GrS] 52, 124 = NJW 2008, 860 [861 ff.]) die sog. **Vollstreckungslösung** herrschend. Dabei wird in der Urteilsformel ausgesprochen, dass ein Teil der Strafe wegen der rechtsstaatswidrigen Verfahrensverzögerung als vollstreckt gilt. Zusätzlich enthalten die §§ 198 ff. GVG Entschädigungsregelungen zur Kompensation einer überlangen Verfahrensdauer für alle Verfahren vor den ordentlichen Gerichten.

Überblick V: Prozessvoraussetzungen

Gesetzlich geregelt	Ungeschrieben und umstritten
Kein Verbrauch der Strafklage, Art. 103 II GG Keine Verjährung, §§ 78 ff. StGB Vorliegen Strafantrag, falls erforderlich, §§ 77 ff. StGB Wirksame Anklage und Eröffnungsbeschluss Verhandlungsfähigkeit Keine Immunität, Art. 46 II, 4 GG	*Fair-trial*-Verstoß wegen überlanger Verfahrensdauer in Extremfällen (str.) Begrenzte Lebenserwartung des Angeklagten (str.) Lockspitzeleinsatz (str.)

2. Kapitel: Ermittlungsverfahren II – Zwangsmittel

5. Problem: Besteht bei körperlichen Untersuchungen im Rahmen des § 81a StPO eine aktive Mitwirkungspflicht des Verdächtigen?

Beispiel:

A wird nach einer feuchtfröhlichen Partynacht mit seinem Pkw angehalten, da er den Polizeibeamten durch das Fahren von Schlangenlinien aufgefallen ist. Wegen des erheblichen Verdachts der Trunkenheit im Verkehr gem. § 316 StGB soll A einen Atemalkoholtest durchführen. A weigert sich. Kann er gezwungen werden, ins Röhrchen zu pusten?

Abwandlung: Kann A gezwungen werden, eine Blutuntersuchung durch einen Arzt durchführen zu lassen?

Ausgangspunkt:

Zwangsmaßnahmen und Selbstbelastungsfreiheit.

Die Zwangsmaßnahmen der StPO können im Widerspruch zur Selbstbelastungsfreiheit stehen (sog. **»*Nemo-tenetur*-Grundsatz«**). Es treffen also Wahrheitserforschungsinteresse/-pflicht und Individual(grund)rechtsschutz des Betroffenen aufeinander. Strafprozessrecht wird auch als **»angewandtes Verfassungsrecht«** (so BGHSt 19, 325 [330] mit Verweis auf *Sax* in Bettermann/Nipperdey/Scheuner Die Grundrechte III 2, 966) bezeichnet. Insbesondere ist der Verhältnismäßigkeitsgrundsatz in Art. 20 III GG zu beachten.

Überblick VI: Zwangsmaßnahmen/-mittel der StPO

Zweck:	Sicherung des Strafverfahrens.
Zweckerreichung durch:	Grundrechtseingriffe beim Betroffenen oder uU auch beim Dritten.
Problem:	Ermittlungsgeneralklausel §§ 161, 163 StPO keine ausreichende Rechtsgrundlage; spezielle gesetzliche Regelungen erforderlich.

Zweck	Zwangsmaßnahme	Regelung
Durchführung des Strafverfahrens	Vorläufige Festnahme Untersuchungshaft	§§ 127 ff. StPO §§ 112 ff. StPO
Erlangung von Beweismitteln oder Aufenthalt tatverdächtiger Person	Durchsuchung Sicherstellung/Beschlagnahme	§§ 102 ff. StPO §§ 94 ff. StPO
Erlangung von Beweismitteln oder Identitätsfeststellung; Durchführung Strafverfahren	Unterbringung zur Beobachtung Körperliche Untersuchung Erkennungsdienstliche Behandlung Untersuchung von Zeugen DNA-Analyse Reihengentest	§ 81 StPO § 81a StPO § 81b StPO § 81c StPO § 81e StPO § 81h StPO

Zweck	Zwangsmaßnahme	Regelung
Erlangung von Beweismitteln oder Aufenthalt tatverdächtiger Person	Heimliche Überwachung der Telekommunikation Online-Durchsuchung Akustische Wohnraumüberwachung (großer Lauschangriff) Akustische Überwachung außerhalb Wohnraum (kleiner Lauschangriff) Erhebung von Verkehrsdaten Heimlicher Einsatz weiterer technischer Mittel (zB Bildaufnahmen) Einsatz von »IMSI-Catchern« (und »stillen SMS«) Bestandsdatenauskunft	§ 100a StPO § 100b StPO § 100c StPO § 100f StPO § 100g StPO § 100h StPO § 100i StPO § 100j StPO
Aufklärung von Straftaten	Einsatz verdeckter Ermittler	§ 110a ff. StPO
Fahndung in der Öffentlichkeit	Rasterfahndung Datenabgleich Einrichtung von Kontrollstellen Ausschreibung zur Festnahme Identitätsfeststellung	§ 98a StPO § 98c StPO § 111 StPO §§ 131 ff. StPO §§ 163b ff. StPO
»Prävention«	Registrierung (Lichtbild/Fingerabdruck) DNA-Identifizierungsmuster	§ 81b StPO § 81g StPO

Betroffener der Zwangsmaßnahme kann sowohl der Beschuldigte, als auch ein Dritter sein, wobei unterschiedliche Rechtmäßigkeitsvoraussetzungen gelten, je nachdem, ob die Maßnahme den Beschuldigten oder den Dritten betrifft (vgl. §§ 102, 103 StPO für die Durchsuchung beim Beschuldigten und beim Dritten). Zwangsmaßnahmen können – soweit nicht der Betroffene einwilligt – ohne oder gegen seinen Willen angeordnet werden. Heimliche, verdeckte Ermittlungsmaßnahmen erfolgen **ohne den Willen** des Betroffenen (§§ 100a, 100b, 100c, 100f, 110a StPO). Körperliche Untersuchung, erkennungsdienstliche Behandlung und (vorläufige) Festnahme (§§ 81a, 81b, 112 ff., 127 II StPO) erfolgen **gegen den Willen** des Betroffenen. Dem nicht einwilligenden Betroffenen legt die StPO die Pflicht auf, diese Zwangsmaßnahmen zu dulden. **Umstritten ist**, ob darüber hinaus eine allgemeine Verpflichtung zur aktiven Mitwirkung des Betroffenen besteht, da dies den *Nemo-tenetur*-Grundsatz berühren kann. **Fraglich ist also**, ob A »ins Röhrchen pusten« musste und dazu gezwungen werden konnte.

Lösungsansätze zur Frage der Mitwirkungspflicht des Beschuldigten:

I. Bloße Duldungspflicht des Beschuldigten

Körperliche Eingriffe sind lediglich passiv zu dulden, aktiv mitwirken muss der Beschuldigte nicht.

Vertreten von:
BGHSt 34, 39 (46) = NJW 1986, 2261 (2263); BGH VRS 39 (1970), 184 (185); OLG Brandenburg NStZ 2014, 524; *Beulke/Swoboda* StrafProzR Rn. 241; Meyer-Goßner/Schmitt/*Schmitt* StPO § 81a Rn. 11 mwN.

1. Argument
Eine Mitwirkungspflicht des Beschuldigten verletzt den *Nemo-tenetur*-Grundsatz als Prozessmaxime.

2. Argument
Menschenwürde und Selbstbestimmungsrecht bewahren den Betroffenen davor, Werkzeug seiner eigenen Überführung zu sein. Ein Zwang zur Selbstbezichtigung verletzt also auch die Menschenwürde aus Art. 1 I GG.

3. Argument
Der naturrechtliche Gedanke des Selbstschutzes und die psychologische Gesetzmäßigkeit des Selbsterhaltungstriebes ergeben das Privileg, nicht an der eigenen Überführung mitwirken zu müssen.

4. Argument
Die Systematik der prozessualen Eingriffsermächtigungen unterstreicht, dass es keine aktive bzw. durch mittelbaren Zwang bewirkte Inanspruchnahme des Beschuldigten zu Beweiszwecken gibt.

II. Mitwirkungspflicht des Beschuldigten

Es besteht eine generelle Mitwirkungspflicht des Beschuldigten bei der Durchführung des Strafverfahrens.

Vertreten von:
Verrel, Die Selbstbelastungsfreiheit im Strafverfahren, 2001, 224 ff.

1. Argument
Der *Nemo-tenetur*-Grundsatz ist bei der Mitwirkung an Zwangsmaßnahmen nicht berührt. Dieser gilt nur für die formelle Befragung des Beschuldigten (arg. §§ 136 I 2, 243 IV 1 StPO).

2. Argument
Das faktisch bestehende Interesse des Beschuldigten an der Verschonung vor Selbstbezichtigung ist durch das Strafprozessrecht nicht anerkannt. Dafür gibt es keine gesetzliche Grundlage.

3. Argument
Das Interesse an der Vermeidung der Selbstbezichtigung durch aktives Tun ist nicht höher zu werten als das an der Vermeidung der Selbstbezichtigung durch passives Dulden.

4. Argument
Der naturrechtliche Selbstschutzgedanke und die psychologische Gesetzmäßigkeit des Selbsterhaltungstriebes sind nicht geeignet zwischen Duldungs- und Mitwirkungspflichten zu unterscheiden.

III. Absolute Untersuchungsfreiheit des Beschuldigten

Der Beschuldigte ist weder zur aktiven Mitwirkung noch zur passiven Duldung verpflichtet. § 81a StPO ist verfassungswidrig.

Vertreten von:
Sax in Bettermann/Nipperdey/Scheuner Die Grundrechte III 2 986 (Verstoß gegen Art. 6 II EMRK); *Naucke*, FS Hamm, 2008, 497 (511 ff.); *Eisenhardt*, Das nemo tenetur-Prinzip, 2007, 213.

1. Argument
Die Verpflichtung zur aktiven Mitwirkung und zur Duldung verstößt gegen die Menschenwürdegarantie des Art. 1 I GG, da dem Strafrecht durch die Menschenwürdegarantie ein Recht des Beschuldigten zum Selbstschutz gegenübergestellt wird.

2. Argument
Die Gefahr der Selbstbelastung ist bei der Duldung sogar ungleich größer als bei der aktiven Mitwirkung, da die zu duldenden Maßnahmen objektive und sichere Beweise liefern.

Im Beispielsfall:

Geht man von einer bloßen Duldungspflicht aus, muss A nicht ins Röhrchen pusten. Zum gleichen Ergebnis gelangt man, wenn man annimmt der Beschuldigte muss weder Eingriffe dulden noch aktiv mitwirken. Nimmt man eine Mitwirkungspflicht an, so muss A ins Röhrchen pusten. Dies könnte auch zwangsweise durchgesetzt werden, zB durch Festhalten und Röhrchen in den Mund halten. Die Ansichten kommen zu unterschiedlichen Ergebnissen, sodass der Streit zu entscheiden ist. Gegen eine Verfassungswidrigkeit des § 81a StPO und damit die Annahme, dass weder eine Duldungs- noch Mitwirkungspflicht besteht, spricht, dass die Verfassungsmäßigkeit der Vorschrift durch das BVerfG bestätigt wurde (BVerfGE 47, 239 = NJW 1978, 1149 »Veränderung der Haar- und Barttracht«) und die körperlichen Untersuchungen zum Beweis, ob strafbares Verhalten vorliegt oder nicht – insbesondere im Rahmen von Grenzwertbestimmungen – nahezu unerlässlich sind (zB Schuldfähigkeit, Trunkenheitsfahrt etc). Gegen eine aktive Mitwirkungspflicht spricht aber, dass der *Nemo-tenetur*-Grundsatz eine der Prozessmaximen darstellt, die das rechtsstaatsförmige Strafverfahren absichern soll. Es wäre widersinnig *»nemo-tenetur«* nur auf Vernehmungen zu beziehen und dem Grundsatz dann bei der aktiven Mitwirkung zur Überführung »durch Taten« seine Bedeutung abzusprechen. Eine Duldungspflicht besteht allerdings für körperliche Untersuchungen, da diese – wie dargestellt – zwingend notwendig sind, um die Grenzen zwischen strafbarem und straflosem Verhalten abzusichern. Den besten Ausgleich beider Interessen schafft die Ansicht, die von einer allgemeinen aktiven Mitwirkungspflicht absieht, jedoch eine passive Duldungspflicht des Beschuldigten für körperliche Untersuchungen anerkennt. Damit muss A **nicht ins Röhrchen pusten** und **kann dazu auch nicht gezwungen** werden.

Zur Abwandlung: Die Blutprobenentnahme (§ 81a I 2 StPO) stellt einen körperlichen Eingriff dar, den der Beschuldigte zu dulden hat. Bei der Entnahme handelt es sich idR auch um einen geringfügigen und vergleichsweise harmlosen und daher verhältnismäßigen Eingriff in die körperliche Unversehrtheit. Letzteres gilt auch bei Weigerung. Dafür darf der Beschuldigte A uU auch festgehalten werden.

Hinweis: Für die Blutprobenentnahme wegen des Verdachts der Ordnungswidrigkeit des § 24a StVG ist nach den Verwaltungsvorschriften zunächst der Verdacht mittels eines Atemalkoholmessgeräts zu bestätigen, wobei bei positivem Ergebnis die Blutprobenentnahme nicht überflüssig wird, vgl. dazu SK-StPO/*Rogall* § 81a Rn. 41.

Exkurs III: Anordnung von Zwangsmaßnahmen

Grundsatz: Anordnungskompetenz des Richters (zT sogar Strafkammer des LG)

Ausnahme: Not- oder Eilkompetenz der Staatsanwaltschaft (oder zT ihrer Ermittlungspersonen, § 152 GVG) bei sog. **Gefahr im Verzug**; originäre Anordnungskompetenz der Staatsanwaltschaft, § 163b StPO

Zweck: Sicherung der Individualgrundrechte; besonders grundrechtsintensive Eingriffe sollen dem Ermittlungsrichter in die Hand gegeben werden, um bereits vor Durchführung eine richterliche Kontrolle zu ermöglichen

Gefahr im Verzug liegt vor, wenn die begründete Gefahr besteht, dass bei weiterem Zuwarten der Erfolg der Maßnahme vereitelt würde. In den letzten Jahren (seit BVerfG NJW 2001, 1121 – Wohnungsdurchsuchung) wurden an den Begriff der Gefahr im Verzug immer strengere Anforderungen gestellt. Der Begriff muss eng ausgelegt werden. Grund hierfür war und ist die Praxis der Ermittlungsbehörden Gefahr im Verzug zu schnell zu bejahen und damit das gesetzlich gewünschte Ausnahmeverhältnis der Notanordnung ins Gegenteil zu verkehren. In dieser Entscheidung legte das BVerfG auch dar, dass die Strafverfolgungsbehörden regelmäßig versuchen müssen den zuständigen Ermittlungsrichter zu erreichen, bevor Gefahr im Verzug angenommen wird. Aktuell zur Frage der Eilkompetenz nach Befassung des Ermittlungsrichters mit der Sache vgl. BGH NStZ 2017, 367. Bei Blutprobenentnahmen iSd § 81a I 2 StPO führte die Auslegung der Gefahr im Verzug durch die Ermittlungsbehörden so weit, dass die Anordnung der Entnahme durch den Ermittlungsrichter zur Ausnahme wurde. Gerade bei der Blutprobenentnahme ist aber die frühzeitige Einschaltung des Richters besonders bedeutsam, da eine zeitgleiche Einholung von richterlichem Rechtsschutz gegen polizeiliche oder staatsanwaltschaftliche Maßnahmen wegen der raschen Erledigung faktisch unmöglich ist und eine Überprüfung der Rechtmäßigkeit der Maßnahme durch das Gericht nur noch nachträglich geschehen kann (vgl. BVerfG NJW 2007, 1345). Das BVerfG stärkte daher den Richtervorbehalt unter anderem durch seine Entscheidungen BVerfG NJW 2007, 1345; 2010, 2864. Zu Bedenken hinsichtlich der Aushebelung des Richtervorbehalts bei der Blutprobenentnahme im Bereich verwaltungsbehördlicher Eingriffsmaßnahmen (Fahrerlaubnisentzug), vgl. BVerfG NJW 2015, 1005.

Im Gegensatz zu dieser restriktiven Tendenz des BVerfG wurde mit dem Gesetz zur effektiveren und praxistauglicheren Ausgestaltung des Strafverfahrens vom 17.08.2017 (BGBl. I S. 3202), welches am 24.08.2017 in Kraft getreten ist, mit der Norm des § 81a II 2 StPO jedoch eine **echte Ausnahme** vom Richtervorbehalt in bestimmten Konstellationen im Rahmen von Straßenverkehrsdelikten geschaffen. Danach bedarf es keiner richterlichen Anordnung, wenn bestimmte Tatsachen den Verdacht einer Straftat nach §§ 315a I Nr. 1, II und III, 315c I Nr. 1a), II oder 316 StGB begründen. Dies betrifft im Wesentlichen die Straßenverkehrsdelikte, bei welchen der Verdacht besteht, dass das Fahrzeug unter Alkohol- oder Betäubungsmitteleinfluss geführt wurde. Die zu Eilanordnungen der Polizei zur Blutprobenentnahme bei Verdacht auf Trunkenheitsfahrten ergangene, nun überholte, Rechtsprechung kann aber auch nach der Einführung von § 81a II 2 StPO sinngemäßg weiterhin in den übrigen, § 81a II 1 StPO unterfallenden, Konstellationen angewendet werden.

6. Problem: Brechmitteleinsatz – Zulässigkeit unter Beachtung der Rechtsprechung des EGMR

Beispielsfall:

A wurde von Polizeibeamten mehrmals dabei beobachtet, wie er einen kleinen Plastikbeutel aus seinem Mund nahm und einer anderen Person gegen Geld übergab. Wegen des Verdachts, dass die Beutel Betäubungsmittel enthielten, nahmen die Polizeibeamten A fest. Dieser verschluckte daraufhin ein Päckchen, das sich noch in seiner Mundhöhle befand. Da weitere Betäubungsmittel bei A nicht aufgefunden wurden und durch ein Zuwarten der Untersuchungserfolg als gefährdet angesehen wurde, ordnete der Staatsanwalt S die ärztliche Verabreichung eines Brechmittels zur Exkorporation des Beutels gem. § 81a StPO an. Dieses wurde dem A in einem Krankenhaus zwangsweise von einem Arzt mittels einer Nasen-Magen-Sonde verabreicht, während ihn vier Polizeibeamte festhielten, da A sich weigerte es einzunehmen. Ist dieser Einsatz von Brechmitteln hier zulässig?

Ausgangspunkt:

Handelt es sich bei der Verabreichung von Brechmittel um einen verhältnismäßigen körperlichen Eingriff gem. § 81a I 2 StPO oder ähnelt die Konstellation einer Durchsuchung – wird doch das Auffinden von Beweismitteln hier in den Vordergrund gestellt (→ **Problem 5 Überblick Zwangsmaßnahmen**).

Körperliche Untersuchungen iSd § 81a StPO sind **nur die Feststellung der Beschaffenheit** des Körpers, einzelner Körperteile oder Körperflüssigkeiten. Abzugrenzen ist die Untersuchung von der körperlichen Durchsuchung, bei der **am** Körper oder in zugänglichen natürlichen Körperöffnungen nach versteckten Gegenständen gesucht wird (Durchsuchung iSd § 102 StPO). Hier allerdings ist **umstritten,** ob § 81a StPO überhaupt einschlägig ist, handelt es sich doch um eine Suche nach Beweismitteln **im** Körper.

Lösungsansätze:

I. Unzulässigkeit des Brechmitteleinsatzes gem. § 81a StPO

Unter keinen Umständen dürfen Brechmittel zur Erlangung verschluckter Beweismittel eingesetzt werden. § 81a I StPO stellt keine Eingriffsgrundlage dar.

Vertreten von:
OLG Frankfurt a.M. NJW 1997, 1647.

1. Argument
Die Brechmittelgabe dient gerade nicht der Suche von Fremdkörpern im Körper iSd § 81a StPO, sondern wegen der Wahrscheinlichkeit des Auffindens einer Sicherstellung und wird damit in die Nähe der Durchsuchung iSd § 102 StPO gerückt. Diese sieht aber zwangsweise Eingriffe in die körperliche Unversehrtheit gerade nicht vor.

2. Argument
Die Brechmittelgabe begründet das Risiko gesundheitlicher Nachteile, insbesondere besteht die Gefahr von Kontraindikationen (zB Herz- oder Ateminsuffizienz), deren Bestehen bei einer zwangsweisen Verabreichung gar nicht abgeklärt werden kann. Es handelt sich um eine gesundheitsgefährdende Maßnahme, die gegen das Recht auf körperliche Unversehrtheit, Art. 2 II 1 GG, verstößt.

Hinweis: Im Dezember 2001 starb ein Beschuldigter in Hamburg nach dem Einsatz von Brechmitteln.

3. Argument
Das Verabreichen von Brechmitteln verstößt gegen den *Nemo-tenetur*-Grundsatz, da dadurch der Zwang besteht, aktiv an der eigenen Überführung mitzuwirken.

4. Argument
Das Verabreichen von Brechmitteln verstößt gegen Art. 1 I, 2 I GG, da der Beschuldigte zum bloßen Objekt staatlichen Handelns gemacht wird, wenn das Ergebnis der Medikation völlig unabhängig von seinem Willen abläuft. Zudem ist die Intimsphäre (→ **Problem 23**) durch den Zwang zum entwürdigenden Erbrechen in der Öffentlichkeit berührt.

II. Zulässigkeit des Brechmitteleinsatzes gem. § 81a StPO zur Aufklärung schwerer Straftaten

Brechmittel dürfen zur Erlangung von verschluckten Beweismitteln verabreicht werden, wenn es der Aufklärung einer schweren Straftat dient und in Hinblick auf andere Möglichkeiten noch verhältnismäßig ist. Der Brechmitteleinsatz ist auf § 81a StPO zu stützen, da sich die Abgrenzung zur Durchsuchung gem. § 102 StPO nach den erforderlichen Mitteln der »Suche« richtet, die hier den Einsatz eines Arztes erfordert.

Vertreten von:
BVerfG NStZ 2000, 96 (obiter dictum); BVerfG NStZ 2000, 381 – Jalloh; offengelassen BVerfG NStZ 2002, 606; so auch hier in der ersten Auflage.

1. Argument
Das Verabreichen von Brechmitteln berührt den *Nemo-tenetur*-Grundsatz nicht, wenn für den Beschuldigten kein Zwang vorliegt, das Mittel selbst einzunehmen. Durch die Verabreichung per Sonde ist der Beschuldigte lediglich passiv zur Duldung gezwungen und das Erbrechen stellt keine aktive Mitwirkung dar, da es sich nicht um eine willensgesteuerte Handlung im Sinne der Handlungslehre handelt.

2. Argument
Das Erbrechen stellt keinen gesundheitlichen Nachteil iSd § 81a StPO dar, da bei einem gesunden Beschuldigten keine erhebliche, über die Untersuchungsdauer hinausgehende Beeinträchtigung des körperlichen Wohlbefindens anzunehmen ist.

3. Argument
Das Warten auf das natürliche Ausscheiden des Beweismittels stellt keine gleich sichere Maßnahme dar, die die Verhältnismäßigkeit des Brechmitteleinsatzes berühren

würde. Denn der Beschuldigte müsste für die Dauer des »Abwartens« festgehalten werden, was ohne das Vorliegen eines Haftgrundes gem. §§ 112 ff. StPO (→ **Problem 7**) über die Dauer eines Tages (arg. § 128 I StPO) nicht möglich ist.

4. Argument
Durch das Erfordernis einer schweren Straftat wird der Verhältnismäßigkeitsgrundsatz gewahrt.

III. Einzelfallabhängige Unzulässigkeit

Der Einsatz von Brechmitteln kann im Einzelfall Art. 3, 6 EMRK verletzen. Eine Misshandlung nach Art. 3 EMRK muss ein Mindestmaß an Schwere erreichen. Dieses hängt von den Gesamtumständen, insbesondere von der Dauer der Behandlung, den physischen und psychischen Wirkungen sowie von Geschlecht, Alter und Gesundheitszustand des Opfers ab. Eine »**unmenschliche Behandlung**« meint jede vorsätzliche und ohne Unterbrechung zugefügte Behandlung, die körperliche Verletzungen oder intensives physisches oder psychisches Leiden verursacht hat. Eine »**erniedrigende Behandlung**« meint jede Behandlung, die bei den Opfern Gefühle der Angst, Beklemmung oder Unterlegenheit erweckt und geeignet ist, die Opfer zu demütigen oder zu erniedrigen und möglicherweise ihren körperlichen oder moralischen Widerstand brechen soll. Medizinische Eingriffe, denen Personen in Haft gegen ihren Willen unterzogen werden, sind – so Art. 3 EMRK – so durchzuführen, dass die körperliche Unversehrtheit der Häftlinge gewährt wird. Dies ist insbesondere durch notwendige medizinische Versorgung zu gewährleisten. Therapeutische Notwendigkeit nach medizinischen Grundsätzen kann grundsätzlich nicht als unmenschlich oder erniedrigend angesehen werden (zB Zwangsernährung zur Rettung vor dem Verhungern). **Maßnahmen gegen den Willen des Beschuldigten** zur Beweiserlangung, die nicht therapeutisch notwendig sind, werden von Art. 3, 6 EMRK nicht per se ausgeschlossen (zB Entnahme von Blut- und Speichelproben). Erforderlich für deren Zulässigkeit ist eine **überzeugende Rechtfertigung**, insbesondere bei der Entnahme körperlicher Beweise zum Nachweis einer Straftat. Dabei hat eine **genaue Prüfung der Gesamtumstände** (Schwere der Straftat; alternative Ermittlungsmethoden; Gefahr eines dauerhaften Gesundheitsschadens für das Opfer; Schmerzen/physische Leiden des Opfers bei dem Eingriff) zu erfolgen. Die Anordnung und Ausführung durch einen Arzt und ständige ärztliche Überwachung sind zwingend erforderlich.

Vertreten von:
EGMR NJW 2006, 3117 – Jalloh ./. Deutschland.

1. Argument
Der Handel mit Betäubungsmitteln stellt zwar eine schwere Straftat dar, dies darf aber nicht alleiniges Kriterium sein. Hier erfolgte eine Aufbewahrung im Mund, weshalb von großen Mengen nicht auszugehen war.

2. Argument
Das Abwarten der Ausscheidung auf natürlichem Wege zur Beweissicherung wäre zumutbar gewesen (Verweis auf die Praxis in anderen Mitgliedstaaten des Europarates).

3. Argument
Die Gesundheitsungefährlichkeit der Nasen-Magen-Sonde bei zwangsweiser Verabreichung ist zweifelhaft (Todesfall Achidi John durch Brechmittelverabreichung im Jahre 2001 in Hamburg). Die Vermutung der Gesundheitsgefährlichkeit ist eher naheliegend.

4. Argument
Die brutale Art der Anwendung unter Festhalten durch Polizeibeamte, das Einführen der Nasen-Magen-Sonde verbunden mit Schmerz und Furcht sowie das psychische Leid des Opfers sind zu berücksichtigen. Insbesondere erscheint es demütigend, sich unter Beobachtung durch einen Arzt und vier Polizeibeamte zum Erbrechen genötigt zu fühlen.

Im Beispielsfall:

Nach der Ansicht, die eine generelle Unzulässigkeit der Verabreichung von Brechmitteln annimmt, lag hier ein unzulässiger Einsatz des Brechmittels vor. Aber auch die Ansicht, die auf die Schwere der Straftat abstellt, wird bei einem Vergehen nach § 29 BtMG den Schweregrad noch nicht annehmen können. Mit der Ansicht des EGMR ist der Brechmitteleinsatz im konkreten Fall unzulässig. Somit kommen alle drei Ansichten zu einem identischen Ergebnis, sodass der Streit nicht zu entscheiden ist. Die besseren Argumente sprechen aber für die Ansicht des EGMR. Denn eine umfängliche Unzulässigkeit ist aus verfassungs- und menschenrechtlicher Sicht nicht notwendig. Als einschränkendes Kriterium jedoch lediglich den wenig exakten Begriff der »schweren Straftat« heranzuziehen, erlaubt keine saubere Abgrenzung. Vielmehr sind sämtliche Umstände des Einzelfalls in eine Gesamtabwägung einzustellen. Eine allzu schematische Beurteilung des zwangsweisen Verabreichens von Brechmitteln verbietet sich also.

Hinweis: Das Urteil des EGMR enthält zudem besondere Erwägungen für die Verwertung von unter einem Verstoß gegen Art. 3 EMRK erhobener Beweise im Hinblick auf Art. 6 EMRK, da Art. 3 EMRK einen der wichtigsten Grundwerte demokratischer Gesellschaften verankert und ausnahmslos gilt. Kernstück des Art. 6 EMRK sind die international anerkannten Grundsätze der Selbstbelastungsfreiheit und des Schweigerechts des Beschuldigten, die vor unzulässigem Zwang durch die Behörden schützen sollen. Für die Frage der Verletzung dieses Kernstücks sind Art und Grad des Zwangs, Vorhandensein angemessener Verfahrensgarantien und die Angabe, wozu die gewonnenen Beweise verwertet wurden, maßgeblich. Zwar betrifft die Selbstbelastungsfreiheit in erster Linie die Beachtung des Willens des Angeklagten zu schweigen und erstreckt sich grundsätzlich nicht auf die Verwertung von Beweisen, die vom Angeklagten durch Zwang gewonnen wurden, aber unabhängig von seinem Willen vorhanden sind. Zwar war die Erlangung der Beweise nach nationalem Recht nicht rechtswidrig, da nach deutscher Rechtsprechung der Einsatz durch § 81a StPO gedeckt war (der EGMR überprüft die Einhaltung der Konvention, nicht die Zulässigkeit von Beweismitteln, da diese Frage in den Regelungsbereich nationalstaatlichen Rechts gehört; er prüft also nicht die korrekte Anwendung des § 81a StPO). Die Beweismittel stammen unmittelbar aus einer Verletzung des Art. 3 EMRK, also aus einem der Kernstücke der von der Konvention geschützten Rechte und Freiheiten. Es kann nicht ausgeschlossen werden, dass die Verwertung von Beweisen, die unter einem Verstoß gegen Art. 3 EMRK gewonnen wurden, das Verfahren unfair machen. Dies kann im konkreten Fall aber auch dahinstehen, da hier die Beweise durch eine Maßnahme erlangt wurden, die im Widerspruch zu einem der wesentlichsten der von der Konvention garantierten Rechte steht. Zudem war im konkreten Fall der gefundene Beweis entscheidend für die Verurteilung. Die deutschen Gerichte sahen außerdem wegen ihrer Subsumtion des Brechmitteleinsatzes unter § 81a StPO keinen Entscheidungsspielraum die Beweise auszuschließen. Der EGMR sah unter diesen Aspekten die Verwertung der Betäubungsmittel als Beweis als Grund an, der das Verfahren insgesamt unfair macht.

Exkurs IV: Die EMRK und ihre Bedeutung für das Strafrecht

(Vgl. ausführlich zum Ganzen *Ambos* IntStrafR § 10 Rn. 5 ff.; *Safferling* IntStrafR § 13 Rn. 7 ff. und Rn. 18 ff.; hierzu der grundlegende Beschluss BVerfGE 111, 307 – Görgülü.)

Die EMRK ist ein völkerrechtlicher Vertrag, dem alle 47 Mitgliedstaaten des Europarates (Council of Europe) beigetreten sind. Zunächst wurde sie von 15 Mitgliedstaaten im November 1950 unterzeichnet. Die Bundesrepublik Deutschland hat den Vertrag 1952 ratifiziert und die EMRK ist für die Bundesrepublik Deutschland am 3.9.1953 in Kraft getreten. Die EMRK ist dadurch geltendes innerstaatliches Recht; ein völkerrechtlicher Vertrag steht aber formell nur im Rang eines einfachen Bundesgesetzes (Art. 59 II GG, nach hM keine allgemeinen Regeln des Völkerrechts iSd Art. 25 GG, die den Gesetzen vorgehen; bei den fundamentalen Konventionsrechten, wie Art. 3 EMRK kann dies aber mit guten Gründen bezweifelt werden). Ihre materiell-rechtliche Bedeutung liegt in der sog. **konventionskonformen Auslegung**, die wegen des Grundsatzes der Völkerrechtsfreundlichkeit des GG die Wertentscheidungen der EMRK bei der Auslegung nationaler Gesetze berücksichtigt (vgl. Meyer-Goßner/Schmitt/*Schmitt* Anh. 4 EMRK vor Art. 1 Rn. 1–4). Der EGMR wacht seit 1998 über die Einhaltung der EMRK als ständiger Gerichtshof (Art. 19 EMRK). Er besteht aus vier Spruchkörpern (Einzelrichter, Ausschuss [3 Richter]; Kammer [7 Richter]; Große Kammer [17 Richter]) und ist sowohl für Individual- als auch für Staatenbeschwerden zuständig. Wird ein Konventionsverstoß festgestellt, spricht der EGMR bei unvollkommener Wiedergutmachung durch die nationalen Gerichte eine gerichtliche Entschädigung zu. Die Urteile der nationalen Gerichte kassiert der EGMR jedoch nicht. Die Wirkung der Entscheidung ist grundsätzlich eine »*Inter-partes*«-Wirkung. Eine gewisse Allgemeinverbindlichkeit erhalten die Entscheidungen aber für die Auslegung der Konvention. Die Entscheidungen des EGMR haben also eine gewisse Orientierungs- und Leitfunktion und damit auch eine Präzedenzwirkung für die staatlichen Organe. Faktisch kann von einer Erga-omnes-inter-partes-Wirkung gesprochen werden. Mittelbar entfalten die Entscheidungen wegen des Grundsatzes der völkerrechtsfreundlichen Auslegung also Auswirkungen auf die Auslegung des nationalen Rechts und somit auch auf die Auslegung des § 81a StPO bei der Frage des Brechmitteleinsatzes und deren Verhältnismäßigkeit.

Möglicherweise ist die Situation nach den Beschlüssen des BVerfG vom 16.11.2019 – Recht auf Vergessen I + II (1 BvR 16/13 und 276/17) – anders zu beurteilen. Das betrifft Bereiche, die unionrechtlich überlagert sind. Hier prüft nun das BVerfG europäische Grundrechte nach der GRCh und der EMRK vorrangig vor den Grundrechten des GG, soweit nicht die Harmonisierungsmaßnahmen noch Umsetzungsspielräume für den nationalen Gesetzgeber bereithalten oder GRCh und EMRK nicht einen im Wesentlichen gleichen Schutzstandard wie die deutschen Grundrechte des Grundgesetzes bieten.

Weitere Entscheidungen zum Brechmitteleinsatz:

BGH NJW 2010, 2595; 2012, 2453 – Zur Verantwortlichkeit des Arztes beim Brechmitteleinsatz für den Tod des Beschuldigten.

Weiterführende Literaturhinweise: *Safferling* JURA 2008, 100

Zusatzfall 1: Untersuchungshaft – Anordnung und Rechtsmittel

Beispielsfall:

Gegen A wird ein Ermittlungsverfahren wegen des Verdachts des schweren Raubes mit Todesfolge (§ 251 StGB) geführt. Zunächst schweigt A zur Sache. Bei der zweiten Vernehmung legt er zwar ein umfassendes Geständnis ab, versucht aber seine Tat zu rechtfertigen und zeigt weder Einsicht noch Reue, geschweige denn Mitleid mit dem Opfer. Staatsanwalt S ist vom Verhalten des A erbost und beantragt den Erlass eines Haftbefehls (§ 112 StPO), damit A bis zur Hauptverhandlung über seine Taten nachdenken kann.

a) Sie sind Richter und haben über den Erlass des Haftbefehls zu entscheiden. Wie entscheiden Sie?
b) Welche Möglichkeiten hat A sich gegen einen erlassenen Haftbefehl zur Wehr zu setzen?

Ausgangspunkt a):

Wie ist über den Erlass des Haftbefehls zu entscheiden?

Die Voraussetzungen der U-Haft finden sich in den §§ 112 ff. StPO. Untersuchungshaft ist die Inhaftierung eines nicht oder noch nicht rechtskräftig verurteilten Beschuldigten zum Zwecke der Durchführung eines geordneten Strafverfahrens, um zu verhindern, dass sich der Beschuldigte dem Verfahren entzieht oder Beweisquellen manipuliert. Untersuchungshaft ist keine antizipierte Strafhaft. Da der in Untersuchungshaft genommene Beschuldigte nicht rechtskräftig verurteilt ist, gilt die Unschuldsvermutung. Diese tritt neben den Freiheitsrechten des Beschuldigten dem öffentlichen Interesse an einer effektiven Strafrechtspflege gegenüber. Die Freiheitsentziehung eines möglicherweise Unschuldigen als einschneidende Zwangsmaßnahme bedarf also einer besonderen Rechtfertigung, bei der die widerstreitenden Interessen abgewogen werden müssen. Dringender Tatverdacht (§ 112 I 1 StPO) **und** Vorliegen eines Haftgrundes (§ 112 II StPO) sind Voraussetzungen der Untersuchungshaft, Unverhältnismäßigkeit (§ 112 I 2 StPO) ein Anordnungshindernis.

Überblick VII: Haftgründe

Flucht, § 112 II Nr. 1 StPO	Wenn aufgrund bestimmter Tatsachen, die Feststellung getroffen werden kann, dass der Beschuldigte flüchtig ist oder sich verborgen hält.	Flucht meint das Verlassen des Lebensmittelpunktes. Verborgen halten meint das Verschleiern des Aufenthaltsortes.
Fluchtgefahr, § 112 II Nr. 2 StPO	Wenn nach einer Gesamtabwägung bestimmte Tatsachen vorliegen, dass sich der Beschuldigte dem Strafverfahren entziehen will.	Für die Beurteilung des Vorliegens von Fluchtgefahr sind auch Begleitumstände entscheidend wie zB feste familiäre Beziehungen, Beziehungen ins Ausland, finanzielle Absicherung oder Schwierigkeiten, Straferwartung etc.

		Beachte: – Grenze § 113 II StPO! – Haftverschonung durch weniger gravierende Maßnahmen, § 116 I StPO!
Verdunkelungsgefahr, § 112 II Nr. 3 StPO	Wenn aufgrund bestimmter Tatsachen der Verdacht besteht, dass der Beschuldigte Beweismittel zu vernichten oder zu seinen Gunsten zu verändern versucht oder dass er auf Zeugen/Sachverständige einwirkt.	Es darf nicht ausgeschlossen sein, dass durch das Verhalten des Beschuldigten die Wahrheitsfindung unmöglich gemacht wird. Beachte: – Grenze § 113 I StPO! – Haftverschonung § 116 II StPO!
Tatschwere, § 112 III StPO	Es erfordert keinen Haftgrund nach § 112 II StPO, wenn der Beschuldigte einer der Katalogtaten des § 112 III StPO verdächtig ist.	Beachte: BVerfGE 19, 342. Diese Auslegung ist zu extensiv; dadurch wird die Unschuldsvermutung ins Gegenteil verkehrt und die U-Haft zur Verdachtsstrafe gemacht; § 112 III StPO ist verfassungskonform dahingehend auszulegen, dass auch für § 112 III StPO Umstände vorliegen müssen, die die Gefahr begründen, dass ohne Festnahme des Beschuldigten die alsbaldige Aufklärung und Ahndung der Tat gefährdet sein könnte. Es muss also auch hier der Haftgrund der Flucht- oder der Verdunkelungsgefahr hinzutreten, wobei das BVerfG in diesen Fällen an den Nachweis des Haftgrundes nicht so hohe Anforderungen wie im Rahmen des § 112 II StPO stellt (vgl. BVerfGE 19, 342; BGH NJW 2017, 341).
Wiederholungsgefahr, § 112a StPO	Für bestimmte Straftaten gem. § 112a I StPO, wenn bestimmte Tatsachen die Gefahr begründen, dass vor Aburteilung weitere erhebliche Straftaten gleicher Art begangen oder die Tat fortgesetzt wird und die Haft zur Abwendung dieser Gefahr erforderlich ist (auch sog. Deeskalationshaft genannt).	Beachte: – Subsidiärer Haftgrund! – Haftverschonung, § 116 III StPO!

Hinweis: Auf den Haftgrund der Fluchtgefahr gem. § 112 II Nr. 2 StPO werden in der deutschen Strafrechtspraxis die weitaus meisten Untersuchungshaftbefehle (ca. 90 %) gestützt. Dabei verlangt die Entscheidung über den Erlass und Vollzug eines Untersuchungshaftbefehls wegen bestehender Fluchtgefahr eine schwierige Prognoseentscheidung seitens der Staatsanwaltschaft und dem Haftgericht. Dabei ist entscheidend, dass die Fluchtgefahr nicht allein mit einer zu erwartenden hohen Freiheitsstrafe begründet werden darf, da ein empirisch bewiesener Zusammenhang zwischen Straferwartung und Flucht nicht gegeben ist.
Kritisch zum Ganzen *Lind* StV 2019, 118.

Im Beispielsfall:

Die Anordnungskompetenz des Richters ist in § 114 I StPO als einfachgesetzliche Ausprägung des Art. 104 II 1 GG geregelt. Fraglich ist, worin ein möglicher Haftgrund liegen könnte. S gibt als Grund an, »damit A über seine Taten nachdenken kann«. Ein Haftgrund nach § 112 II StPO liegt nicht vor, insbesondere ist die U-Haft keine Beugehaft zur Kooperation (*»nemo-tenetur«*) und auch keine »erzieherische Maßnahme«.

Die Annahme eines Haftgrundes nach § 112 III StPO liegt ebenfalls fern, da erstens bereits keine Katalogtat vorliegt (§ 251 StGB) und zweitens bei verfassungskonformer Auslegung Gründe vorliegen müssen, die annehmen lassen, dass ohne Festnahme die alsbaldige Aufklärung der Straftat und deren Ahndung verhindert wird. Es liegt also kein Haftgrund vor, weshalb der Haftbefehl nicht zu erlassen ist.

Exkurs V: Weiterer Ablauf bei Vorliegen eines Haftgrundes

- Erlass eines schriftlichen Haftbefehls (§ 114 I StPO) mit dem Inhalt des § 114 II StPO.
- Vollstreckung des Haftbefehls durch Verhaftung, wofür die Staatsanwaltschaft zuständig ist (§§ 114a, 36 II StPO). Dabei ist dem Beschuldigten eine Abschrift des Haftbefehls auszuhändigen, § 114a StPO. Der Beschuldigte ist **unverzüglich** und **schriftlich** gem. **§ 114b I, II StPO zu belehren**. Dem Beschuldigten ist unverzüglich Gelegenheit zur Benachrichtigung eines Angehörigen oder einer Vertrauensperson zu geben, § 114c StPO.
- Nach Ergreifung ist der Beschuldigte unverzüglich beim zuständigen Gericht (= Gericht, das den Haftbefehl erlassen hat, § 126 I StPO) vorzuführen, § 115 StPO.

Ausgangspunkt b):

Welche Möglichkeiten hat A gegen den Haftbefehl vorzugehen?

Welche Rechtsbehelfe stehen dem Beschuldigten im Rahmen der U-Haft zu? Zum einen sieht die StPO eine **Haftprüfung** (§ 117 I StPO) zum anderen eine **Haftbeschwerde** (§§ 304 ff. StPO) vor. Die Haftbeschwerde ist neben dem Antrag auf Haftprüfung gem. § 117 II 2 StPO unzulässig (Subsidiarität der Haftbeschwerde). Beide Rechtsbehelfe müssen differenziert betrachtet werden.

Überblick VIII: Haftprüfung und Haftbeschwerde

	Haftprüfung	Haftbeschwerde
Zuständigkeit	Haftgericht (§ 126 I StPO) bzw. Oberlandesgericht im Rahmen des § 121 StPO	Einzulegen beim Haftrichter (§ 306 I StPO) Abhilfe (§ 306 II StPO) Vorlage ans Beschwerdegericht (Devolutiveffekt)
Antragsberechtigt	Beschuldigter, jederzeit und wiederholt, solange er inhaftiert ist; Verteidiger, gesetzlicher Vertreter (vgl. § 118b StPO iVm § 297 StPO); von Amts wegen nach sechsmonatiger Haftdauer, § 121 StPO	Beschuldigter, auch wenn er sich nicht mehr in U-Haft befindet (ausgesetzter Haftbefehl § 116 StPO); Verteidiger § 297 StPO
Antrag	Aufhebung Haftbefehl oder Außervollzugsetzung (§ 116 StPO)	nicht erforderlich; ebenso wenig Begründung
Mündliche Verhandlung	Zwingend beim Antrag des Beschuldigten (§ 118 I StPO); Ausnahme nur bei wiederholter Einlegung, § 118 III StPO	Liegt im Ermessen des Gerichts (§ 118 II StPO)
Rechtsbehelf	Beschwerde § 117 II 2 StPO	uU weitere Beschwerde § 310 StPO

Eine Haftprüfung ist also immer dann sinnvoll, wenn sich das Gericht ein Bild vom Beschuldigten machen und ihn mündlich anhören soll, da dort eine mündliche Verhandlung stattfindet. Im Fall eines Haftbefehls ohne erkennbaren Grund (wie vorliegend) scheint auch eine Haftbeschwerde Aussicht auf Erfolg zu haben.

Überblick IX: Aufhebung des Haftbefehls

Die Zuständigkeit im Hinblick auf die Aufhebung eines Haftbefehls beurteilt sich nach § 126 StPO.

Aufhebung nach § 120 I StPO	Voraussetzungen der U-Haft liegen nicht (mehr) vor oder Fortsetzung der U-Haft wäre unverhältnismäßig
Aufhebung nach § 120 III StPO	Die Staatsanwaltschaft beantragt vor Erhebung der öffentlichen Klage die Aufhebung (bis zu diesem Zeitpunkt darf ein Haftbefehl nur auf ihren Antrag erlassen werden!)
Aufhebung nach § 121 II StPO	Vollzug der U-Haft wegen derselben Tat dauert bereits sechs Monate an; eine Aussetzung kommt nicht in Betracht, eine der gesetzlichen Ausnahmen liegen nicht vor

Bei der Aufhebung spielt vor allem das Grundrecht der Freiheit der Person (Art. 2 II 2 und 3 iVm 104 GG) eine entscheidende Rolle. Mit zunehmender Fortdauer der Untersuchungshaft erlangt der Freiheitsanspruch des Beschuldigten immer mehr an Gewicht, weshalb das Verfassungsrecht, insbesondere im Rahmen von § 121 I StPO, eine restriktive Handhabung gebietet (Ausfluss des Beschleunigungsgrundsatzes → Problem 2). Die Rechtsprechung hält daher »erhöhte Anforderungen an die Begründungstiefe« von Haftfortdauerentscheidungen für erforderlich.

Hinweis: In einem aktuellen Beschluss aus dem Jahr 2019 (BVerfG BeckRS 2019, 423) stellte das BVerfG klar, dass aus dem Beschleunigungsgebot in Haftsachen folgt, dass U-Haft von mehr als einem Jahr bis zum Beginn der Hauptverhandlung oder dem Erlass des Urteils nur in ganz besonderen Ausnahmefällen zu rechtfertigen ist. In solchen Fällen sei eine Verhandlungsdichte geboten, die mindestens einen Verhandlungstag pro Woche erreicht. Die Komplexität des Verfahrens, eine besondere Schwere der Tatvorwürfe sowie Verfahrensverzögerungen können dabei zwar die U-Haft als solche und die Anzahl der benötigten Hauptverhandlungstage rechtfertigen, nicht jedoch das Unterlassen einer hinreichend dichten Terminierung. Ist diese ungenügend, so kann eine weitere Fortdauer der Untersuchungshaft zB durch eine erschwerte Terminfindung allein wegen des konkreten Strafverfahrens oder eine unvorhersehbare Belastungssituation der Strafkammer gerechtfertigt werden (zuletzt zur Überlastung des Gerichts oder der Staatsanwaltschaft als wichtiger Grund vgl. BVerfG BeckRS 2017, 136740).

Hinweis: Von der Aufhebung des Haftbefehls ist die Aussetzung des Vollzugs des Haftbefehls zu unterscheiden. Die § 116 I–III StPO normieren die Voraussetzungen, in welchen Fällen eine solche Aussetzung von einem Richter zu erfolgen hat. Durch den richterlichen Beschluss wird der Haftbefehl nicht aufgehoben, dieser bleibt vielmehr bestehen. Der Beschuldigte wird lediglich nicht inhaftiert (Haftverschonung).

Weiterführende Rechtsprechungshinweise:

Zu den Beschränkungen in der U-Haft gem. § 119 StPO vgl. zuletzt BVerfG NStZ-RR 2015, 79; zur Strafmilderung wegen erlittener U-Haft vgl. BGH NStZ-RR 2015, 170.

Exkurs VI: Europäischer Haftbefehl

Veranlasst durch den Anstieg grenzüberschreitender Kriminalität wurden im Jahre 2006 mit der Umsetzung des Rahmenbeschlusses zum Europäischen Haftbefehl mit dem zweiten EuHbG die Vorschriften §§ 79 ff. IRG über den Auslieferungs- und Durchlieferungsverkehr mit den Mitgliedsstaaten der EU in das deutsche Recht eingeführt. Kern dieser Vorschriften ist die strafrechtliche Verwirklichung des **Grundsatzes der gegenseitigen Anerkennung** (Art. 67 III AEUV), nachdem einem von der Justizbehörde eines Mitgliedsstaates rechtmäßig ausgestellten Europäischen Haftbefehl ohne weitere Prüfung Folge zu leisten ist, sofern es um die Verfolgung einer Tat geht, die zu den aufgeführten Deliktsgruppen des § 81 Nr. 4 IRG gehört. Ziel ist eine möglichst schnelle und unkomplizierte Umsetzung, indem sich die Strafverfolgungsbehörden direkt an ihre Kolleginnen und Kollegen in einem anderen Mitgliedsstaat wenden, ohne dass ein kompliziertes Auslieferungsverfahren durchgeführt werden muss. Jedoch halten sowohl das BVerfG als auch der EuGH in Ausnahmefällen eine Abweichung vom Prinzip der gegenseitigen Anerkennung für geboten, wenn im konkreten Fall eine Missachtung der grund- und menschenrechtlichen Standards durch den Staat, in dem der EuHb ausgestellt wurde, zu befürchten ist (siehe dazu BVerfGE 140, 317; EuGH NJW 2016, 1709; EuGRZ 2018, 396; zum Verfahrensablauf, vgl. *Safferling* IntStR § 12).

7. Problem: DNA-Reihengentest – Zwangsweise Durchsetzung

Beispiel:

In einem Waldstück nahe dem Gemeindehaus der Stadt G, wird nach einer Gemeindeversammlung die Leiche der O gefunden. Die gerichtsmedizinische Untersuchung ergibt, dass O nach einem Handgemenge und einer Vergewaltigung erdrosselt wurde. An der Kleidung der O fanden sich Spermaspuren, die aufgrund ihrer Spermiendichte auf einen Täter im Alter zwischen 20 und 40 Jahren hinwiesen. Um den Täter ausfindig zu machen, soll allen männlichen Einwohnern der Gemeinde G ein Schleimhautabstrich entnommen werden, der molekulartechnisch untersucht und mit den Tatspuren abgeglichen wird. Kann A, der O ermordet hat und sich weigert einen solchen Abstrich abzugeben, dazu gezwungen werden?

Ausgangspunkt:

Kann A zu einem Schleimhautabstrich gezwungen werden?

Überblick X: DNA-Analyse und Regelungen in der StPO

Vgl. zum Ganzen *Pommer* JA 2007, 621 (627); Meyer-Goßner/Schmitt/*Schmitt* StPO § 81e–h; *Schneider* NStZ 2018, 692.

Die DNA-Analyse lebt davon, dass die DNA (engl. deoxyribonucleic acid) eines jeden Menschen – außer bei eineiigen Zwillingen – unterschiedlich ist. Der sog. **codierte Abschnitt** des menschlichen Genoms (ca. 5%) enthält die gesamte genetische Information für die Proteinbildung und damit für die Bestimmung der lebensnotwendigen Körperfunktionen. Dieser Bereich ist bei allen Menschen weitestgehend ähnlich. Der sog. **nicht-codierte Bereich** (ca. 95%) enthält die unterschiedlichen Sequenzabschnitte und ist für die DNA-Analyse maßgeblich, da diese bei jedem Menschen differieren. Daraus ergibt sich die Identifizierungs- und Unterscheidungsfunktion. Findet man am Tatort Körperzellen, die vermutlich vom Täter stammen (Haare, Speichel, Sperma etc.), so lässt sich darin der Bauplan eines bestimmten Menschen erkennen. Besitzt man nun Vergleichsmaterial einer Person, so kann die DNA abgeglichen und somit sehr sicher bewiesen werden, ob es sich bei der DNA vom Tatort und dem Vergleichsmaterial um die DNA von ein und derselben Person handelt. Allerdings können nicht von jedem Bürger Erbinformationen dauerhaft gespeichert werden, um im Verdachtsfall eine große Datenbank an Vergleichsmaterial zu haben. Hier **kollidiert** das Aufklärungsinteresse der Strafverfolgungsbehörden wiederum mit den grundrechtlich garantierten Freiheiten der Betroffenen. 1997 wurde zum Ausgleich dieser Interessen eine **gesetzliche Regelung** für die DNA-Analyse (molekulargenetische Untersuchung) geschaffen (§§ 81e und 81f StPO), es folgte die Regelung des § 81g StPO 1998. Zuvor wurde eine DNA-Analyse auf die §§ 81a, 81c StPO gestützt. 2005 trat eine gesetzliche Norm für einen sog. Reihengentest (§ 81h StPO) in Kraft.
§ 81e StPO I 1 regelt die Zulässigkeit molekulargenetischer Untersuchungen **in einem anhängigen Strafverfahren** beim Beschuldigten und bei anderen Dritten des nach § 81a I bzw. § 81c StPO gewonnenen Materials. § 81e II StPO regelt eine solche Untersuchung an (anderweitig) gefundenem, sichergestelltem oder beschlagnahmten Material, wobei § 81e II 2 StPO hinsichtlich der Verwendung auf § 81e I 2 StPO und § 81a III Hs. 1 StPO verweist. Die Vernichtungsregel des § 81a III 1 Hs. 2 StPO gilt im Gegensatz zu dem entnommenen Spurenmaterial nicht. Untersuchungszweck dürfen **DNA-Identifizierungsmuster, Abstammungsfeststellung und Geschlechtsbestimmung** sein, um diese Feststellungen wiederum mit dem Vergleichsmaterial abzugleichen, soweit dies zur Erfoschung des Sachverhalts erforderlich ist (Abs. 1 S. 1). Die dadurch erreichte Zweckbindung verhindert weitgehende

Eingriffe in das Recht auf informationelle Selbstbestimmung gem. Art. 2 I iVm Art. 1 I GG. Gemäß § 81e I 2 Hs. 1 als einfachgesetzliche Ausprägung des verfassungsrechtlich garantierten Kernbereichsschutzes ist die Erstellung einer vollständigen Genanalyse samt Erbanlagen und Persönlichkeitsmerkmalen verboten und bereits hierauf gerichtete Untersuchungen sind gem. § 81e I 2 Hs. 2 StPO unzulässig. Seit dem 13.12.2019 sind Untersuchungen, die die Feststellung von Haar-, Augen- und Hautfarbe sowie Alter des Verdächtigen ermöglichen, zulässig. Der diesbezüglichen Kritik mit Blick auf die Problematik des *»Racial Profiling«* wird mit überwiegenden Allgemeininteressen sowie der ohnehin möglichen Bild- und Tonverwertung, wo ebenfalls das äußere Erscheinen relevant ist, begegnet. Zuständig für die Anordnung der molekulargenetischen Untersuchung – ohne schriftliche Einwilligung und vorangegangene Belehrung (§ 81f I 2 StPO) des Betroffenen – ist grundsätzlich gem. § 81f I 1 StPO der Richter, bei Eilbedürftigkeit auch die Staatsanwaltschaft und ihre Ermittlungspersonen. Das derart gewonnene Material darf dann von einem Sachverständigen in einem dafür geeigneten Institut molekulargenetisch untersucht werden, § 81f II StPO. Das Gesetz verlangt für die Anordnung keinen besonderen Verdachtsgrad, sodass ein einfacher Anfangsverdacht gegen den Beschuldigten genügt.

§ 81g StPO erlaubt eine Entnahme und molekulargenetische Untersuchung des Genmaterials des Beschuldigten (Abs. 1–3) bzw. des rechtskräftig verurteilten Täters (oder diesem gleichgestellten Personen, Abs. 4 und 5) bestimmter Katalogtaten zur **Identitätsfeststellung in künftigen Strafverfahren** (erkennungsdienstlicher Zweck); es erfolgt eine Speicherung beim BKA (§ 81g V 1 StPO iVm § 2 IV BKAG). Anlasstaten stellen **Straftaten von erheblicher Bedeutung** oder **Straftaten gegen die sexuelle Selbstbestimmung** (§ 81g I 1 StPO) dar sowie die **wiederholte Begehung sonstiger Straftaten** (§ 81g I 2 StPO). Daneben ist erforderlich, dass aufgrund bestimmter Tatsachen die Annahme besteht, dass gegen den Beschuldigten künftig Strafverfahren von erheblicher Bedeutung zu führen sind. Eine solche **Negativprognose** kann sich aus Art und Ausführung der Tat, aus der Persönlichkeit des Beschuldigten oder sonstiger Erkenntnisse ergeben. Zuständig für die Anordnung der **Entnahme der Körperzellen** – ohne schriftliche Einwilligung und vorangegangene Belehrung (§ 81g III 3 StPO) des Betroffenen – ist grundsätzlich der Richter gem. § 81g III 1 StPO, in Eilfällen auch die Staatsanwaltschaft und ihre Ermittlungspersonen. Die molekulargenetische Untersuchung allerdings darf ohne schriftliche Einwilligung und vorangegangener Belehrung des Betroffenen gem. § 81g III 2 StPO **nur** der Richter anordnen.

§ 81h StPO regelt den DNA-Massentest oder **sog. Reihengentest**, bei dem zur Aufklärung erheblicher Straftaten die DNA-Identifizierungsmuster einer großen Anzahl von Personen gewonnen werden, um einen anschließenden Abgleich mit gefundenem Spurenmaterial durchzuführen (dazu sogleich). Zumeist werden von Personen, auf die bestimmte Prüfungsmerkmale zutreffen, Speichelproben genommen.

Fraglich ist also, ob hier die Voraussetzungen des § 81h I StPO vorliegen. Ein Reihengentest erfordert ein Verbrechen der in Abs. 1 bezeichneten Art (hier Mord und Vergewaltigung) sowie die Erfüllung bestimmter Prüfungsmerkmale und einen deutlich umgrenzten Personenkreis (hier: Täter 20–40 Jahre; Einwohner der Gemeinde G). Darüber hinaus muss der Reihengentest erforderlich und verhältnismäßig sein. Problematisch erscheint, dass § 81h StPO nur einen Reihengentest **auf Basis freiwilliger Teilnahme** regelt. Erforderlich ist nach § 81h I StPO die schriftliche Einwilligung des Betroffenen, der eine Belehrung über die Freiwilligkeit, welche den Anforderungen des Abs. 4 genügt, voranzugehen hat. Dabei soll jeglicher psychische Druck die Maßnahme zu dulden, vermieden werden. Von einer freiwilligen Mitwirkung kann streng genommen bereits dann nicht mehr die Rede sein, wenn die Strafverfolgungsorgane ersatzweise einen Zwangseingriff in Aussicht stellen. Daneben bedarf es gem. § 81h II StPO der schriftlichen gerichtlichen Anordnung. Wird die Einwilligung versagt, ist **eine zwangsweise Durchsetzung** der Entnahme und Untersuchung des Genmaterials des A **auf Basis des § 81h StPO nicht möglich.**

Hinweis: Problematisch ist in diesem Zusammenhang, ob aus der Weigerung des A freiwillig an der Untersuchung teilzunehmen, unmittelbar **negative Rückschlüsse** gezogen werden dürfen, also daraus ein Ermittlungsansatz für den Tatverdacht des A gezogen werden darf. Dem stellt sich die Rechtsprechung auch unter Hinweis auf die Gesetzesbegründung zu § 81h StPO entgegen (BVerfG NJW 1996, 1587 [1588]; 3071 [3072]; s. auch BT-Drs. 15/5674, 14). Mittelbar kann jedoch die Weigerung, bei Vorliegen weiterer – einen Anfangsverdacht begründender – Tatsachen, diesen verstärken (BGHSt 49, 56 [60] = NStZ 2004, 392 [394]).

Zwangsweise kann eine DNA-Analyse nach §§ 81a, 81e, 81f StPO nur angeordnet werden, wenn weitere verdachtsbegründende Kriterien vorliegen und sich der Kreis der Verdächtigten verdichtet hat (BVerfG NJW 1996, 3071). Vorliegend scheidet eine zwangsweise Durchführung eines Reihengentests mangels eines konkreten Beschuldigten aus. Die Weigerung begründet für sich genommen auch keine Beschuldigtenstellung nach § 81e I StPO.

Hinweis: Sollte gegen A aber bereits ein gewisser Verdacht vorliegen, so könnte die Verweigerung der Teilnahme am freiwilligen Reihengentest gem. § 81h StPO diesen Verdacht zum Anfangsverdacht verstärken, sodass Maßnahmen gem. § 81e I StPO iVm § 81a StPO möglich wären. Hierzu fehlen aber Angaben im Sachverhalt.

Umstritten ist, ob die Teilnahme am Reihengentest über § 81e I 1 StPO iVm § 81c II 1 StPO erzwingbar ist.

Lösungsansätze hinsichtlich der Erzwingbarkeit der Teilnahme:

I. Teilnahme erzwingbar

Grundsätzlich kann ein DNA-Massentest bei überschaubarem Personenkreis über § 81c StPO erzwungen werden, sofern sich eine solche Anordnung gegen eine konkret beweisgeeignete Person richtet und Anhaltspunkte dafür bestehen, dass ein Beweiserfolg verzeichnet werden kann. Eine Ausnahme gilt gem. § 81c III StPO für Angehörige des Beschuldigten, da dieser unter anderem auf das Zeugnisverweigerungsrecht des § 52 StPO verweist (nicht aber auf das Auskunftsverweigerungsrecht des § 55 StPO). Der Betroffene kann sich also nicht darauf berufen, dass er die Blutprobenentnahme deswegen verweigert, weil er sich in den Verdacht der Begehung der zu ermittelnden Straftat begibt.

Vertreten von:
LG Frankenthal NStZ-RR 2000, 146; LG Mannheim NStZ-RR 2004, 301; *Beulke/Swoboda* StrafProzR Rn. 242c, 244; *Rogall*, FS Schroeder, 2006, 714 ff.; SK-StPO/*Rogall* § 81h Rn. 5; Meyer-Goßner/Schmitt/*Schmitt* StPO § 81e Rn. 6; § 81c Rn. 10, 18; § 81h Rn. 20; im Grundsatz auch *J. Kretschmer* HRRS 2012, 185 (189).

1. Argument
§ 81c II StPO ist durch den Verweis in § 81e I 1 StPO unmittelbar anwendbar und verlangt weder Zeugen- noch Beschuldigteneigenschaft. Einzige Voraussetzung ist, dass das Vorgehen für die Wahrheitsfindung unerlässlich ist.

2. Argument
§ 81c III StPO verweist nur auf Zeugnisverweigerungsrechte, sodass sich der Betroffene nicht auf sein Auskunftsverweigerungsrecht gem. § 55 StPO berufen kann (aA *J. Kretschmer* HRRS 2012, 185 [189]).

3. Argument
Die Anwendung von § 81c IV StPO (Untersuchungsverweigerungsrecht wegen Unzumutbarkeit) erscheint sinnlos, da bei einer Berufung des Betroffenen auf § 55 StPO uU ein Tatverdacht begründet wird und die Entnahme und Untersuchung dann auf § 81e I 1 StPO iVm § 81a StPO gestützt werden könnte.

II. Teilnahme unzumutbar

Ein Reihengentest kann grundsätzlich auf § 81e I 1 StPO iVm § 81c II StPO gestützt werden. Einer Erzwingbarkeit steht aber ein **Untersuchungsverweigerungsrecht** entgegen, das sich für den Nichtbeschuldigten entweder ergibt, falls er sich durch das Untersuchungsergebnis dem Verdacht aussetzt, eine Straftat oder Ordnungswidrigkeit begangen zu haben (§ 81c III StPO) oder aufgrund Unzumutbarkeit gem. § 81c IV StPO.

Vertreten von:
AK-StPO/*Wassermann* § 81c Rn. 14; *Busch* NJW 2001, 1335 ff.; *Fezer* StrafProzR Fall 6 Rn. 31; für weitere Fundstellen s. Vorauflage.

1. Argument
§ 81c III StPO soll den Betroffenen vor einer Konfliktlage im Verhältnis zu beschuldigten Angeklagten bewahren; erst Recht muss das dann aber gelten, wenn dem Betroffenen der Konflikt droht, sich selbst zu belasten.

2. Argument
Durch den Schluss von Verweigerung der Untersuchung auf den Tatverdacht liegt eine Umgehung des § 55 StPO vor.

3. Argument
§ 81c IV StPO liegt der Grundsatz zugrunde, dass Duldungspflichten nur Personen auferlegt werden, die aufgrund ihrer durch Tatsachen belegten Beweisbedeutung in einer engen Beziehung zum Verfahren stehen. Dieser Grundsatz würde umgangen, wenn man § 81c II StPO auf völlig Unbeteiligte ausdehnen würde.

III. Teilnahme von § 81e I 2 StPO nicht gedeckt

§ 81e I 2 StPO bietet nach Sinn und Zweck gerade keine Grundlage zur Durchführung eines erzwungenen Reihengentests. Wegen der schon fehlenden Eingriffsermächtigung ist unerheblich, ob § 81c III bzw. IV StPO eine § 55 StPO entsprechende Situation umfassen oder nicht.

Vertreten von:
Ademi/Saliger JuS 2008, 193; KMR-StPO/*Bosch* StPO § 81h Rn. 2 ff.; *Graalmann-Scherer* NStZ 2004, 297 ff.; *Kerner/Trüg*, FS U. Weber, 2004, 457 (466 f.); *Satzger* JZ 2001, 639 (645 ff.).

1. Argument
§ 81e I 2 StPO verweist auf »entsprechende Feststellungen« und unterliegt damit der § 81e I 1 StPO zugrunde liegenden Zweckbindung (Abstammungsbestimmung oder Feststellung, ob aufgefundenes Spurenmaterial vom Beschuldigten oder Verletzten stammt).

2. Argument
Der DNA-Reihengentest will bei jedem Teilnehmer feststellen, ob das Spurenmaterial von ihm stammt und er somit als Beschuldigter infrage kommt oder ausscheidet. Eingriffsadressat sind also weder ein Beschuldigter, da dieser noch nicht existiert, noch die Verletzten.

3. Argument
§ 81c II StPO bezieht sich auf Personen, die nicht Beschuldigte sein dürfen, der Reihengentest stellt aber die untersuchten Personen unter generellen Tatverdacht, obwohl die Beweislage für eine konkrete Verdachtsdefinition gerade nicht ausreicht.

4. Argument
Selbst ein Fingerabdruck-Massentest kann nicht auf § 81c II StPO gestützt werden. Dies muss dann erst recht für den eingriffsintensiveren Massengentest gelten (Erst-Recht-Argumentation).

Im Beispielsfall:

Mit der ersten Ansicht muss eine Erzwingbarkeit über § 81e I 2 StPO iVm § 81c II StPO bejaht werden, sodass A zum Massengentest trotz Weigerung gezwungen werden kann. Nach den anderen Ansichten scheitert eine Erzwingbarkeit entweder an einer Unzumutbarkeit des Zwangs gem. § 81c III, IV StPO oder daran, dass § 81e I 2 StPO schon keine taugliche Eingriffsermächtigung darstellt. Da die letzten beiden Ansichten zum gleichen Ergebnis führen, muss der Streit nur im Hinblick auf den Widerspruch dieser beiden Ansichten zur ersten Ansicht entschieden werden. Gegen die Erzwingbarkeit des Reihengentests auf Grundlage des § 81e I 2 StPO iVm § 81c II StPO spricht jedoch die Gesetzesbegründung (BT-Drs. 15/5674, 7, 13 f.). Der Gesetzgeber geht hierbei gerade nicht von einem zwangsweise durchführbaren Reihengentest aus, vielmehr sollen die Betroffenen lediglich um eine freiwillige Teilnahme »gebeten« werden. Allenfalls soll eine Maßnahme gem. §§ 81e, 81f StPO gegen eine bestimmte Person möglich sein, dies allerdings erst mit einem begründeten Anfangsverdacht iSd § 152 II StPO gegenüber dem Betroffenen iVm § 81a StPO. Dieser Anfangsverdacht darf sich aber nicht allein in der abgelehnten Teilnahme am Reihengentest erschöpfen. Die Regelungen des § 81h StPO sprechen zudem stark dafür, deren Regelungsgehalt nicht durch die Anwendung der §§ 81e, 81c StPO zu umgehen. Darüber hinaus ist ein Reihengentest als Rasterdatenerhebung schon gar nicht mehr vom Erhebungszweck des § 81e StPO gedeckt. Bei § 81e StPO geht es um die Gewinnung von sog. Beweisdaten, also Daten, deren Erhebungszweck in der Führung eines Tatnachweises gegenüber einem oder mehreren bestimmten Tatverdächtigen liegt. Bei § 81h StPO geht es hingegen um die Gewinnung von »sog. Rasterdaten, also Daten, deren Erhebungszweck nicht die Führung eines unmittelbaren Tatnachweises, sondern die Gewinnung eines Tatverdächtigenkreises oder von weiteren Spurenansätzen ist«. A kann also **nicht zur Teilnahme am Reihengentest gezwungen** werden (aA bei entsprechender Begründung vertretbar).

Exkurs VII: »Beinahe-Treffer« und Reihengentest-Untersuchung gem. § 81h StPO

Bis zur StPO-Reform im Jahre 2017 war die Verwendung und Verwertung **sog. Beinahetreffer** beim Reihengentest gesetzlich nicht geregelt. Darunter ist die Konstellation zu verstehen, dass der Probengeber zwar nicht als Verursacher der Tatortspuren in Betracht kommt, jedoch eine Verwandtschaft zum Täter naheliegt. Verwendung dieser Verwandtschaftsdaten als Ermittlungsansatz sieht die Rechtsprechung sowie der überwiegende Teil des Schrifttums in der Vergangenheit als rechtswidrig an und gingen daher durch einen Verstoß gegen Art. 2 I, 6 I GG zumeist von einer Unverwertbarkeit aus (siehe dazu BVerfG ZD 2015, 423). Im Jahre 2017 ist diese Problematik einer neuen gesetzlichen Regelung zugeführt worden, wobei sich der Gesetzgeber für eine Verwertung entschieden hat. Gemäß § 81h I StPO ist nunmehr– nach vorangegangener Belehrung (§ 81h IV StPO) – eine Entanonymisierung der Proben möglich, welche als Ausgangspunkt für weitere Ermittlungsmaßnahmen gegen den mutmaßlichen Täter genutzt und in das Strafverfahren eingeführt werden.

Weiterführende Literaturhinweise: *Pommer* JA 2007, 621 ff.

3. Kapitel: Ermittlungsverfahren III – Offene und verdeckte Ermittlungsmaßnahmen

Zusatzfall 2: Durchsuchung und Mitnahme von Gegenständen (§§ 94, 102, 110 StPO)

Beispielsfall:

A ist verdächtig vertrauliche Daten von über 1000 Personen (PIN-Nummern, TAN-Nummern, Passwörter, Kontodaten, Adressen) mittels von ihm versandter E-Mails, die die Empfänger via Link auf manipulierte Websites lockten (sog. Phishing), entwendet zu haben. Durch Verwendung der so erlangten Daten soll A einen Schaden von 1.000.000 EUR verursacht haben (Verdacht der §§ 263a, 269 StGB). A wurde vorläufig festgenommen und befindet sich in Untersuchungshaft. Zum Zwecke der Auffindung von Beweismitteln ordnet der Ermittlungsrichter E am 28.9.2015 die Durchsuchung der Wohnung des Verdächtigen A an. Bei der Durchsuchung – die in Anwesenheit des Vaters des A durchgeführt wird – werden von den Ermittlungsbeamten ein Laptop sowie ein PC, vier Festplatten und ein Tagebuch des A aufgefunden. Eine Relevanz der Inhalte kann aufgrund der Datenmenge und der zahlreichen Einträge des A in sein Tagebuch nicht vor Ort getroffen werden. Aus diesem Grund ordnet der zuständige Staatsanwalt S an, die Datenträger und das Tagebuch »vorläufig« mitzunehmen und durchzusehen. Zudem finden die Ermittler einen Stapel Zeitschriften kinderpornographischen Inhalts, die ebenfalls mitgenommen werden. Zum weiteren Vorgehen wird ein IT-Sachverständiger hinzugezogen. Von den Datenträgern wird eine Kopie der darauf befindlichen Daten gemacht (sog. Spiegelung). Computer und Festplatten erhält A zurück. Aus dem Tagebuch werden nach Durchsicht die relevant erscheinenden Seiten kopiert, das Tagebuch erhält A ebenfalls zurück. In der Folge werden sowohl die Daten der Festplatte des Laptops sowie des PCs als auch der einzelnen Festplatten durch den Sachverständigen ausgewertet, wobei eine Liste mit über 1000 Kontodaten sowie dazugehörigen TAN-Nummern gefunden werden. Hinsichtlich der relevanten Daten und der kopierten Tagebuchseiten ergeht sodann ein von der Staatsanwaltschaft beantragter Beschlagnahmebeschluss durch den Ermittlungsrichter. Von allen Maßnahmen wurde A ordnungsgemäß unterrichtet. Worauf waren die Durchsuchung und die Mitnahme der Gegenstände zu stützen?

Ausgangspunkt:

Anordnung Wohnungsdurchsuchung bei A gem. §§ 102 ff. StPO.

Bei der Durchsuchung der Wohnung des Verdächtigen A ist gem. § 152 II StPO ein Anfangsverdacht nötig. Nicht ausreichend sind hingegen vage Vermutungen, die erst durch die Ergebnisse der Durchsuchung bestätigt werden sollen (BVerfG NJW 2018, 1240 [1241]). Hier bestand Tatverdacht des A hinsichtlich der §§ 263a, 269 StGB. Zudem handelt es sich um die Wohnung des A und es wurde vermutet, dass die Durchsuchung dem Auffinden von Beweismitteln dient. Die Anordnungsvoraussetzung des § 105 I StPO, wonach die Durchsuchung grundsätzlich einem Richtervorbehalt unterliegt, lag durch Beschluss des Ermittlungsrichters E vor. Mit dem Vater des A war ein erwachsener Angehöriger des Beschuldigten, § 106 I 2 StPO, anwesend. Die Voraussetzungen der Durchsuchung lagen also vor. **Fraglich** ist allerdings, ob die einzelnen Gegenstände (bzw. Daten) kopiert und mitgenommen werden durften.

Hinweis: Eine Durchsuchung kann auch bei einem unverdächtigen Dritten stattfinden, § 103 I 1 StPO, ist aber dann an strengere Vorgaben gebunden, da der Eingriff in Art. 13 GG stärker wiegt, wenn überhaupt kein Tatverdacht besteht. Auch kann ein gesamter Gebäudekomplex durchsucht werden, § 103 I 2 StPO. Hinsichtlich einer nächtlichen Hausdurchsuchung (zur Nachtzeit: § 104 III StPO) normiert § 104 StPO besondere Voraussetzungen.

A. Mitnahme der Zeitschriften gem. §§ 94 ff. StPO

Überblick XI: Sicherstellung §§ 94 ff. StPO

Sicherstellung ist der Oberbegriff für die Beschlagnahme und die sonstige Herstellung der staatlichen Gewalt über Beweismittel. Die Sicherstellung kann formlos (§ 94 I StPO), in Form der Beschlagnahme (§ 94 II StPO) oder durch Erzwingung der Herausgabe von beweglichen Sachen gem. § 95 I StPO erfolgen.

Unterschieden werden muss die Sicherstellung von Gegenständen, die als Beweismittel – also iSd § 94 I StPO alle beweglichen und unbeweglichen Sachen, die unmittelbar oder mittelbar für die Tat oder die Umstände ihrer Begehung Beweis erbringen – infrage kommen (§§ 94 ff. StPO), von der Sicherstellung von Gegenständen, die der Einziehung iSd §§ 73 ff. StGB unterliegen (§§ 111b – 111p StPO). Aus letzterer Gruppe fällt jedoch die Beschlagnahme von durch deutsche Behörden ausgestellte Führerscheine heraus. Diese unterliegen zwar gem. § 69 III 2 StGB der Einziehung, werden jedoch gem. § 94 III StPO und nicht nach §§ 111b ff. StPO beschlagnahmt, da es auf die tatsächliche Sicherstellung der Urkunde ankommt; vgl. dazu *Roxin/Schünemann* StrafVerfR § 34 Rn. 1 ff. Es ist gleichgültig, ob sich der zu beschlagnahmende Beweisgegenstand im Eigentum oder Gewahrsam des Beschuldigten oder eines anderen befindet (§ 94 II StPO; BGH NStZ 1981, 93 [94]).

Aktuell zu den **Hinweispflichten bei der Einziehung von Vermögenswerten** im Zuge der Reform der §§ 73 ff. StPO im Jahre 2017: BGH, Beschl. v. 6.12.2018 – 1 StR 186/18, BeckRS 2018, 40840.

I. Sicherstellung gem. § 94 I StPO

Die formlose Sicherstellung gem. § 94 I StPO bezieht sich nur auf **freiwillig** herausgegebene oder gewahrsamslose Gegenstände. Hier liegt keine Gewahrsamsaufgabe des A durch U-Haft oder ein ausdrückliches oder freiwilliges Zur-Verfügung-Stellen der Zeitschriften vor. Auch die Anwesenheit des Vaters stellt keine Duldung der Sicherstellung durch A dar.

II. Förmliche Beschlagnahme der Gegenstände § 94 II StPO

Hierfür ist die richterliche Anordnung der Beschlagnahme durch Beschluss erforderlich, § 98 I 1 StPO, bei Gefahr im Verzug kann diese auch mündlich, telefonisch oder fernschriftlich durch die Staatsanwaltschaft und ihre Ermittlungspersonen erfolgen. Jedenfalls muss die Anordnung aktenkundig gemacht werden. Inhaltlich bedarf es einer genauen Beschreibung der zu beschlagnahmenden Gegenstände, wobei sich eine gewisse Unbestimmtheit nicht vermeiden lässt; allgemeine Beschlagnahmeanordnungen hinsichtlich aller gefundenen Beweismittel sind unwirksam (BVerfG NStZ 1992, 91). Die Beschlagnahme erfolgt durch Wegnahme **und** Anordnung einer Verfügungsbeschränkung; sie führt zu einer öffentlich-rechtlichen Verstrickung (§ 136 StGB) und begründet ein öffentlich-rechtliches Verwahrungsverhältnis. **Problematisch** ist, dass die Zeitschriften nicht von der Beschlagnahmeanordnung erfasst werden, da mit dem Auffinden kinderpornographischer Schriften mangels Anfangsverdacht nicht gerechnet wurde. Die Zeitschriften aber könnten als Beweismittel für eine andere Untersuchung von Bedeutung sein. Sie stellen sog. **Zufallsfunde** einer Durchsuchung dar und können gem. § 108 I 1 StPO vorläufig in Beschlag genommen werden. Die einstweilige Beschlagnahme soll der Staatsanwaltschaft die Prüfung ermöglichen, ob ein neues Ermittlungsverfahren gegen den von der Durchsuchung Betroffenen oder einen Dritten eingeleitet werden und der Gegenstand dann in diesem Verfahren auf erneuten Beschluss gem. §§ 94 ff. StPO beschlagnahmt werden soll.

Hinweis: Die **Verwertung von Zufallsfunden** (→ **Problem 23**) kann nicht durch einen auf die Sicherstellung bestimmter Unterlagen oder Gegenstände beschränkten Durchsuchungsbeschluss ausgeschlossen werden; unzulässig ist es aber – was sich bereits aus dem Wortsinn ergibt – *gezielt* nach »*Zufalls*«-funden zu suchen.
Ein Beschlagnahmeverbot gem. § 97 StPO für den gefundenen Gegenstand hindert auch dessen einstweilige Beschlagnahme.

B. Vorläufige Mitnahme der Datenträger und des Tagebuchs zur Durchsicht

Hier sind die §§ 94 ff. StPO nicht einschlägig, da keine endgültige Beschlagnahme vorliegt, die erst mit Rechtskraft des Verfahrens aufgehoben wird. Außerdem liegt hinsichtlich der Mitnahme kein richterlicher Beschluss (§ 98 I 1 StPO) vor.

I. »Vorläufige Sicherstellung zur Durchsicht« § 110 I StPO

Die äußerst praxisrelevante Vorschrift des § 110 StPO dient der Feststellung potenzieller Beweiserheblichkeit unter Vermeidung des dauerhaften und umfassenden staatlichen Zugriffs bei endgültiger Beschlagnahme. Infrage kommende »Papiere« sollen zunächst durchgesehen werden, also inhaltlich dahingehend geprüft werden, ob eine richterliche Beschlagnahme beantragt werden muss oder die Rückgabe erforderlich ist. Das Verfahrensstadium des § 110 StPO ist also **der Beschlagnahme vorgelagert** und noch ein Teil der Durchsuchung (BVerfG BeckRS 2009, 3274 [bei NJW 2009, 2518 nicht abgedruckt]; BVerfGE 113, 29 [56] = NJW 2005, 1917 [1921]). Aus diesem Grund kann eine gerichtliche Bestätigung gem. § 98 II 2 StPO (analog) beantragt werden (→ **Problem 10**). **Problematisch** erscheint, dass § 110 I StPO lediglich »Papiere« erfasst. Allerdings ist der Papierbegriff des § 110 I StPO weit auszulegen und umfasst alles, was wegen seines Gedankeninhalts Bedeutung hat und auf Papier geschrieben ist, insbesondere sämtliches privates Schriftgut wie zB Briefe, Bilanzen und auch ein Tagebuch (BGH NStZ 2003, 670), wobei lediglich Gewahrsam des Betroffenen, nicht aber Eigentum daran, vorausgesetzt wird. Zudem fallen darunter Unterlagen, bei denen statt Papier ein anderes Material oder System verwendet worden ist, mithin alle Datenträger und Datenspeicher (BVerfGE 113, 29 [51] = NJW 2005, 1917 [1920]).

Hinweis: Nicht unter § 110 I StPO fallen jedoch alle Druckwerke (iSd § 7 II StPO, dh alle mittels der Buchdruckerpresse oder eines sonstigen zur Massenherstellung geeigneten Vervielfältigungsverfahrens hergestellten und zur Verbreitung bestimmte Schriften) wie zB Zeitschriften.

Weiterhin fraglich ist, ob § 110 I StPO, der lediglich von »Durchsicht« spricht, die vorläufige Mitnahme der Papiere ermöglicht. Auch Mitnahme im Sinne einer »vorläufigen Sicherstellung« ist möglich, wenn die Durchsicht nicht an Ort und Stelle umsetzbar ist zB weil der Datenbestand zu umfangreich ist (BVerfGE 124, 43 [68]; BGH NStZ 2003, 670 [671]; vgl. zuletzt BVerfG NJW 2014, 3085 Rn. 44 – Fall Edathy). Allerdings gilt es den **Grundsatz der Verhältnismäßigkeit und insbesondere des Übermaßverbots** zu beachten, was zur Folge hat, dass die Durchsicht zügig zu erfolgen hat, damit die vorläufige Sicherstellung nicht verfahrensrelevanter Papiere nicht zu lange andauert. Dabei spielen insbesondere die Schwere des Tatvorwurfs im Verhältnis zum Eingriff in die Grundrechte des Betroffenen eine Rolle (BVerfG NJW 2002, 1410 [1411]).

Hinweis: Die für die Geltung von Durchsuchungsbeschlüssen aufgestellten Grundsätze des BVerfG können für die Frage der Dauer der Durchsicht mangels Eingriff in Art. 13 I GG allerdings nicht herangezogen werden, BVerfG NJW 2002, 1410.

§ 110 I StPO erfasst also **grundsätzlich** sowohl die Mitnahme als auch die Durchsicht des Tagebuchs und der Datenträger. Hinsichtlich des **Tagebuchs** ist jedoch fraglich, ob nicht eine **sofortige Rückgabe zu erfolgen hat.** Eine solche »Rückgabepflicht« besteht bei Gegenständen, die gar nicht der Beschlagnahme unterliegen, da der Sinn und Zweck des § 110 I StPO, die vorläufige Mitnahme und Durchsicht zur Überprüfung der Beschlagnahmerelevanz, dann nicht erfüllt werden kann. Gegenstände, hinsichtlich derer ein Beschlagnahmeverbot besteht, unterliegen schon nicht der Beschlagnahme und können daher auch nicht vorläufig zur Überprüfung der Beschlagnahmerelevanz mitgenommen und durchgesehen werden. Ein **Beschlagnahmeverbot** des Tagebuchs ergibt sich zwar nicht aus §§ 96, 97 StPO. Allerdings könnte unmittelbar aus Art. 1 I, 2 I GG ein Verwertungsverbot bestehen, weil ein Tagebuch uU Inhalte enthält, die der Intimsphäre zuzuordnen sind (→ **dazu Problem 23**). Ein Beschlagnahmeverbot ergibt sich allerdings nur, wenn schon bei der Beschlagnahme ausgeschlossen werden kann, dass der Inhalt des Tagebuchs verwertet werden kann. Da (jedenfalls) ein absolutes Verwertungsverbot hinsichtlich der Tagebuchinhalte nicht besteht, kann bei einem umfangreichen Tagebuch nicht mit Sicherheit von Beginn an angenommen werden, dass dessen Inhalt unverwertbar ist. Allerdings ist für den Fall, dass ein verfassungsrechtliches Verwertungsverbot **in Betracht kommt** größtmögliche Zurückhaltung bei der Durchsicht zu wahren, vgl. BVerfGE 80, 367 (375) = NJW 1990, 563. Die Anordnungsbefugnis und die Befugnis zur Durchführung der Durchsicht stehen gem. § 110 I, II StPO der Staatsanwaltschaft und ihren Ermittlungspersonen zu. Zwar war kein Staatsanwalt bei der Durchsuchung anwesend, zur Anordnung genügt aber eine fernmündliche Ausübung der Sachleitungsbefugnis (§ 161 I StPO) der Staatsanwaltschaft. Zur Durchführung der Durchsicht können Sachverständige herangezogen werden, allerdings darf ihnen die Durchsicht und weitere Maßnahmen nicht eigenverantwortlich überlassen werden (vgl. KK-StPO/*Bruns* § 110 Rn. 4). Die Durchsicht und Mitnahme der Datenträger und des Tagebuchs sind von § 110 I StPO gedeckt.

Hinweis: Die Anwendung des § 110 I StPO steht der Verhältnismäßigkeit der Beschlagnahme der Datenträger bzw. des Tagebuchs gem. §§ 94 ff. StPO entgegen, da sie das mildere Mittel darstellt.

II. Spiegelung und Auswertung der Daten § 110 I StPO

§ 110 I StPO gilt sinngemäß auch für Daten. Die Spiegelung, also Speicherung zur Durchsicht, ist von § 110 I StPO erfasst, vgl. dazu Meyer-Goßner/Schmitt/*Schmitt* StPO § 110 Rn. 2a. Die Durchsicht hat innerhalb einer angemessenen Frist zu erfolgen, wobei sich die Staatsanwaltschaft der Hilfe von IT-Spezialisten (Sachverständigen) bedienen kann. Nicht verfahrensrelevante Daten sowie erkennbar Verteidigungszwecken dienende Unterlagen sind zurückzugeben.

Zusatzfall 3: Telefon und Wohnraumüberwachung (§§ 100a, 100c StPO)

Beispielsfall:

A ist aufgrund seiner Fingerabdrücke auf verschiedenen Bekennerschreiben verdächtig, sich an einer terroristischen Vereinigung als Mitglied zu beteiligen (§ 129a I StGB), die sich zu verschiedenen Brandanschlägen mit Todesopfern (§§ 211, 212 I, 306a ff. StGB) bekannt hat. A hält sich nahezu stetig in seiner Wohnung auf und empfängt auch regelmäßig Besuch von Mitgliedern der Vereinigung. Besuch von Familienmitgliedern erhielt A bislang nicht. Die Beamten vermuten, dass in der Wohnung des A ein konspirativer Treffpunkt der Vereinigung liegt. Zudem wird angenommen, dass sich A mit seiner Beteiligung gegenüber Bekannten und/oder evtl. Mittätern entweder brüsten oder sich sonst mitteilen werde. Aus diesem Grund wird, wegen fehlender anderer Möglichkeiten des Nachweises, angeordnet, A in seiner Wohnung mit technischen Mitteln abzuhören und seinen Telefonanschluss zu überwachen. Unter welchen Voraussetzungen sind diese Maßnahmen zulässig?

Ausgangspunkt:

Zulässigkeit des Abhörens des Telefons und der Wohnung gem. §§ 100a ff. StPO.

Die §§ 100a ff. StPO sind ein Resultat daraus, dass die 1877 entwickelte StPO mit dem technischen Fortschritt hinsichtlich ihrer Eingriffsbefugnisse nicht »Schritt halten« konnte und kann. Aus diesem Grund wurden nach § 100 StPO stetig neue Vorschriften eingefügt, die inzwischen bis zu § 100j StPO (Bestandsdatenauskunft) reichen. Dies führt zu einer relativ unübersichtlichen Aneinanderreihung verschiedener Vorschriften. **Fraglich** ist, auf welche Vorschriften das Vorgehen der Ermittlungsbehörden hier gestützt werden kann.

I. Abhören des Telefonanschlusses, § 100a StPO

§ 100a StPO wurde mit Wirkung zum 1.1.2008 inhaltlich neu gefasst. Die Verfassungsmäßigkeit der Norm wurde durch BVerfGE 129, 208 = NJW 2012, 833 (835 ff.) bestätigt. § 100a StPO ist als Eingriffsgrundlage erforderlich, da die Daten, die Inhalte der Telekommunikation sind, bzw. bei der Telekommunikation entstehen, durch das Fernmeldegeheimnis des Art. 10 I GG geschützt sind, das zur Beschränkung einer einfachgesetzlichen Regelung bedarf (Art. 10 II 1 GG). Das BVerfG betonte, dass es sich bei der Ermächtigung in § 100a StPO um einen schwerwiegenden Eingriff in Art. 10 I GG handele (BVerfGE 129, 208 [240] = NJW 2012, 833 [835]). § 100a StPO enthält eine abschließende Regelung, die eng auszulegen ist. § 1 G 10, das Gesetz zur Beschränkung des Brief-, Post- und Fernmeldegeheimnisses, ermöglicht ebenfalls das Überwachen und Aufzeichnen durch Verfassungsschutzbehörden und den BND (vgl. zum Ganzen Meyer-Goßner/Schmitt/*Schmitt* StPO § 100a Rn. 1). Die Maßnahme darf sich nur gegen den Beschuldigten bzw. bestimmte Nichtverdächtige richten (§ 100a III StPO). **Telekommunikation** meint den technischen Vorgang des Aussendens, Übermittelns und Empfangens von Nachrichten jeglicher Art in Form von Zeichen, Sprache, Bildern und Tönen mittels technischer Einrichtungen oder Systeme, die als Nachrichten identifizierbare elektromagnetische oder optische Signale senden, übertragen, vermitteln, empfangen, steuern oder kontrollieren können (§ 3 Nr. 22, 23 TKG); erfasst werden die mit dem Versenden und Empfangen von Nachrichten mittels Kommunikationsanlagen in Zusammenhang stehenden Vorgänge (vgl. Meyer-Goßner/Schmitt/*Schmitt* StPO § 100a Rn. 6). Geschützt ist also der eigentliche technische Übermittlungsvorgang vom Absender bis zum Empfänger (Herstellen der Verbindung, Gespräch und Beendigung der Verbindung). Art. 10 I GG schützt die **Vertraulichkeit der Nutzung** des zur Nachrichtenübermittlung eingesetzten technischen Mediums. Die Reichweite dieses Schutzes erstreckt sich grundsätzlich bis zum Endgerät der Telekommunikationsanlage, kann aber auch darüber hinausgehen, wenn ein Zugriff am Endgerät erfolgt (zB Abhörgerät am Endgerät angebracht und genutzt, vgl. BVerfGE 106, 28 [37 f.] = NJW 2002, 3619 [3620 f.]). Damit korrespondiert eine Mitwirkungspflicht für jeden, der Kommunikationsdienste erbringt oder daran mitwirkt, Maßnahmen nach § 100a StPO zu ermöglichen und die erforderlichen Auskünfte zu erteilen, § 100a IV 1 StPO. Telefongespräche stellen den klassischen Bereich der Telekommunikation dar. Geschützt sind aber nicht nur Kommunikationsinhalte, sondern auch die näheren Umstände der Kommunikation, worunter insbesondere gehört ob, wann und wie oft zwischen welchen Personen und Endeinrichtungen Telekommunikationsverkehr stattgefunden hat oder versucht worden ist. Zudem ist es irrelevant, wer Betreiber der Übertragungs- oder Vermittlungseinrichtung ist, da unter das Fernmeldegeheimnis sämtliche mithilfe der Telekommunikationstechniken erfolgenden Übermittlungen von Informationen fallen (BVerfGE 129, 208 [241] = NJW 2012, 833 [835 f.]). Grundsätzlich reicht der Schutz des Art. 10 I GG aber nach hA nur »bis zum Endgerät des Teilnehmers«. **Bloße Standortdaten** (= Positionsmeldungen nicht telefonierender Mobiltelefone) wurden bis 2007 unter § 100a StPO und damit den Schutzbereich des Art. 10 I GG subsumiert. Nach der Kammerentscheidung des BVerfG NJW 2007, 351 ist der Schutzbereich des Art. 10 I GG für Standortdaten nicht eröffnet, weil danach die Feststellung der Geräte-/Kartennummer unabhängig von einem tatsächlich stattfindenden oder zumindest versuchten Kommunikationsvorgang zwischen Menschen sei. Solche Ermittlungsmaßnahmen fallen daher unter § 100i StPO (sog. IMSI-Catcher, bei dessen Einsatz laut BVerfG ausschließlich technische Geräte miteinander kommunizieren und daher uU »lediglich« das Recht auf informationelle Selbstbestimmung, Art. 2 I iVm Art. 1 I GG, und das Grundrecht der allgemeinen Handlungsfreiheit, Art. 2 I GG tangiert sind) sowie § 100g I Nr. 1 S. 3 StPO, vgl. Meyer-Goßner/Schmitt/*Schmitt* StPO § 100a Rn. 6a; § 100i Rn. 1; 100g Rn. 2.

Hinweis: Mithilfe eines **I** (International) **M** (Mobile) **S** (Subscriber) **I** (Identity) – **Catchers** können heimlich die zu einem eingeschalteten mobilen Kommunikationsgerät (zB Smartphone, Tablet) gehörende Geräte- und Kartennummer sowie dessen Standort innerhalb einer Mobilfunkzelle im gesamten Mobilfunknetz ermittelt werden. Dadurch wird der Strafverfolgung die Möglichkeit eröffnet, bei Geräten, bei welchen die Rufnummer oder eine andere Kennung des Anschlusses unbekannt ist, eine Observationsmaßnahme nach §§ 100a, 100b StPO vorzubereiten und die nötigen Informationen zur Ermittlung des Standorts der Zielperson zu gewinnen. Da auch unvermeidbar Daten unbeteiligter Dritter im Funknetzbereich des IMSI-Catchers erfasst werden, normiert § 100i II 1 StPO eine dementsprechende Ermächtigungsgrundlage.

In diesem Zusammenhang ist auch das extrem praxisrelevante und sehr umstrittene Rechtsproblem der Zulässigkeit der heimlichen Ortung durch eine sog. **»stille SMS«** aufzuwerfen. Technisch gesehen wird bei dieser Ermittlungsmethode ein Signal (sog. *»ping«*) durch die Strafverfolgungsorgane mittels eines einfachen Computerprogramms oder Handys an die Mobilfunknummer desjenigen Gerätes, dessen Standort ermittelt werden soll, gesandt, ohne dass der Empfänger diesen Vorgang bemerkt (weshalb vereinfachend und anschaulich von »stiller SMS« gesprochen wird). Beim Mobilfunkbetreiber wird sodann ein Datensatz mit den Verbindungsdaten erzeugt, der neben der Rufnummer auch die Information enthält, in welche Mobilfunkzelle das Gerät eingebucht ist, wo es sich also in etwa befindet. Eine vom Gesetzgeber geschaffene Rechtsgrundlage in der StPO gibt es für diesen Vorgang jedoch nicht. Dies hatte zur Folge, dass die Strafverfolger von Bund und Ländern die Maßnahme auf unterschiedliche Normen, unter anderem § 100a StPO, § 100g StPO, § 100i StPO (ggf. kumulativ) oder gar §§ 161 I, 163 I StPO, stützten (vgl. Meyer-Goßner/Schmitt/*Schmitt* StPO § 100a Rn. 6a). Mit der Entscheidung des 3. Strafsenats im Jahre 2018 (Beschl. v. 8.2.2018 – 3 StR 400/17, NStZ 2018, 611) konstatiert der BGH, dass die Rechtsgrundlage für das Versenden einer stillen SMS durch die Ermittlungsbehörden in § 100i I Nr. 2 StPO zu sehen ist. Dass der Gesetzgeber bei Schaffung dieser Vorschrift nur den oben erwähnten IMSI-Catcher im Blick gehabt habe, sei unschädlich, weil mit der offenen Formulierung »technisches Mittel« auch kriminaltechnische Neuerungen erfasst werden sollten. Dies ist durchaus kritisch zu sehen, hat der Gesetzgeber doch – trotz Kenntnis der Problemlage – gerade bewusst von der Schaffung einer Rechtsgrundlage abgesehen.

Weiterführende Vertiefungshinweise: BGH NStZ 2018, 611 mAnm *Rückert*; *Eisenberg, Singelnstein* NStZ 2005, 62.

Weitere Voraussetzung ist, dass **bestimmte Tatsachen den Verdacht begründen,** dass jemand als Täter oder Teilnehmer **eine der Katalogtaten des § 100a II** StPO (»schwere Straftat«) begangen oder, bei Versuchsstrafbarkeit, zu begehen versucht hat. Dringender oder hinreichender Tatverdacht ist zwar nicht erforderlich, bloße Vermutungen oder Schlussfolgerungen reichen aber nicht aus. Vielmehr muss der Verdacht für eine der aufgeführten Straftaten durch schlüssiges Tatsachenmaterial aus der äußeren und inneren Geschehenswelt bereits ein gewisses Maß an Konkretisierung erreicht haben (BGH NStZ 2010, 711). Hier handelt es sich um §§ 129, 129a StGB als Katalogtat des § 100a II Nr. 1 d) StPO. Der konkrete Verdacht wird auf die Tatsache der Fingerabdrücke des A auf den Bekennerschreiben gestützt. Darüber hinaus wiegt die Tat auch im Einzelfall schwer. Eine **auch im Einzelfall schwerwiegende Tat** als eine Art Korrektiv des abstrakten Katalogs des § 100a II StPO ist anhand verschiedener Indizien zu bestimmen. Dazu zählen (vgl. BVerfGE 129, 208 [244] = NJW 2012, 833 [836]): Die Schutzwürdigkeit der verletzten Rechtsgüter, der Grad der Bedrohung für die Allgemeinheit, die Art der Begehung der Straftat, die Anzahl der Geschädigten, das Ausmaß des Schadens. § 129a I StGB ist ein Verbrechen, das für die Allgemeinheit einen gewissen Bedrohungsgrad enthält. Zudem handelt es sich um einen Bereich der »schwer ermittelbaren Kriminalität« (vgl. BVerfGE 129, 208 [242] = NJW 2012, 833 [836]), der von § 100a StPO gerade erfasst werden soll. Die Erforschung des Sachverhalts oder Ermittlung des Aufenthaltsorts des Beschuldigten wäre auf andere Weise wesentlich erschwert oder aussichtslos und andere Aufklärungsmöglichkeiten sind nicht ersichtlich. Zudem muss die **schriftliche Anordnung** (§ 100e III 1 StPO) mit bestimmtem Inhalt (vgl. § 100e III 2 StPO) **durch das Gericht** (§ 100e I 1 StPO) erfolgen und die Maßnahme ist **auf höchstens drei Monate** (§ 100e I 4 StPO) mit Verlängerungsmöglichkeit (§ 100e I 5 StPO) zu befristen. Hinzu kommt der **»Schutz des Kernbereichs«** als Zulässigkeitsvoraussetzung, § 100d I StPO. Dies wurde vom BVerfG zum Schutz des absoluten Kernbereichs privater Lebensgestaltung (Art. 2 I GG iVm Art. 1 I GG; BVerfGE 113, 348 [375 f.] = NJW 2005, 2603 [2607 ff.] zu § 33a Nds. SOG) gefordert, was der Gesetzgeber in § 100d I, II StPO umgesetzt hat. Eine Telekommunikationsüberwachung ist unzulässig, dh es besteht bereits ein Beweis**erhebungsverbot**, wenn tatsächliche Anhaltspunkte für die Annahme vorliegen, dass durch eine Maßnahme nach § 100a I StPO **allein** Erkenntnisse aus dem Kernbereich privater Lebensgestaltung erlangt würden (sog. **alleiniger Kernbereichsbezug**). Diese als verfassungsgemäß eingestufte Regelung fordert tatsächliche Anhaltspunkte für alleinige Erkenntnisse aus dem Kernbereich, sodass der Zugriff nur wegen eines Risikos des Kernbereichsbezugs nicht zu unterbleiben hat (BVerfGE 129, 208 [245 ff.] = NJW 2012, 833 [837]). Nach § 100d I StPO ist die Maßnahme also bereits bei zielgerichteter Erhebung kernbereichsrelevanter Daten unzulässig. Ein solch **ausschließlicher Kernbereichsbezug** wird angenommen, wenn für die Ermittlungsbehörden erkennbar ist, dass der Betroffene mit Personen kommuniziert, zu denen er ein besonderes Vertrauensverhältnis hat (engste Familienangehörige, Geistliche, Seelsorger, Strafverteidiger oder zT auch Ärzte) (BVerfGE 129, 208 [247] = NJW 2012, 833 [837]). Eine Telekommunikationsüberwachung hat aber nicht von vornherein zu unterbleiben, weil **auch** Tatsachen miterfasst werden können, die einen solchen Kernbereichsbezug aufweisen; ein solch umfassender Kernbereichsschutz bereits bei Erhebung der Informationen ist aus verfassungsrechtlicher Sicht im Hinblick auf die Effektivität der Strafverfolgung nicht geboten. Hinweise für einen ausschließlichen Kernbereichsbezug gem. § 100d I StPO bestehen nicht, da keine tatsächlichen Anhaltspunkte für die ausschließliche Kenntnis kernbereichsrelevanter Erkenntnisse vorliegen. **Die Voraussetzungen für eine Anordnung gem. § 100a StPO liegen vor.**

Hinweis: Die Absicherung gegen Eingriffe in den Kernbereich privater Lebensgestaltung außerhalb § 100d I StPO wird auf zweiter Stufe (§ 100d II StPO) im Rahmen der Informationsauswertung sichergestellt (s. dazu unten).

II. Anordnung der Wohnraumüberwachung, § 100c StPO

§ 100c StPO regelt den sog. großen Lauschangriff, also das heimliche Abhören der Wohnung eines Beschuldigten. Die Vorschriften zum großen Lauschangriff wurden 2004 durch das BVerfG als teilweise verfassungswidrig eingestuft (BVerfGE 109, 279 = NJW 2004, 999) und daraufhin durch den Gesetzgeber umgestaltet. **Bestimmte Tatsachen** müssen auch hier den **Verdacht begründen**, dass jemand als Täter oder Teilnehmer eine Katalogtat nach § 100b II StPO (**»besonders schwere Straftat«**) begangen hat oder, bei Versuchsstrafbarkeit, zu begehen versucht hat. Zwar werden höhere Anforderungen als an den bloßen Anfangsverdacht gestellt, jedoch muss nicht bereits hinreichender oder dringender Tatverdacht vorliegen (BVerfGE 109, 279 [350] = NJW 2004, 999 [1012]). Vielmehr ist eine **»konkretisierte Verdachtslage«** erforderlich. Konkrete und in gewissem Umfang verdichtete Umstände müssen als Tatsachenbasis des Verdachts vorliegen, aus denen sich die erhöhte Wahrscheinlichkeit der Begehung der besonders schweren Katalogtat ergibt (BVerfGE 109, 279 [350 f.] = NJW 2004, 999 [1012]). Hier bestand ein konkretisierter Verdacht einer Tat nach § 129a I StGB (§ 100b II Nr. 1 b StPO) aufgrund der Fingerabdrücke auf den Bekennerschreiben. Die Tat wiegt auch im Einzelfall besonders schwer [s. bereits oben]. Der **Eingriff in Art. 13 GG** muss auch **im Einzelfall** im Hinblick auf die von der Straftat ausgehende Rechtsgutsverletzung **gerechtfertigt** sein. **Anhaltspunkte** sind die Folgen der Tat für betroffene Rechtsgüter sowie die faktische Verzahnung der Tat mit anderen Katalogtaten oder durch das Zusammenwirken mit anderen Straftätern oder auch bei organisiertem Zusammenwirken (BVerfGE 109, 279 [346 f.] = NJW 2004, 999 [1011]). Hier besteht der Verdacht einer Tat nach § 129a I StGB und damit der Verdacht eines gewissen Organisationsgrades eines Zusammenschlusses zur Begehung von Straftaten (vernetztes Zusammenwirken). Aufgrund tatsächlicher Anhaltspunkte ist anzunehmen, dass durch die Überwachung Äußerungen des Beschuldigten erfasst werden, die für die Erforschung des Sachverhalts oder die Ermittlung des Aufenthaltsortes eines Mitbeschuldigten erforderlich sind. A hält sich nahezu stetig in der Wohnung auf und empfängt auch Besuch, daher liegen tatsächliche Anhaltspunkte vor, die vermuten lassen, dass durch die Maßnahme Äußerungen erfasst werden, die zur Sachverhaltserforschung erforderlich sind. Die Erforschung des Sachverhaltes oder die Ermittlung des Aufenthaltsortes eines Mitbeschuldigten auf andere Weise ist unverhältnismäßig erschwert oder aussichtslos, da andere Aufklärungsmöglichkeiten nicht ersichtlich sind. Die Maßnahme nach § 100c I StPO darf sich gem. § 100c II 1 StPO nur gegen den Beschuldigten richten. Für die Maßnahme gegen Dritte gelten gem. § 100c II 2 StPO besondere, noch engere Voraussetzungen. Eine richterliche Anordnung, § 100e II StPO, durch die Staatsschutzkammer beim LG (§ 74a IV GVG), § 100e II 1 StPO, bei Gefahr im Verzug durch den Vorsitzenden (§ 100e II 2 StPO), ist zwingende Voraussetzung der Wohnraumüberwachung. Die Anordnung ist auf höchstens einen Monat mit Verlängerungsmöglichkeit (§ 100e II 4-6 StPO) zu befristen und hat schriftlich mit dem in § 100e III StPO genannten Inhalt zu ergehen. **Fraglich ist,** wie es sich auswirkt, dass die Wohnraumüberwachung neben einer Telekommunikationsüberwachung gem. § 100a StPO angeordnet wird. Das BVerfG geht grundsätzlich davon aus, dass eine »**zeitliche und räumliche ›Rundumüberwachung‹**« unzulässig ist (BVerfGE 109, 279 [323] = NJW 2004, 999 [1004]). Bei der Kumulation heimlicher Ermittlungsmaßnahmen erkennt das BVerfG das Gefährdungspotential des »**additiven**« **Grundrechtseingriffs** an, jedoch sieht es die Gefahr durch die besonderen Verfahrensanforderungen als abgesichert an (BVerfGE 112, 304 [319 f.] = NJW 2005, 1338 [1341]). Auch der BGH geht in der Al-Qaida-Entscheidung (BGHSt 54, 69 [102 ff.] = NJW 2009, 3448 [3458]) davon aus, dass die Verfahrensanforderungen der §§ 100a ff. StPO (Richtervorbehalt; Eingriffsschwelle der Katalogtaten; Subsidiaritätsgrundsatz) ausreichen, um das Gefährdungspotential des »additiven Grundrechtseingriffs« einzudämmen. Auch für Maßnahmen gem. § 100c StPO mahnte das BVerfG Schutzmechanismen einfachgesetzlicher Natur hinsichtlich des Kernbereichs privater Lebensgestaltung an (BVerfGE 109, 279 [303 ff.]), der in § 100d IV StPO Eingang in die Norm gefunden hat. Anders als § 100d I, II StPO fordert der verfassungsgemäße § 100d IV 1 StPO (BVerfG NJW 2007, 2753 [2755]) eine sog. **negative Kernbereichsprognose**. Die Maßnahme **darf nur dann angeordnet werden (Erhebungsverbot),** soweit aufgrund tatsächlicher Anhaltspunkte, insbesondere der Art der zu überwachenden Räumlichkeit und dem Verhältnis der zu überwachenden Personen zueinander, anzunehmen ist, dass durch die Überwachung Äußerungen, die dem Kernbereich privater Lebensgestaltung zuzurechnen sind, nicht erfasst werden. Ob ein Sachverhalt dem unantastbaren Kernbereich zuzuordnen ist, hängt davon ab, ob er nach seinem Inhalt höchstpersönlichen Charakters ist, also auch in welcher Art und Intensität er aus sich heraus die Sphäre anderer oder Belange der Gemeinschaft berührt. Maßgebend sind die Besonderheiten des jeweiligen Falles. Entscheidend ist, ob eine Situation gegeben ist, in der aufgrund von konkreten Hinweisen oder typischerweise und ohne gegenteilige tatsächliche Anhaltspunkte im Einzelfall der unantastbare Kernbereich privater Lebensgestaltung betroffen wird, etwa im Zuge der Beobachtung von Äußerungen innerster Gefühle oder von Ausdrucksformen der Sexualität (BVerfGE 109, 279 [314] = NJW 2004, 999 [1002]). Zum Kernbereich gehört der für die Möglichkeit der Entfaltung notwendige

Freiraum, um es möglich zu machen, »**innere Vorgänge wie Empfindungen und Gefühle, sowie Überlegungen, Ansichten und Erlebnisse höchstpersönlicher Art zum Ausdruck zu bringen, und zwar ohne Angst, dass staatliche Stellen dies überwachen**« (BVerfGE 109, 279 [313] = NJW 2004, 999 [1002]).

Hinweis: Vor der StPO-Reform wurde aufgrund des Umkehrschlusses zu § 100c IV 2 StPO aF
(»[...] Gespräche in Betriebs- oder Geschäftsräumen sind in der Regel nicht dem Kernbereich privater Lebensgestaltung zuzurechnen. [....].«)
darauf geschlossen, dass eine Vermutung des Kernbereichsbezugs in Privatwohnungen naheliegt (vgl. BVerfGE 109, 279 [320 ff.]). Dies hat jedoch keinen Einzug in die reformierten §§ 100a ff. StPO gefunden, um – so die Gesetzesbegründung (BT-Drs. 18/12785, 57) – die konkrete Berücksichtigung aller Umstände des Einzelfalls durch das Gericht deutlich zu machen. Ausgeführt wird ferner: »Generell kann der Kernbereich privater Lebensgestaltung auch in einem Geschäftsraum betroffen sein«.

Das nichtöffentlich gesprochene Wort in Privatwohnungen darf insbesondere dann nicht abgehört werden, wenn jemand sich allein oder ausschließlich mit Personen in seiner Wohnung aufhält, zu denen er in einem besonderen, den Kernbereich betreffenden Vertrauensverhältnis steht, etwa mit Familienangehörigen oder sonstigen engsten Vertrauten. Zu diesem Personenkreis gehören bspw. auch Geistliche, Telefonseelsorger, Strafverteidiger und im Einzelfall auch Ärzte (vgl. BVerfGE 129, 208 [247] = NJW 2012, 833 [837]).

Etwas anderes gilt jedoch für Gespräche mit unmittelbarem Bezug zu begangenen Straftaten und Äußerungen über geplante Straftaten. Allerdings reicht nicht jedwede Verknüpfung zwischen dem Verdacht einer vergangenen Straftat und den Äußerungen des Beschuldigten aus, um von einem reinen Sozialbezug auszugehen und damit die Kernbereichsrelevanz der Äußerungen auszuschließen (BVerfGE 109, 279 [319] = NJW 2004, 999 [1003]). Erforderlich ist gerade beim Abhören von Privatwohnungen ein **unmittelbarer Bezug zu Straftaten** sowie tatsächliche Anhaltspunkte, dass die abgehörten Gespräche nicht den Bereich des Höchstpersönlichen treffen; maßgeblich dafür sind insbesondere die Art der Räumlichkeit, die abgehört werden soll, sowie die Wahrscheinlichkeit der Anwesenheit von »Personen des höchstpersönlichen Vertrauens« (BVerfGE 109, 279 [321] = NJW 2004, 999 [1004]). Zwar handelt es sich im konkreten Fall um die Privatwohnung des A, weshalb eine negative Kernbereichsprognose zunächst nicht vorzuliegen scheint. Allerdings liegt die Wahrscheinlichkeit nahe, Äußerungen mit unmittelbarem Bezug zu begangenen oder geplanten Straftaten zu erlangen. Hinzu kommt, dass der begründete Verdacht besteht, die Wohnung des A diene als konspirativer Treffpunkt der Vereinigung und sei nur als Privatwohnung »getarnt«. Die bisherigen Ermittlungen ergaben auch, dass A zwar regelmäßig Besuch verschiedener Bekannter und anderer vermutlicher Mitglieder erhielt. Nahe Angehörige waren aber im Rahmen der Vorermittlungen nicht in der Wohnung des A. Es spricht vieles dafür, dass die Kernbereichsprognose hier negativ ausfällt.

Hinweis: Bei Anwendung der §§ 100a ff. StPO ist im Zusammenhang mit dem »Kernbereich privater Lebensgestaltung« (und diesem zurechenbare Äußerungen) besonders die von der Rechtsprechung geprägte Terminologie zu beachten. Während im Rahmen des großen Lauschangriffs, **§ 100c StPO**, von einer **»negativen Kernbereichsprognose«** gesprochen wird, spricht man bei **§ 100a StPO** vom **»ausschließlichen Kernbereichsbezug«**. Dies ist vor allem deshalb entscheidend, weil sich somit ein anderer Argumentationsanknüpfungspunkt ergibt: Damit eine Maßnahme nach § 100c StPO rechtmäßig ist, muss hinsichtlich der Äußerungen eine negative Kernbereichprognose vorliegen. Hingegen darf jedoch für die Rechtmäßigkeit einer Maßnahme nach § 100a StPO eine Äußerung gerade keinen ausschließlichen Kernbereichsbezug aufweisen bzw. vermuten lassen.

Hinweis: Auch im Rahmen des großen Lauschangriffs sichert § 100d IV 2-6 StPO den Schutz von Kernbereichsäußerungen, die während der Überwachung »entstehen«.

Hinweis: Das BVerfG setzte sich im Rahmen einer aktuellen Entscheidung (Beschl. v. 20.12.2018 – 2 BvR 2377/16 = NStZ-RR 2019, 89) mit den **Mitwirkungs- und Vorhaltepflichten eines Telekommunikationsanbieters** bei der Verwendung besonders datenschützender Technologien auseinander. Im zugrunde liegenden Fall handelte es sich um die sog. NAT-Technologie. Diese ermöglicht es, die Ziel- oder Absender-IP-Adresse eines Kunden zu verwerfen, diese durch eine andere Adresse zu ersetzen und somit zu maskieren, was einen besonders effektiven Schutz etwaiger Kundendaten zur Folge hat. Die Staatsanwaltschaft Suttgart führte ein Ermittlungsverfahren gegen einen Nutzer eines solchen E-Mail-Dienstes. Auf deren Antrag ordnete das AG Stuttgart gem. §§ 100a, 100b III StPO aF (§ 100a IV StPO nF) die Sicherung, Spiegelung und Herausgabe aller Daten an, die auf den Servern des E-Mail-Dienstleisters bezüglich des betreffenden E-Mail-Accounts elektronisch gespeichert waren. Der E-Mail-Dienstleister stellte die Daten mit Verweis auf das aufgrund von Datenschutzerwägungen verwendete NAT-Verfahren nicht zur Verfügung und behauptete »subjektive Unmöglichkeit«, woraufhin das AG ein Ordnungsgeld festsetzte. Das BVerfG stellte im Rahmen der hiergegen eingelegten, auf Art. 12 I GG gestützten Verfassungsbeschwerde fest, dass der Telekommunikationsanbieter verpflichtet war, die externen IP-Adressen zur Verfügung zu stellen, weil die Überwachung der Telekommunikation iSv § 100a StPO nicht nur die Kommunikationsinhalte, sondern auch die näheren Umstände der Telekommunikation, einschließlich der fraglichen IP-Adressen erfasst. Vor diesem Hintergrund ist ein Betrieb daher so zu gestalten, dass diese IP-Adressen im Rahmen einer rechtmäßig angeordneten Überwachung bereitgestellt werden können. Darüber hinaus unterfällt der Zugriff auf E-Mail-Kommunikation auch dem »weiten« Telekommunikationsbegriff. § 100g StPO tritt dabei für den Zugriff auf Verkehrsdaten, soweit es zukünftige Telekommunikation bzw. deren Echtzeiterhebung betrifft, neben den weiter anwendbaren § 100a StPO.

Zur Vertiefung: *Ihwas* FD-StrafR 2019, 413880; *Seeger* Newsdienst Compliance 2019, 23024.

8. Problem: Ermittlungsmaßnahmen und »neue Medien«

Beispielsfall:

Bei der Durchforstung des E-Mail-Accounts des wegen Phishing Verdachts verhafteten A (→ **Zusatzfall 2**) werden über 800 Bestellbestätigungen und Rechnungen (auf einem deutschen Server liegend) verschiedener Onlinehändler, ausgestellt auf über 800 verschiedene Personen, gefunden. Das für die Durchsuchung notwendige Passwort erhielt die Staatsanwaltschaft von A. Ein Teil der E-Mails war lediglich beim E-Mail-Provider des A, also auf seinem webbasierten Account gespeichert, während ein anderer Teil auf dem Rechner des A unter »Bestellungen« abgelegt war. 50 E-Mails waren noch gar nicht geöffnet im Posteingang. Zudem konnte unter »Entwürfe« eine noch nicht versandte E-Mail an 100 Empfänger gefunden werden, die optisch dem Newsletter einer Bank entsprach und einen Link auf die Website einer Bank enthielt. Hinsichtlich der E-Mails erging ein ordnungsgemäßer Beschlagnahmebeschluss. Bei der Überprüfung des »Facebook«-Accounts des A – A war dauerhaft ohne erneute Passwortabfrage eingeloggt – konnten Nachrichten an seinen Bekannten B gefunden werden, in denen er damit prahlte, eine »neue, einzigartige Einkommensquelle« gefunden zu haben, die »absolut safe« sei, wenn man »ein bisschen was von Phishing« verstehe. Die Server von Facebook befinden sich in den USA. Da sich die ermittelnden Beamten unsicher sind, ob die bisherigen Ermittlungsergebnisse ausreichend sind, beschließen sie, sich heimlich Zugriff auf den Laptop des A zu verschaffen. Sie installieren auf dem PC des A in dessen Wohnung eine bestimmte Software, um in Echtzeit die Rechnertätigkeit des A zu beobachten. Die Daten werden durch die Software gespeichert und online an die Ermittlungsbeamten übermittelt. Über eine weitere Software soll auch auf die Gespräche, die A via Voice-over-IP-Telefonie (Skype) führt, noch vor Verschlüsselung (Sprachdateien) zugegriffen und diese anschließend ausgewertet werden. Worauf können diese Maßnahmen gestützt werden?

Ausgangspunkt:

Rechtsgrundlagen für die getätigten Maßnahmen?

A. Durchforstung des E-Mail-Accounts

Die Durchsicht der **auf dem Rechner des A gespeicherten E-Mails**, die unter »Bestellungen« abgelegt waren, fällt unter die Durchsicht des Rechners als Datenträger (§ 110 I StPO) (→ **Zusatzfall 2**). Weiterhin handelt es sich um E-Mails, die lediglich **beim Provider gespeichert bzw. zwischengespeichert** sind (noch nicht geöffnete E-Mails) und der **auf dem webbasierten Account des A gespeicherten E-Mails** (Bestellungen und Entwürfe).

Bei webbasierten Accounts sind sämtliche E-Mails, die sich im Posteingang oder in den Entwürfen befinden, auf dem Server des E-Mail-Anbieters abgelegt. **§ 110 I StPO** greift für die Durchsicht dieser E-Mails **nicht**, da diese zwar vom durchsuchten PC aus zugänglich sind, allerdings auf einem räumlich getrennten Speichermedium liegen (hier: Server des Webmail-Anbieters). Diesen Umstand erfasst die Vorschrift des

§ 110 III StPO, welche der Sicherung von auf räumlich getrennten Speichermedien liegenden Daten dient. Voraussetzung ist, dass ein Daten- bzw. Beweismittelverlust zu befürchten ist. Hier ist nicht davon auszugehen, dass das eigentliche Speichermedium (Webmailserver) rechtzeitig sichergestellt werden kann. Die Sicherung der verfahrensrelevanten Daten richtet sich nach § 110 III StPO. Die auf dem Rechner gespeicherten E-Mails können gem. § 110 I StPO, die auf dem webbasierten Account gespeicherten E-Mails gem. § 110 III StPO durchgesehen werden.

B. Durchsicht des Facebook-Accounts

Grundlage für die Durchsicht des Facebook-Accounts kann wiederum nur § 110 III StPO sein, da die Daten ebenfalls auf einem externen Server lagern. **Problematisch** ist in diesem Fall aber, dass sich die Daten grundsätzlich zugangsgeschützt auf einem ausländischen Server (hier: USA) befinden. Ein Zugriff auf diese Daten verletzt das Souveränitätsprinzip des jeweils betroffenen Staates. Ein solcher muss daher mittels eines Rechtshilfeersuchens in dem betroffenen Staat erfolgen; eine Ausnahme gilt nur für Daten, die ohnehin öffentlich zugänglich sind bzw. für die eine rechtmäßige und freiwillige Zustimmung der Person, die zur Weitergabe der Daten mittels dieses Computersystems berechtigt ist (Art. 32 lit. a, lit. b CKÜ), besteht.

Zum Teil wird vertreten, ein Rechtshilfeersuchen sei ebenfalls nicht erforderlich, wenn die Zugangsdaten bei der Durchsuchung aufgefunden werden. **Eine andere Ansicht vertritt**, dass ein Rechtshilfeersuchen auch dann nicht erforderlich ist, wenn die Zugangsdaten derart gespeichert sind, dass sich bei bestehender Internetverbindung automatisch in den Account eingeloggt wird. **Zum Teil wird sogar vertreten**, dass das »Cracken« passwortgeschützter Accounts auch im Wege der »Brute-Force-Methode« (mehrmaliges Ausprobieren) von § 110 III StPO gestattet wird. Wenn unklar ist, ob und in welchem ausländischen Staat sich der Server befindet auf dem die Daten des Betroffenen gespeichert sind, (was beim modernen sog. Cloud-Computing in der Regel der Fall ist), ist die Sichtung ohne Weiteres zulässig (Meyer-Goßner/Schmitt/*Schmitt* StPO § 110 Rn. 7c). Ein Rechtshilfeersuchen erfolgte hier nicht. Auch war der Serverstandort bekannt. Die Durchsicht kann deshalb zwar grundsätzlich auf § 110 III StPO gestützt werden, im konkreten Fall steht dem aber die Verletzung fremder Souveränität entgegen, vgl. zu diesem Problem und der Frage wie sich die Situation bei Accounts mit wirksamen Passwortschutz darstellt *Zerbes/El-Ghazi* NStZ 2015, 425 (428 ff.).

Hinweis 1: Eine vorläufige Sicherung der Daten von ausländischen Servern innerhalb der EU kann auf Art. 20 IV EuRhÜbk (analog) gestützt werden, vgl. BeckOK StPO/*Hegmann* § 110 Rn. 15.

Hinweis 2: Ein Verstoß gegen das Gebot der Stellung eines Rechtshilfeersuchens betrifft nicht den Rechtskreis des Beschuldigten, für oder gegen den die Beweise verwertet werden sollen und zieht daher nur bei willkürlicher Vorgehensweise ein Beweisverwertungsverbot nach sich. Ein solches kann sich auch aus einem ausdrücklichen Widerspruch des fremden Staates gegen die Verwertung von unter Verstoß gegen völkerrechtliche Prinzipien erlangten Informationen und bei berechtigter Verweigerung der Rechtshilfe ergeben (BGHSt 34, 334; Meyer-Goßner/Schmitt/*Schmitt* StPO § 110 Rn. 7c).

C. Beschlagnahme der verwertbaren Inhalte (§§ 94 ff. StPO)

I. Kopierte Tagebuchseiten, Daten von Datenträgern

Diese werden gem. § 94 StPO beschlagnahmt.

II. E-Mails auf dem Server des Providers

Lange war bei der **Beschlagnahme von E-Mails auf dem Server des Providers umstritten**, ob hinsichtlich der strafprozessualen Eingriffsnorm statt der §§ 94 ff. StPO eine Anwendung des § 100a StPO mit seinen strengeren Voraussetzungen näher liegt. Argumentiert wurde, dass E-Mails auch einen Bestandteil eines Kommunikationsvorgangs darstellen und somit dem Schutz des Art. 10 GG unterfallen können, der nur durch die Anwendung des § 100a StPO ausreichend gewährleistet werde. **Unproblematisch** von den §§ 94 ff. StPO erfasst waren bereits E-Mails, die auf dem Rechner des Absenders oder Empfängers, sowie E-Mails, die beim Provider gespeichert waren (webbasierter Account), da diese einer Speicherung auf dem Rechner entsprechen und bei beiden der Kommunikationsvorgang bereits abgeschlossen ist. **Ebenfalls kein Teil eines Kommunikationsvorgangs** sind E-Mails, die lediglich Entwurfscharakter haben und noch nicht versandt wurden; auch sie unterliegen nicht dem Schutz des Art. 10 GG und können gem. §§ 94 ff. StPO beschlagnahmt werden.

Umstritten waren Fälle, bei denen E-Mails beim Provider lediglich »zwischengespeichert«, also zum Abruf durch den Nutzer »bereit« waren. Hier stellte sich die Frage, ob es sich bei diesen E-Mails nicht um einen Kommunikationsvorgang handele, der von Art. 10 GG erfasst wird und ein strafprozessualer Zugriff ausschließlich über § 100a StPO erreicht werden könne. Das BVerfG entschied allerdings 2009, dass beim Provider zwischengespeicherte E-Mails gerade nicht mehr unter den Begriff der Kommunikation fallen. Jedoch verdeutlichte das BVerfG auch, dass die Sicherstellung und Beschlagnahme von E-Mails, die auf dem Server des Providers gespeichert sind, in den Schutzbereich des Fernmeldegeheimnisses eingreifen, da Art. 10 I GG die Vertraulichkeit der Kommunikation schützen will. Jede Kenntnisnahme, Aufzeichnung und Verwertung kommunikativer Daten stellt einen Grundrechtseingriff für den Betroffenen dar. Nur weil die Daten auf einem Server beim Provider ausgelagert sind, bedeutet dies nicht, dass der Nutzer mit dem Zugriff auf diese Daten durch Dritte einverstanden ist (BVerfGE 124, 43 [58] = NJW 2009, 2431 [2433]). §§ 94 ff. StPO ermöglichen grundsätzlich die Sicherstellung und Beschlagnahme von E-Mails, die auf dem E-Mail-Server des Providers gespeichert sind und sind als Eingriffsgrundlage in Art. 10 I GG verfassungsrechtlich nicht zu beanstanden (BVerfGE 124, 43 = NJW 2009, 2431 [2434]). Trotz des ursprünglichen Zuschnitts auf körperliche Gegenstände sind die §§ 94 ff. StPO vom Wortlaut derart gefasst, dass als Gegenstand auch nichtkörperliche Gegenstände verstanden werden können, da § 94 StPO grundsätzlich alle Gebilde, die als Beweismittel für die Untersuchung von Bedeutung sein können erfasst (BVerfGE 124, 43 [61] = NJW 2009, 2431 [2434]). Zudem sind die §§ 94 ff. StPO verhältnismäßig im Hinblick auf den Eingriff in Art. 10 I GG, da es sich insbesondere um eine auf Durchsuchungen folgende, offene und durch den Ermittlungszweck begrenzte Maßnahme außerhalb eines Kommunikationsvorgangs handelt, sodass es unter Berücksichtigung des Übermaßverbotes im Hinblick auf das staatliche Strafverfolgungsinteresse nicht erforderlich ist, die Beschlagnahme von beim Provider zwischengespeicherten E-Mails lediglich beim Verdacht schwerer Katalogtaten iSd § 100a II StPO und einem gesteigerten Tatverdacht als zulässig zu bewerten (BVerfGE 124, 43 [63 f.] = NJW 2009, 2431 [2435]). Die Beschlagnahme war auch verhältnismäßig, da nur relevante E-Mails und nicht das gesamte Postfach beschlagnahmt wurden (vgl. BGH NJW 2010, 1297 [1298]). Die endgültige Beschlagnahme der relevanten E-Mails erfolgt über §§ 94 ff. StPO.

Hinweis 1: Im Jahre 2009, also vor der Entscheidung des BVerfG, stützte der BGH die Beschlagnahme von E-Mails auf § 99 StPO (Postbeschlagnahme). Dieser nicht unumstrittenen Ansicht erteilte die Entscheidung des BVerfG eine Absage, wodurch aber die Anwendung der §§ 94 ff. StPO nicht infrage gestellt wird (BVerfGE 124, 43 [60] = NJW 2009, 2431 [2433]; vgl. zum Ganzen BeckOK StPO/Graf § 100a Rn. 57 ff.)

Hinweis 2: Grundsätzlich gelten auch im EDV-Bereich die allgemeinen Durchsuchungs- und Beschlagnahmeregeln. Allerdings kannte der historische Gesetzgeber die Informationstechnologie zum Zeitpunkt der Schaffung der gesetzlichen Regelungen naturgemäß noch nicht und konnte sie deshalb nicht berücksichtigen.

Bei der Sicherstellung bzw. Beschlagnahme von E-Mails sind daher seit der oben genannten Entscheidung des BVerfG verfassungsrechtlich – vereinfacht – **zwei Betrachtungsebenen** zu unterscheiden:

(1) Art. 10 GG gewährleistet den Schutz des Fernmeldegeheimnisses für E-Mails gerade in der **Kommunikationsphase**, in der der Nutzer keine Eingriffsmöglichkeit in den Übermittlungsvorgang hat (dh auch dann, wenn die E-Mail auf dem Speicher des E-Mail-Providers abgelegt wird, da sich die E-Mail sodann in dessen Herrschaftsbereich befindet).

(2) Im Stadium der **Erstellung der E-Mail** auf dem Rechner des Absenders und der Speicherung dieser durch den Empfänger fällt die Nachricht in den Schutzbereich des Rechts auf informationelle Selbstbestimmung aus Art. 2 I GG iVm Art. 1 I GG.

Auf strafprozessualer Ebene spiegelt sich diese Einordnung wider und es ist danach zu differenzieren, ob die jeweilige Ermittlungsmaßnahme sich als Maßnahme der Telekommunikationsüberwachung der §§ 100a ff. StPO darstellt (Ebene 1) oder dem Durchsuchungs- und Beschlagnahmerecht der §§ 94, 102 ff. StPO zuzurechnen ist (Ebene 2). Auch wenn das Versenden und Empfangen von E-Mails unstreitig Inhaltsdaten der Telekommunikation betrifft, bedeutet dies noch nicht zwangsläufig, dass es sich bei dem Versenden von E-Mails insgesamt um einen Vorgang der Telekommunikation handelt (weshalb eine Darstellung des E-Mail-Verkehrs in »Phasenmodellen« nicht immer zum Grundverständnis beitragen kann, vgl. dazu unter anderem Meyer-Goßner/Schmitt/*Schmitt* StPO § 100a Rn. 6b mwN).

Letztendlich kommt es angesichts der Entscheidung des BVerfG für die jeweilige einschlägige gesetzliche Ermächtigung im Rahmen der StPO lediglich darauf an, auf welche Art die Strafverfolgungsbehörden an die E-Mail gelangen und in welchem Stadium sich diese befindet. Wird auf einen Speicher, auf dem sich die E-Mail befindet (sei es auf solchen der Kommunizierenden oder des E-Mail-Providers), zugegriffen, so finden die §§ 94 ff. StPO Anwendung und es bedarf – im Rahmen dieser »**offenen** Ermittlungsmaßnahme« – keiner Anordnung nach §§ 100a ff. StPO.

Wird jedoch im Rahmen einer **heimlichen** Ermittlungsmaßnahme vorgegangen und »die Leitung«, in welcher sich die E-Mail auf dem Weg zum jeweiligen Speicher befindet (Übermittlungsstadium), beim Kommunikationsvorgang selbst »angezwackt«, so finden die §§ 100a ff. StPO Anwendung.

Lesenswert dazu: *Park* Durchsuchung § 4.

D. Überwachung der Rechnertätigkeit des A

Vor den im Jahr 2017 in Kraft getretenen Neuregelungen der §§ 100a ff. StPO war das »Herleiten« sowie das Vorliegen einer Eingriffsgrundlage für die Überwachung der Rechnertätigkeit durch Aufspielen einer Software (sog. Online-Durchsuchung) fraglich und wurde mit Verweis auf den Vorbehalt des Gesetzes (Art. 20 III GG) abgelehnt (vgl. BGHSt 51, 211, wobei die Ansätze über §§ 94, 102, 110 zu §§ 100a ff. und letztendlich zu §§ 161 I, 163 I StPO als Ermittlungsgeneralklausel führten). Entscheidend ist, dass bei dieser Ermittlungsmaßnahme nicht die Erfassung der Kommunikation, sondern eine Totalausforschung, auch im Hinblick auf älterere Daten, im Zentrum steht. Die Möglichkeit einer Online-Durchsuchung im Rahmen des Ermittlungsverfahrens war daher zunächst nicht gegeben. Darüber hinaus erklärte das BVerfG 2007 die Vorschriften des Verfassungsschutzgesetzes in NRW zur Online-Durchsuchung für verfassungswidrig (BVerfGE 120, 274). In dieser Entscheidung sah das BVerfG in der Online-Durchsuchung einen Eingriff in das Grundrecht der Gewährleistung der Vertraulichkeit und Integrität informationstechnischer Systeme aus Art. 2 I iVm Art. 1 I GG (sog. **IT-Grundrecht**). Allerdings lehnte das BVerfG eine Online-Durchsuchung nicht per se ab, sondern sah nur deren Ausgestaltung als verfassungswidrig an. In der Entscheidung stellte das BVerfG Kriterien für eine verfassungsgemäße Eingriffsnorm zur Online-Durchsuchung auf. Der Gesetzgeber hat sich für die Einführung einer entsprechenden Ermächtigung entschlossen und diese in § 100b nF StPO normiert, wobei die weiteren Voraussetzungen in §§ 100d, 100e, 101 StPO beachtet werden müssen. **§ 100b StPO** stellt daher eine **taugliche Ermächtigungsgrundlage** dar.

Die jetzige Gesetzeslage ist einigen grundlegenden Bedenken ausgesetzt. Zum einen stellt die Befugnis zur heimlichen Infiltration von IT-Systemen und zur dauerhaften Erhebung von Daten aus den Systemen durch die sog. Online-Durchsuchung in ihrer derzeitigen (weiten) Fassung einen extrem intensiven und kaum rechtfertigbaren Grundrechtseingriff dar, dies nicht zuletzt wegen ihrer »technischen« Unbestimmtheit und der faktischen Unüberprüfbarkeit der Maßnahme im Nachhinein. Zum anderen stehen der Quellen-TKÜ als Antwort auf den fortschreitenden Einsatz von Verschlüsselungstechnik in der Kommunikation zwar keine grundlegenden verfassungsrechtlichen Hindernisse entgegen, jedoch schießt die neue Vorschrift des § 100a I 2 StPO durch die generelle Ermächtigung zur Erhebung der Kommunikationsdaten auf dem infizierten System über das Ziel hinaus. Welchen Umgang die neu geschaffenen Regelungen in Zukunft erfahren, bleibt abzuwarten.

Weiterführende Literaturhinweise:

Freiling/Safferling/Rückert JR 2018, 9; *Singelnstein/Derin* NJW 2017, 2646.

Hinweis: Von der Online-Durchsuchung zu unterscheiden ist der Fall, dass im Rahmen einer Durchsuchung die Ermittlungsbeamten bei der Durchsicht des Computers des Betroffenen auf einen Rechner an einem entfernten Ort zugreifen können **(sog. Onlinesichtung)**. Diese »offene Ermittlungsmaßnahme« wird, sofern die Voraussetzungen vorliegen, durch § 110 III StPO gestattet.

E. Überwachung der »Skype«-Telefonate

Bei sog. Voice-over-IP bzw. Internet-Telefonie wird die Kommunikation in Echtzeit bereits verschlüsselt bevor sie überhaupt übertragen wird. Das Abhören über eine »klassische« Telekommunikationsüberwachung gem. § 100a StPO würde in diesen Fällen dazu führen, dass letztlich nur ein verschlüsselter Datensatz festgestellt werden kann, der entweder gar nicht oder nur mit erheblicher zeitlicher Verzögerung entschlüsselt werden kann. Das »Abhören« solcher Gespräche müsste also bereits vor der Verschlüsselung »an der Quelle« erfolgen, die Daten an die Ermittlungsbehörden übertragen und anschließend ausgewertet werden. Um dies zu ermöglichen, bedarf es einer Software, die auf das Endgerät des Beschuldigten aufgespielt werden muss, die Sounddaten der Gespräche kopiert und, zusammen mit den verschlüsselten Daten, unverschlüsselt im ausgehenden Datenstrom überträgt; diese »Spionagesoftware« muss vor der Kommunikation auf den zu überwachenden Rechner aufgespielt werden (»Infiltration eines informationstechnischen Kommunikationssystems mittels ermittlungsbehördlicher Software«, *Roggan* NJW 2015, 1995 [1997]). Auch hier war bis zur Reform der §§ 100a ff. StPO im Jahr 2017 das Bestehen einer Rechtsgrundlage fraglich. Wie oben bereits erwähnt, erfasst die Telekommunikationsüberwachung gem. § 100a StPO aF nur den Kommunikationsvorgang selbst. Die Verschlüsselung wurde jedoch als Vorstufe des Kommunikationsvorgangs angesehen, sodass eine sog. Quellen-TKÜ von § 100a StPO aF erfasst wurde. Problematisch war jedoch die technische Durchführung der Maßnahme, da durch die Installation einer »allumfassenden« Spionagesoftware im Rahmen der Telekommunikationsüberwachung die Gefahr eines möglichen Eingangstors für die damals noch unzulässige Online-Durchsuchung bestand, weshalb – in Hinblick auf diese Folge – teilweise schon das Vorliegen einer Eingriffsgrundlage iSd § 100a StPO aF abgelehnt wurde (vgl. BVerfGE 120, 274 [308]). Dies stellt jedoch angesichts der Neuregelungen der §§ 100a ff. StPO keine Schwierigkeit mehr dar, da sowohl die Quellen-Telekommunikationsüberwachung in § 100a I 2, 3 StPO als auch die Online-Durchsuchung in §§ 100b StPO Einzug gefunden haben. Auch hier gelten die weiteren Voraussetzungen der §§ 100a, 100d f. StPO. § 100a I 2 StPO bildet somit eine **taugliche Rechtsgrundlage** für den Eingriff.

Exkurs VIII: Präventiv-polizeiliche Rechtsgrundlagen für Online-Durchsuchung und Quellen-Telekommunikationsüberwachung?

Auch im präventiv-polizeilichen Bereich gibt es Rechtsgrundlagen für die Durchführung einer Quellen-TKÜ bzw. einer Online-Durchsuchung zur Gefahrenabwehr. So ist etwa die Online-Durchsuchung in § 49 BKAG und die Quellen-TKÜ in § 51 BKAG geregelt, auf welche das Bundeskriminalamt zur Abwehr von Gefahren des internationalen Terrorismus zurückgreifen kann. Deren Verfassungsmäßigkeit wurde durch das BVerfG festgestellt (BVerfGE 141, 220 = NJW 2016, 1781). Entsprechende Befugnisse sind auf Länderebene in den dortigen Polizei- und Sicherheitsgesetzen normiert worden.

Damit stellt sich die Frage, inwiefern aus solchen präventiv-polizeilichen Maßnahmen gewonnene Informationen im Strafverfahren verwertet werden können. §§ 479 II StPO (seit 26.11.2019 zuvor § 477 II StPO) und 161 III (vor 2019 § 161 II StPO) legen dabei allgemeine Verwendungsregeln für derartige Fälle fest. Für die Online-Durchsuchung (§ 100b StPO) sowie die akustische Wohnraumüberwachung (§ 100c StPO) findet sich wegen der besonderen Schwere des Eingriffs eine Sonderregelung in § 100e VI Nr. 3 StPO. Sowohl den allgemeinen Verwendungsregeln der §§ 479 II 1, 161 III 1 StPO als auch der Vorschrift des § 100e VI Nr. 3 StPO ist gemein, dass sie auf einen sog. hypothetischen Ersatzeingriff abstellen. Werden Daten, die durch Maßnahmen aus anderen Gesetzen erhoben wurden in das Strafverfahren eingeführt, dürfen sie ohne Einwilligung der von der Maßnahme betroffenen Person zu Beweiszwecken nur verwendet werden, wenn die Maßnahme der Aufklärung einer Straftat dient, aufgrund derer auch nach der StPO (hypothetisch) eine solche Maßnahme hätte angeordnet werden dürfen. Es reicht damit zur Verwendung derart gewonnener Daten im Ergebnis aus, dass Daten polizeirechtlich rechtmäßig erhoben wurden. Ob die formellen Anwendungsvoraussetzungen nach der StPO gewahrt worden sind (zB das Vorliegen einer richterlichen Durchsuchungsanordnung), ist damit unbeachtlich (BGH NJW 2017, 3173 Rn. 38).

Exkurs IX: Die Vorratsdatenspeicherung

§§ 113a, b TKG iVm § 100g I 1 StPO erlaubten seit 2008 die Speicherung von Verkehrsdaten für die Dauer von sechs Monaten. Maßgeblich beeinflusst wurde die Schaffung dieser Vorschriften durch die **Richtlinie 2006/24/EG (Vorratsdatenspeicherungs-RL)**. Bereits 2010 entschied das BVerfG, dass diese Vorschriften verfassungswidrig und nichtig sind (BVerfGE 125, 260 = NJW 2010, 833 [834]). Dabei betonte das BVerfG aber, dass es die Vorratsdatenspeicherung (VDS) grundsätzlich für möglich halte. Erst mit Urteil vom 8.4.2014 erklärte auch der EuGH die zugrunde liegende Richtlinie für ungültig (EuGH NJW 2014, 2169). Im Dezember 2015 trat ein neues Gesetz zur Einführung der Speicherpflicht und zu Höchstspeicherfristen für Verkehrsdaten in Kraft, welches spätestens ab 1.7.2017 zu erfüllen sei. Im Dezember 2016 bekräftigte der EuGH, dass eine anlasslose VDS nicht zu billigen ist (EuGH ZUM 2017, 414). Das OVG Münster entschied im Juni 2017, dass das Gesetz gegen EU-Recht verstößt, womit die VDS »faktisch ausgesetzt« sei (OVG Münster NVwZ-RR 2018, 43). Das VG Köln hat sich 2018 (Urt. v. 20.4.2018, Az. 9 K 7417/17) dieser Entscheidung angeschlossen und unter anderem die Deutsche Telekom von der Speicherpflicht befreit, da die §§ 113a, b TKG nicht mit europäischem Recht vereinbar und wegen des Vorrangs des Europarechts deshalb nicht zu befolgen seien. Durch Einlegung der Sprungrevision seitens der Bundesnetzagentur kam das Verfahren zum BVerwG. Die Leipziger Richter mussten daraufhin die Frage klären, ob die deutsche VDS der britischen und schwedischen ähnlich sei. Der EuGH hatte 2016 nämlich über diese und nicht über die deutsche Variante der VDS zu entscheiden. Gegen eine pauschale Übertragung der Aussagen des EuGH auf die deutsche VDS spricht jedoch, dass der Kreis der von der VDS erfassten Kommunikationsmittel sowie die Speicherdauer in Deutschland reduzierter sei. Auch das bestehende Spannungsverhältnis zwischen Art. 7, 8 GRCh (Achtung der Privatsphäre, Schutz personenbezogener Daten) und Art. 6 GRCh (Gewährleistung der Sicherheit der Bürger) spreche gegen eine generelle Unzulässigkeit der anlasslosen Überwachung. Das BVerwG hält daher Ausnahmen insbesondere bei Erheblichkeit zu bekämpfender Gefahren zumindest für möglich, sodass die Wiedereinführung der VDS von ihrer Ausgestaltung abhängen könnte. Das BVerwG wandte sich am 25.9.2019 mit einer Frage zur Auslegung der europäischen Datenschutzrichtlinie an die Richter des EuGH. Dieser soll nun abschließend klären, ob sich aus den Unionsvorschriften ein generelles Verbot einer anlasslosen VDS in Deutschland ableiten lässt.

4. Kapitel: Ermittlungsverfahren IV – Rechtsschutz gegen Zwangsmaßnahmen

9. Problem:
Präventiv oder Repressiv? – Rechtswegfragen bei doppelfunktionalem Handeln der Polizei (»legendierte Kontrollen«)

Beispielsfall:

A wird im Rahmen einer allgemeinen Verkehrskontrolle mit seinem VW-Bus auf Grund einer geringfügigen Geschwindigkeitsüberschreitung von der Polizei angehalten sowie einer polizeilichen Personen- und Fahrzeugkontrolle unterzogen. Im Rahmen einer Fahrzeugdurchsuchung entdeckt die Polizei in einem eigens dafür präparierten Hohlraum hinter dem Armaturenbrett des Fahrzeugs diverse Betäubungsmittel in nicht geringer Menge, welche sodann als Beweismittel sichergestellt werden.

Erst nach Erlass des Haftbefehls – jedoch vor Anklageerhebung – gegen A wird offengelegt, dass zum Zeitpunkt der Fahrzeuguntersuchung bereits der Anfangsverdacht einer Straftat nach BtMG bestanden hat. Die Staatsanwaltschaft hat bereits eine gewisse Zeit vor der Kontrolle ein Ermittlungsverfahren eingeleitet und verdeckte Ermittlungen durchgeführt. Dadurch hat sie Kenntnis von dem geplanten Betäubungsmitteltransport erlangt. Auf Grundlage eines ermittlungsrichterlichen Beschlusses ist bereits vor dem Betäubungsmitteltransport ein Peilsender an das Auto angebracht worden, womit die Ermittlungsbehörde Kenntnis vom Standort des A hatte. Um zu vermeiden, dass etwaige Hintermänner von den bereits laufenden Ermittlungen Kenntnis erlangen, sollte A unter dem Vorwand einer präventiv-polizeilichen Verkehrskontrolle angehalten und gestellt werden (sog. legendierte Polizeikontrolle). Ein Vorgehen auf Grundlage der §§ 102, 105 StPO hätte einen richterlichen Beschluss vorausgesetzt, der vorliegend nicht eingeholt worden ist.

A will wissen, ob er den Verwaltungsrechtsweg oder den ordentlichen Rechtsweg bestreiten muss, um die Rechtswidrigkeit der Durchsuchung feststellen zu lassen.

Ausgangpunkt:

Ist der Verwaltungsrechtsweg hier der richtige Rechtsweg?

Die Polizei ist grundsätzlich mit zwei Aufgabengebieten betraut: (1) Die **Erforschung von Straftaten** (§ 163 StPO) als **repressive Tätigkeit** und (2) die Abwehr von Gefahren für die öffentliche Sicherheit und Ordnung (§ 1 I 1 PolG), also auch der **Verhinderung von Straftaten als präventiver Tätigkeit**. Je nach Tätigkeit bieten entweder die StPO oder die Polizeigesetze der Länder Eingriffsermächtigungen, auf die Zwangsmaßnahmen gestützt werden können. Will sich der Betroffene gegen solche Maßnahmen der Polizei gerichtlich zur Wehr setzen, stellt sich die Frage, welcher Rechtsweg der richtige ist. **Präventives Handeln** der Polizei ist gem. § 40 I 1 VwGO auf dem Verwaltungsrechtsweg, **repressives Handeln** der Polizei gem. § 23 EGGVG auf dem ordentlichen Rechtsweg zu überprüfen.

Hinweis: Lernen Sie hier fächerübergreifend. Die Abgrenzung der Rechtswege spielt auch bei der Eröffnung des Verwaltungsrechtswegs gem. § 40 I VwGO im Rahmen verwaltungsgerichtlicher Klagen eine Rolle.

Problematisch ist, dass bestimmte polizeiliche Maßnahmen nicht immer eindeutig zugeordnet werden können, da sie sowohl im präventiv-polizeilichen Bereich der Gefahrenabwehr als auch im repressiven Bereich der Strafverfolgung zulässig sind (zB Wohnungsdurchsuchung § 31 PolG; § 102 StPO).

Bei solchen **doppelfunktionalen Maßnahmen** ist die Bestimmung des einschlägigen Rechtswegs **umstritten.**

Lösungsansätze bzgl. der Rechtswegfrage:

I. Vorrang strafprozessualer Vorschriften

Besteht gegen den Betroffenen ein Anfangsverdacht einer Straftat, sind strafprozessuale Vorschriften vorrangig. Der Rückgriff auf Normen des Gefahrabwehrrechts ist damit ausgeschlossen. Damit müsste der ordentliche Rechtsweg bestritten werden.

Vertreten von:
Gubitz NStZ 2016, 128; *Müller/Römer* NStZ 2012, 543 (547); KK-StPO/*Schoreit* § 152 Rn. 18c.

1. Argument
Der absolute Vorrang strafprozessualer Vorschriften ist notwendig, um eine Umgehung der teilweise strengeren Vorschriften der StPO und damit einen Kontrollverlust der Justiz zu verhindern.

2. Argument
Soweit der hinreichende Verdacht bezüglich begangener oder geplanter Straftaten besteht, ist jede darauf gerichtete Maßnahme der Strafrechtspflege zuzuordnen und unterfällt damit der StPO.

II. Willensrichtung der Polizei maßgeblich

Ausschlaggebend ist die Rechtsgrundlage, die die Polizei nach ihrem eigenen Bekunden der Maßnahme zugrunde legt. Dient die Maßnahme sowohl präventiven als auch repressiven Zwecken, steht der Rechtsweg zu beiden Gerichtszweigen offen. Selbiges gilt bei fehlender Begründung, bei der nach objektiver Sachlage auf beide Zwecke abgestellt wird. Die Überprüfung der Maßnahme findet hinsichtlich des repressiven Teils vor den ordentlichen Gerichten, hinsichtlich des präventiven Bereichs vor den Verwaltungsgerichten statt. Auch hier kann es somit zu einer Aufsplittung des Rechtswegs kommen.

Vertreten von:
Götz/Geis AllgPOR Abschn. 6 § 19 Rn. 19; *Schenke/Schenke* in Steiner BesVerwR Kap. II Rn. 436; für weitere Fundstellen s. Vorauflage.

1. Argument
Die Bestimmung des Rechtswegs muss an die verfolgte Zielsetzung anknüpfen, da ohne Berücksichtigung der verfolgten Absicht der Maßnahme die Rechtmäßigkeit des polizeilichen Handelns nicht festgestellt werden kann.

2. Argument
Die Polizei besitzt materiell-rechtlich die Befugnis, eine Maßnahme entweder auf Strafprozessrecht oder Polizeirecht zu stützen, weshalb sie selbst entscheiden kann, welche Kompetenz sie ausübt. Entscheidet sie sich für eine Kompetenz, ist die Maßnahme bereits keine doppelfunktionale Maßnahme.

3. Argument
Die juristische Unterscheidung zwischen Strafverfolgung und Gefahrenabwehr gebietet bei doppelfunktionalen Maßnahmen eine »Aufsplittung« des Rechtswegs.

III. Schwerpunkt der Tätigkeit maßgeblich

Für die Rechtswegbestimmung kommt es darauf an, wo nach Sicht eines verständigen Bürgers in der Lage des Betroffenen der Schwerpunkt der Maßnahme liegt (objektive *Ex-ante*-Betrachtung). Beim erkennbaren Zweck der Verhinderung schwerer Straftaten liegt dieser bei der Gefahrenabwehr (insbesondere im Bereich Gefahr für das Rechtsgut Leben). Nach der Schwerpunkttheorie kann es nicht zu einer Aufsplittung des Rechtswegs kommen. Im Falle des Überwiegens des präventiven Teils ist der Verwaltungsrechtsweg, bei Überwiegen des repressiven Teils der ordentliche Rechtsweg eröffnet. Die Schwerpunkttheorie beantwortet demnach die Frage, welcher Rechtsweg eröffnet ist, eindeutig und legt somit gleichzeitig fest, welches Recht (StPO oder Gefahrenabwehrrecht) anzuwenden ist.

Vertreten von:
BVerwG NJW 1975, 893; VGH Baden-Württemberg NVwZ-RR 2011, 231 (232); BayVGH BayVBl 2010, 220; OVG Lüneburg NVwZ-RR 2014, 327; zuletzt OVG Hamburg DÖV 2019, 37; *Beulke/Swoboda* StrafProzR Rn. 103; *Gornig/Jahn* Fälle POR 244; *Knemeyer* POR Rn. 122; *Rüping* Strafverfahren Rn. 81.

1. Argument
Ein Abstellen auf die »am ehesten gerechtfertigte« Maßnahme führt zu Unsicherheiten bei dem Betroffenen, da eine Zuordnung erst nach Vornahme der Maßnahme bei der Prüfung der Zulässigkeit der Klage erfolgen würde und der Kläger somit nicht erkennen könnte, welcher Rechtsweg zu beschreiten ist. Dies stellt einen Verstoß gegen das Gebot des effektiven Rechtsschutzes dar (Art. 19 IV GG).

2. Argument
Der Polizei darf die Entscheidung über die Rechtsgrundlage nicht selbst überlassen werden, da die jeweilige Begründung der Maßnahme mit präventiven bzw. repressiven Aspekten in unkontrollierbarer Art und Weise den Rechtsweg bestimmen würde. Somit hätten Straf- und Verwaltungsgerichte entgegen § 17 II GVG nur eine partielle Entscheidungskompetenz.

3. Argument
RiStBV Anlage A schlägt im Kollisionsfall ebenfalls eine Abwägung im Sinne des Schwerpunkts des Handelns vor.

IV. Nebeneinander von Gefahrenabwehrrecht und Strafprozessrecht

Eine echte doppelfunktionale Maßnahme ist schon dann rechtmäßig, wenn sie zur Verfolgung nur eines der beiden Zwecke rechtmäßig ist. Die Polizei hat dann ein Wahlrecht, ob sie auf strafprozessualer oder polizeirechtlicher Grundlage tätig wird. Diesen Ansatz verfolgt der BGH in seiner Entscheidungen zu den »legendierten Polizeikontrollen«. Der BGH hält diese Polizeikontrollen für zulässig. Für die Rechtswegfrage relevant ist die Feststellung des BGH, dass weder ein allgemeiner Vorrang der StPO vor dem Gefahrenabwehrrecht gilt, noch umgekehrt. Doppelfunktionale Maßnahmen können demnach sowohl auf gefahrabwehrrechtliche als auch auf strafprozessuale Rechtsgrundlagen gestützt werden. Damit könnte sowohl der Verwaltungsrechtsweg als auch der ordentliche Rechtsweg gewählt werden. Vor dem Hintergrund des § 17 II 1 GVG, nach welchem das Gericht den Rechtsstreit unter **allen** in Betracht kommenden rechtlichen Gesichtspunkten entscheidet (und damit alle in Betracht kommenden Rechtsgrundlagen prüft), ist es vorstellbar, dass künftig das Verwaltungsgericht Maßnahmen am Maßstab der StPO und ordentliche Gerichte Maßnahmen am Maßstab des Gefahrenabwehrrechts kontrollieren.

Vertreten von:
Zuletzt BGH NStZ-RR 2018, 146; BGH NStZ-RR 2018, 84; BGH NStZ 2017, 651; *Schenke* NJW 2011, 2838 (2841 ff.); *Schoch,* FS Stree/Wessels, 1993, 1095 (1114 f.); *Schwan* VerwArch 70 (1979), 109 (110; 129 f.).

1. Argument
Die Abgrenzung zwischen repressiven und präventiven Zwecken polizeilicher Maßnahmen ist kaum möglich.

2. Argument
Schon aus logischen Gründen kann eine Maßnahme, die beide Zwecke verfolgt, nicht schon deshalb rechtwidrig sein, weil einer der beiden Zwecke so nicht verfolgt werden darf, die Verfolgung des anderen Zwecks auf diesem Wege aber zulässig ist. Polizeiliche und strafprozessuale Eingriffsermächtigungen sind daher gleichwertig.

Im Beispielsfall:

Der starre Vorrang des Strafprozessrechts (Ansicht I) widerspricht dem Grundsatz der effektiven Gefahrenabwehr. Es würde den Gefahrenabwehrbehörden unmöglich gemacht, flexibel auf neue, sich ständig ändernde Gefahrenlagen zu reagieren. Ansicht II, die auf den Willen der Polizei abstellt, führt zu massiver Rechtsunsicherheit. Diese Ansichten überzeugen mithin nicht.

Nach der Schwerpunkttheorie, die eine *Ex-ante*-Betrachtung der Maßnahme und des Schwerpunkts der Maßnahme anlegt, gelangt man im Ergebnis entweder zur Annahme präventiv-polizeilichen oder repressiv-strafprozessualrechtlichen Handelns. Ein gefahrenabwehrrechtliches und strafprozessuales Nebeneinander ist nach der

Schwerpunkttheorie nicht möglich. Zwar liegt dem Anschein nach eine allgemeine Verkehrskontrolle (§ 36 V StVO) vor, jedoch verfolgt die Durchsuchung den Zweck, Straftaten aufzuklären. Besonders schwerwiegend zu berücksichtigen ist, dass vorher bereits strafprozessuale Ermittlungsmaßnahmen durchgeführt wurden. Damit lag der Schwerpunkt des polizeilichen Handelns im repressiven Bereich. Der beschrittene Verwaltungsrechtsweg wäre unzulässig (aA vertretbar). Demnach müsste der ordentliche Rechtsweg beschritten werden.

Nach dem neuen Ansatz des BGH hingegen könnte A wählen, welchen Rechtsweg er bestreitet. Der BGH geht davon aus, dass hybrides Verwaltungshandeln, das gleichzeitig präventiv und repressiv ist, existiert.

Hier ist zur Zeit vieles im Fluss. Damit ist zum jetzigen Zeitpunkt noch offen, ob die Verwaltungsgerichte weiterhin an der Schwerpunkttheorie festhalten. Denkbar wäre auch, dass sie sich der Auffassung des BGH anschließen und in derartigen Fällen sowohl Polizei- als auch Strafprozessrecht als Maßstab der Rechtmäßigkeitsprüfung heranziehen werden. Eine solche Zweiteilung ist nach der Schwerpunkttheorie nicht möglich (s. oben). Nur sie ermöglicht vorliegend eine klare Abgrenzung der Rechtswege.

Weiterführend hierzu: *Lenk* NVwZ 2018, 38.

Hinweis: Das Gericht prüft den Rechtsweg von Amts wegen. Hält das angerufene Gericht den beschrittenen Rechtsweg für unzulässig, hat es dies auszusprechen und die Sache durch Beschluss an das zuständige Gericht des zulässigen Rechtswegs zu verweisen, § 17a II GVG. Dieser Verweisungsbeschluss ist hinsichtlich des Rechtswegs für das Gericht, an das verwiesen wurde, bindend, § 17a II 3 GVG.

Achtung: Zur Verwendbarkeit durch präventiv-polizeiliche Maßnahmen gewonnener Erkenntnisse im Strafverfahren

Neben der Frage des Rechtswegs ist mindenstens genauso problematisch, inwiefern durch präventivpolizeiliche Maßnahmen gewonnene Erkenntnisse im Strafverfahren verwendet werden dürfen. In der bereits oben dargestellten Entscheidung des BGH aus dem Jahr 2017 (BGH NStZ 2017, 651) erklärte der BGH solche sog. **»legendierte Polizeikontrollen«**, also polizeiliche Kontrollen, die unter einem Vorwand und unter Verschleierung des eigentlichen Anlasses durchgeführt werden, als zulässig. Der zweite Strafsenat verwarf die auf den Verstoß gegen den Richtervorbehalt – und die damit einhergehende Unverwertbarkeit des Beweismittels – gerichtete Revision seitens des Angeklagten, da auch nach dem landesrechtlichen Gefahrenabwahrrecht eine Durchsuchung des Autos wegen der drohenden Gefahr des Inverkehrbringens von Betäubungsmitteln rechtmäßig war. Es bestehe weder ein allgemeiner Vorrang der Strafprozessordnung gegenüber dem Gefahrenabwehrrecht, noch umgekehrt.

Gemäß dem BGH können die durch legendierte gefahrenabwehrrechtliche Maßnahmen gewonnene Erkenntnisse gem. § 161 III StPO im Strafverfahren verwendet werden, sofern (1) die zu verwendenden Daten polizeirechtlich rechtmäßig erhoben wurden, (2) sie zur Aufklärung einer Straftat dienen, aufgrund derer eine solche Maßnahme nach der StPO hätte angeordnet werden dürfen **(sog. hypothetischer Ersatzeingriff)**, (3) die materiell-rechtlichen Voraussetzungen für eine entsprechende Beweisgewinnung gemäß der StPO vorlegen haben und (4) die StPO nicht bewusst umgangen wird, in Wirklichkeit also gar keine Gefahrenabwehr bezweckt wird oder eine vergleichbare Maßnahme nach der StPO nicht möglich wäre.

Der BGH duldet somit eine strukturelle Umgehung des Richtervorbehalts ebenso wie den hieran im zu entscheidenen Fall noch angeschlossenen Verstoß gegen § 136 I 1 StPO mit dem Gebot, den Tatvorwurf bereits in der ersten Vernehmung vollständig offenzulegen. Auch wird dadurch der Grundsatz der Aktenwahrheit- und -vollständigkeit verletzt, da sich grundsätzlich aus den Akten ergeben muss, welche konkreten Ermittlungsmaßnahmen durchgeführt worden sind und welchen Erfolg sie erzielt haben. Unter diesen Aspekten erscheint das Urteil rechtsstaatlich höchst bedenklich.

Zur Vertiefung: BGH NStZ 2017, 651 mAnm *Schiemann*; *Mitsch* NJW 2017, 3124; *Mosbacher* JuS 2018, 129; *Lenk* NVwZ 2018, 31.

10. Problem: Nachträglicher Rechtsschutz gegen das »Ob« einer bereits vollzogenen Zwangsmaßnahme

Beispielsfall:

Gegen A wurde ein Ermittlungsverfahren wegen des Verdachts der Hehlerei eingeleitet, wobei im Zuge der Ermittlungen auch die Geschäftsräume des A vom zuständigen Staatsanwalt ohne richterliche Anordnung durchsucht und große Mengen gestohlener Laptops und Smartphones beschlagnahmt wurden. Zudem wurden A gem. § 81b StPO Fingerabdrücke abgenommen, um nachweisen zu können, dass er selbst die Geräte bei sich eingelagert hatte. Im Nachhinein möchte sich A gegen diese Ermittlungsmaßnahmen zur Wehr setzen. Welche Möglichkeit hat A?

Abwandlung:

Wie gestaltet sich die Situation, wenn die Durchsuchung nachts um drei Uhr erfolgte und A nachträglich dagegen vorgehen möchte?

Ausgangspunkt:

Welcher Rechtsbehelf ist maßgeblich gegen Zwangsmaßnahmen im Ermittlungsverfahren?

Hinweis: In der StPO dienen Rechtsbehelfe der Anfechtung richterlicher Entscheidungen. Dort werden sie in **außerordentliche Rechtsbehelfe** (Wiederaufnahme, Wiedereinsetzung, Anhörungsrüge) **und ordentliche Rechtsbehelfe** eingeteilt. Zu den ordentlichen Rechtsbehelfen zählen insbesondere die Rechtsmittel (§§ 296 ff. StPO), namentlich die Berufung (§§ 312 ff. StPO), die Revision (§§ 333 ff. StPO) und die Beschwerde (§§ 304 ff. StPO). Einen ordentlichen Rechtsbehelf, nicht jedoch ein Rechtsmittel, stellt auch der Einspruch gegen einen Strafbefehl (§ 407 ff. StPO) dar **(→ näher dazu Problem 25).**

Rechtsbehelfe gegen Zwangsmaßnahmen sind bereits im Ermittlungsverfahren möglich, jedoch gibt es in der StPO **keine zentrale Vorschrift**, die alle denkbaren Konstellationen erfasst. Dies ist insbesondere im Hinblick auf den mit der Einleitung eines Ermittlungsverfahrens und mit der Anordnung von Zwangsmaßnahmen verbundenen Eingriff in das allgemeine Persönlichkeitsrecht bedenklich. Dabei sieht die StPO in §§ 304 ff. die Möglichkeit der Beschwerde gegen bestimmte gerichtliche Beschlüsse und Verfügungen vor. Daneben wird durch die StPO auch **teilweise** die gerichtliche Überprüfbarkeit der Rechtmäßigkeit einer Maßnahme durch die Staatsanwaltschaft bzw. deren Ermittlungspersonen gewährt, zB §§ 98 II 2, 161a III 1 StPO. Jedoch müssen **alle** anderen nichtrichterlich angeordneten Zwangsmaßnahmen einer gerichtlichen Kontrolle unterliegen. Dies gilt auch für die Art und Weise der Durchführung (dh die Modalitäten des Vollzugs) staatsanwaltschaftlicher und richterlicher Maßnahmen, wofür einfachgesetzliche Regelungen fehlen. Das Gebot effektiven Rechtsschutzes aus Art. 19 IV GG gebietet die Überprüfbarkeit solcher hoheitlichen Eingriffe. Fraglich ist dann, auf welche Rechtsgrundlage sich der Betroffene in diesen Fällen berufen kann.

I. Richterliche Überprüfung sog. Justizverwaltungsakte, §§ 23 ff. EGGVG

In Betracht kommt § 23 EGGVG. Dann müsste es sich bei der zu überprüfenden Zwangsmaßnahme um einen sog. Justizverwaltungsakt handeln. Als prozessgestaltende Betätigungen im Rahmen der Einleitung, Durchführung oder Beendigung eines Strafverfahrens, stellen Maßnahmen im Ermittlungsverfahren jedoch vielmehr »Prozesshandlungen« und damit keinen einzelfallbezogenen Justizverwaltungsakt dar (vgl. Meyer-Goßner/Schmitt/*Schmitt* StPO Einl Rn. 95). Damit wird nach heutiger hM – entgegen einer früher vertretenen Ansicht – bei derartigen Rechtsschutzfragen nicht auf § 23 EGGVG zurückgegriffen, sodass bei einer gerichtlichen Überprüfung eine Rechtswegspaltung hinsichtlich Anordnung (»Ob«) und Art und Weise (»Wie«) der Zwangsmaßnahme vermieden werden kann (BGHSt 44, 265 [272]).

Hinweis: Einzig im Bereich erkennungsdienstlicher Maßnahmen (§ 81b Alt. 2 StPO) im Rahmen der Strafverfolgung wird im Rahmen einer Mindermeinung noch die Anwendung von §§ 23 ff. EGGVG vertreten. Gegen entsprechende Maßnahmen kann danach nur auf dem Verwaltungsrechtsweg, § 40 I VwGO, vorgegangen werden. Sonst finden diese Vorschriften hauptsächlich auf im Rahmen der Strafvollstreckung getroffene Entscheidungen Anwendung.

II. Differenzierung nach Zeitpunkt, Anordnungsbehörde und Gegenstand der Maßnahme

Nachdem früher Uneinigkeit bezüglich der Statthaftigkeit der Rechtsbehelfe bei Zwangsmaßnahmen bestand, mahnte das BVerfG (BVerfGE 96, 44 = NJW 1997, 2165) diese verfassungsrechtlich bedenkliche Unübersichtlichkeit an. Auf welche Rechtsgrundlage sich der Betroffene einer Zwangsmaßnahme stützen kann, wird seitdem mit Hilfe der von der Rechtsprechung entwickelten Systematik beantwortet:

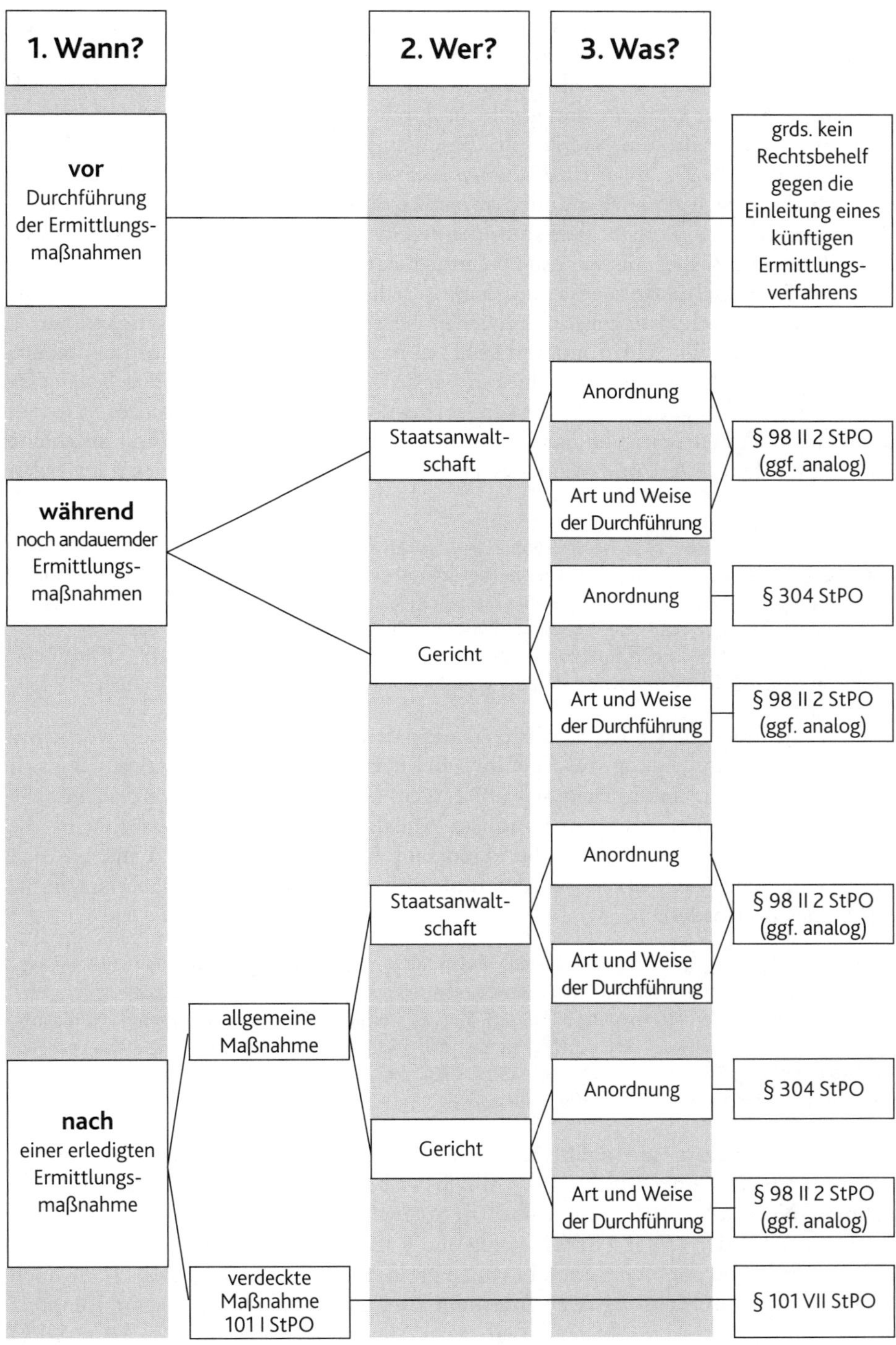
1. Wann?
2. Wer?
3. Was?
vor
Durchführung der Ermittlungsmaßnahmen
grds. kein Rechtsbehelf gegen die Einleitung eines künftigen Ermittlungsverfahrens
während
noch andauernder Ermittlungsmaßnahmen
Staatsanwaltschaft
Anordnung
Art und Weise der Durchführung
§ 98 II 2 StPO (ggf. analog)
Gericht
Anordnung
§ 304 StPO
Art und Weise der Durchführung
§ 98 II 2 StPO (ggf. analog)
nach
einer erledigten Ermittlungsmaßnahme
allgemeine Maßnahme
Staatsanwaltschaft
Anordnung
Art und Weise der Durchführung
§ 98 II 2 StPO (ggf. analog)
Gericht
Anordnung
§ 304 StPO
Art und Weise der Durchführung
§ 98 II 2 StPO (ggf. analog)
verdeckte Maßnahme 101 I StPO
§ 101 VII StPO

1. Ob und welcher Rechtsbehelf in Frage kommt, hängt zunächst davon ab, **in welchem Stadium die Zwangsmaßnahme stattfindet**. Gegen die Einleitung des Ermittlungsverfahrens als solche kann sich der Betroffene nach hM grundsätzlich nicht wehren, es sei denn, dies geschieht durch objektiv willkürliches Handeln der Staatsanwaltschaft zum Nachteil des Beschuldigten (BVerfG, Beschl. v. 26.10.2007 – 2 BvR 2066/07; aA *Roxin/Schünemann* StrafVerfR § 29 Rn. 12). Dauert die Maßnahme dagegen noch an oder ist bereits erledigt, so ist sie einer gerichtlichen Überprüfung zugänglich. Im Falle einer bereits erledigten Maßnahme, ist ein Feststellungsantrag aber nur zulässig, wenn der Betroffene darüber hinaus ein **besonderes Rechtsschutzinteresse** (anerkannte Fallgruppen im Rahmen des Verwaltungsprozessrechts) an der nachträglichen Feststellung der Rechtswidrigkeit hat.
2. In einem nächsten Schritt muss sowohl bei noch andauernden als auch bei bereits erledigten Maßnahmen unterschieden werden, ob die Maßnahme durch das **Gericht** oder die **Staatsanwaltschaft** angeordnet bzw. durchgeführt wurde.
3. In einem letzten Schritt ist danach zu fragen, ob gegen die **Anordnung als solche** (»Ob«) oder die **Art und Weise der Durchführung** (»Wie«) vorgegangen werden soll.

Hinweis: Nach früherer hM sollte dem von einer Maßnahme Betroffenen jeglicher Rechtsschutz gegen die richterliche Anordnung als solche versagt sein, wenn sich diese erledigt hatte **(»prozessuale Überholung der Maßnahme«)**. Inzwischen ist nach der Rechtsprechung des BVerfG das Rechtsschutzbedürfnis jedoch über die Erledigung der Maßnahme hinaus gegeben, wenn durch die Maßnahme tiefgreifend in Grundrechte des Betroffenen eingegriffen wurde (BVerfGE 96, 27 = NJW 1997, 2163). In diesem Fall ist die Beschwerde gem. § 304 StPO statthaft.

Die hier in Frage stehenden Ermittlungsmaßnahmen wurden unabhängig von einer richterlichen Entscheidung durchgeführt. Bei der Überprüfung der Rechtmäßigkeit der Beschlagnahme kann direkt auf § 98 II 2 StPO zurückgegriffen werden. Für die durch die Staatsanwaltschaft angeordnete Abnahme der Fingerabdrücke, wird die Norm analog herangezogen. Ist die Maßnahme bereits erledigt und A möchte sich nachträglich zur Wehr setzen (→ **Abwandlung**) , ist ein besonderes Rechtsschutzinteresse des A erforderlich.

Faustregel: Alle gerichtlichen Anordnungen werden mit der Beschwerde gem. §§ 304 ff. StPO angefochten. Bei allen Entscheidungen und Verhaltensweisen der StA kann gem. § 98 II 2 StPO (ggf. analog) das Gericht angerufen werden (BGHSt 28, 57 (58) = NJW 1978, 1815). Die Vorschrift wird dabei auch für die Kontrolle der Rechtmäßigkeit der Art und Weise der Durchführung herangezogen (→ **Abwandlung**; BGHSt 44, 265 = NJW 1999, 730). Gegen die gerichtliche Entscheidung ist dann wiederum die Beschwerde gem. § 304 StPO zulässig.

Eine **Sonderregelung** zur **nachträglichen** Überprüfung der Rechtmäßigkeit enthält der im Jahre 2008 eingeführte § 101 VII 2 StPO bei **verdeckten** (§ 101 I StPO) Maßnahmen. Nach hA entfaltet die Vorschrift Sperrwirkung gegenüber den allgemeinen Rechtsbehelfen der § 98 II 2 StPO analog und § 304 StPO. Noch nicht höchstrichterlich geklärt ist, ob die Norm **auch** in Fällen greifen soll, in denen der Betroffene noch während der Durchführung der verdeckten Zwangsmaßnahme von dieser Kenntnis erlangt und Rechtsschutz begehrt (vgl. dazu Meyer-Goßner/Schmitt/*Schmitt* StPO § 101 Rn. 25; BT-Drs. 16/5846, 62).

5. Kapitel: Zwischenverfahren

11. Problem: Heilung eines fehlenden/grob fehlerhaften Eröffnungsbeschlusses

Beispielsfall:

In der Hauptverhandlung gegen A vor dem Schwurgericht wegen Mordes (vgl. § 74 II 1 Nr. 3 GVG) wird nach Vernehmung des Zeugen Z festgestellt, dass der Vorsitzende Richter R den Eröffnungsbeschluss allein, ohne vorherige Beratung mit seinen Beisitzern, unterschrieben hat (vgl. § 203 StPO iVm §§ 74, 76 I GVG). Das Gericht schlägt vor, einen neuen Eröffnungsbeschluss zu erlassen und danach die Verhandlung fortzusetzen. Ist dieses Vorgehen möglich?

Ausgangspunkt:

Zwingender Eröffnungsbeschluss für das Ergehen eines Sachurteils (Prozessvoraussetzung).

Überblick XII: Weiteres Verfahren nach Anklageerhebung (§§ 170 I, 200 StPO)

Nach Anklageerhebung beginnt das Zwischenverfahren, das der Überprüfung der angeklagten Tat durch das für die Hauptverhandlung zuständige Gericht hinsichtlich des hinreichenden Tatverdachts (§ 203 StPO) dient. Kommt das Gericht zur selben Auffassung wie die Staatsanwaltschaft, so ergeht ein **Eröffnungsbeschluss** (§§ 203, 207 StPO), der die Anklage zur Hauptverhandlung zulässt und damit das Hauptverfahren eröffnet. Er ist Prozessvoraussetzung. Gelangt das Gericht zu der Entscheidung, dass ein hinreichender Tatverdacht entgegen der Annahme der Staatsanwaltschaft nicht vorliegt, wird die Eröffnung der Hauptverhandlung abgelehnt (§ 204 StPO) bzw. bei einem vorübergehenden Verfahrenshindernis vorläufig eingestellt (§ 205 StPO).

Ein fehlender oder an schweren Mängeln leidender Eröffnungsbeschluss führt grundsätzlich zur Einstellung des Verfahrens wegen fehlender Prozessvoraussetzung (vgl. BGH NStZ 2018, 155 [156]). Vor Beginn der Hauptverhandlung kann der Verfahrensfehler aber noch **geheilt** werden, indem der Eröffnungsbeschluss nachgeholt oder die Mängel beseitigt werden. Im Rechtsmittelverfahren ist dies nicht mehr zulässig. **Problematisch** ist, ob eine solche Nachholung oder Heilung auch innerhalb des laufenden erstinstanzlichen Verfahrens möglich ist.

Lösungsansätze zur Nachholung/Heilung des Eröffnungsbeschlusses:

I. Begrenzte Heilbarkeit des Eröffnungsbeschlusses

Bis zum Beginn der Vernehmung des Angeklagten zur Sache ist eine Nachholung oder Heilung möglich.

Vertreten von:
BGHSt 29, 224 (228 ff.) = NJW 1980, 1858; BGHSt 33, 167 (168) = NJW 1985, 1720; zur älteren Rechtsprechung vgl. Vorauflage.

1. Argument
Die Möglichkeit der nachträglichen Schaffung von Prozessvoraussetzungen ist dem Verfahrensrecht nicht fremd (Strafantrag bei Antragsdelikten kann auch nach Beginn der Hauptverhandlung nachgeholt werden; § 33a StPO sieht Nachholung bei Verletzung des rechtlichen Gehörs explizit vor).

2. Argument
Den Sinn des Eröffnungsbeschlusses (Kontrolle der Anklageerhebung) kann auch eine nachträgliche Entscheidung in der Hauptverhandlung erfüllen. Das Gericht kann nicht gezwungen werden eine komplette Hauptverhandlung mit den für den Beschuldigten daraus folgenden Konsequenzen durchzuführen, wenn es bereits die Anklage nicht für schlüssig oder den Tatverdacht für nicht ausreichend hält.

3. Argument
Die Belange des Beschuldigten erfordern keine Verfahrenseinstellung, da er durch Zustellung der Anklage über die Vorwürfe informiert ist und in der Lage ist, seine Verteidigung danach auszurichten. Zudem laufen Ladungsfristen nicht vor Zustellung des Eröffnungsbeschlusses.

4. Argument
Nach Vernehmung des Angeklagten zur Sache ist eine Nachholung nicht mehr möglich. Dem Gericht fehlt entgegen dem Zweck des Zwischenverfahrens nach Vernehmung des Angeklagten die notwendige Unbefangenheit bzw. beim Angeklagten entsteht der Eindruck der Befangenheit.

II. Umfassende Heilbarkeit des Eröffnungsbeschlusses

Die Nachholung bzw. Heilung des Eröffnungsbeschlusses ist in erster Instanz bis zu deren Abschluss durch Sachurteil möglich.

Vertreten von:
BGHSt 50, 267 = NJW 2006, 240; BGH NStZ 2012, 50 (51); NStZ-RR 2011, 150 (151); OLG Zweibrücken NStZ-RR 2009, 287 (288); KK-StPO/*Schneider* § 207 Rn. 21 f.; für weitere Fundstellen s. Vorauflage.

Argument
Der Zeitpunkt der Vernehmung des Angeklagten als letzte Nachholungsmöglichkeit ist willkürlich und nicht sachgerecht. Vielmehr werden die Interessen des Angeklagten durch eine spätere Nachholung/Heilung nicht verletzt. Er kann gem. §§ 217 II, 218 S. 2 StPO die Aussetzung der Hauptverhandlung beantragen, worüber er zu belehren ist.

III. Unheilbarkeit des Eröffnungsbeschlusses

Schon nach Beginn der Hauptverhandlung kann ein fehlender Eröffnungsbeschluss nicht mehr nachgeholt werden. Das Verfahren ist gem. § 260 III StPO einzustellen.

Vertreten von:
Meyer-Goßner/Schmitt/*Schmitt* StPO § 203 Rn. 4; SK-StPO/*Paeffgen* § 203 Rn. 4; für einen Eröffnungsbeschluss mit essentiellen Mängeln auch KMR-StPO/*Seidl* StPO § 203 Rn. 6; weitere Literaturhinweise vgl. Vorauflage.

1. Argument
Der Eröffnungsbeschluss ist (positive) Prozessvoraussetzung und kein Verfahrenshindernis, das nachträglich beseitigt werden kann. Wenn mit der Hauptverhandlung aber gar nicht begonnen werden durfte, dann kann auch nichts nachgeholt werden.

2. Argument
Der Eröffnungsbeschluss dient dem Schutz des Angeschuldigten vor unangenehmer und idR öffentlicher Hauptverhandlung, ohne einhergehende Prüfung durch das Gericht.

3. Argument
Die unterschiedliche Besetzung des Gerichts im Zwischen- und Hauptverfahren (Ausschluss der Schöffen, §§ 30 II, 76 I 2 GVG).

Im Beispielsfall:

Nach erster und letzter Ansicht ist eine Nachholung des Eröffnungsbeschlusses nicht mehr möglich, da die Vernehmung des Angeklagten gem. § 243 V StPO der Zeugenvernehmung vorangeht. Nur nach zweiter Ansicht ist eine Nachholung noch möglich. Da die zweite Ansicht zu einem abweichenden Ergebnis kommt, ist der Streit zu entscheiden. Gegen eine umfassende Heilbarkeit spricht insbesondere der Schutz des Angeklagten vor einer belastenden, zu Unrecht geführten Hauptverhandlung gegen ihn. Bei einer Nachholungsmöglichkeit innerhalb der ersten Instanz wird der Zweck des Eröffnungsbeschlusses und des Zwischenverfahrens völlig unterlaufen. Zudem bietet diese Ansicht erhöhtes Missbrauchspotential dahingehend das Zwischenverfahren zu einer bloßen »Förmelei« herabzustufen. Aus diesem Grund kann der **Eröffnungsbeschluss hier nicht nachgeholt** werden.

6. Kapitel: Verständigung

12. Problem: Deal or no Deal

Beispielsfall:

A ist wegen Betrugs in einem besonders schweren Fall (§ 263 I, III Nr. 2 StGB) in 259 Fällen vor dem Landgericht angeklagt. Die Hauptverhandlung wird nach Anklageverlesung und Belehrung des Angeklagten über seine Aussagefreiheit (§ 243 V 1 StPO) für ein Rechtsgespräch zwischen Gericht, Staatsanwaltschaft und Verteidiger unterbrochen.

a) Letztlich soll A entsprechend dem Rechtsgespräch verurteilt werden, ohne dass dieses noch einmal Gegenstand der Verhandlung wird. Entspricht dies den gesetzlichen Vorgaben?
b) Das Gericht schlägt vor für den Fall, dass A ein Geständnis ablegt, eine Freiheitsstrafe von vier Jahren zu verhängen. Ist dies möglich?
c) Das Gericht schlägt vor für den Fall, dass A ein Geständnis ablegt, nur wegen einfachen Betruges zu verurteilen. Ist dies möglich?
d) Das Gericht schlägt unter Berücksichtigung der vorläufigen rechtlichen Bewertung und eines Geständnisses des Angeklagten die Verhängung einer Freiheitsstrafe von drei bis fünf Jahren sowie die Einstellung von anderen bei der Staatsanwaltschaft anhängigen Verfahren gem. § 154 I StPO vor. Die Verfahrensbeteiligten stimmen zu. Daraufhin legt A ein Geständnis ab. Bei der Verurteilung fällt dem Gericht aber auf, dass die einschlägigen Vorstrafen des A aufgrund eines veralteten Bundeszentralregisterauszuges bei der Verständigung nicht berücksichtigt wurden. Unter Berücksichtigung dieser verurteilt das Gericht A zu einer Freiheitsstrafe von sechs Jahren.
   (1) Kann diese Absprache Inhalt einer Verständigung gem. § 257c StPO sein?
   (2) Angenommen, die Verständigung entspricht § 257c StPO: Ist eine solche Abweichung von der Verständigung grundsätzlich möglich?
   (3) Könnte A gegen die Verurteilung in diesem Fall selbst bei Zulässigkeit einer solchen Abweichung vorgehen?
e) A gibt aus Angst und Verzweiflung ein Geständnis ab, dass der Anklage entspricht. Auf weitere Fragen antwortet er aber nicht. Das Gericht verurteilt A absprachegemäß entsprechend der Anklage, ohne dass weitere Zeugen vernommen wurden. Kann A gegen diese Verurteilung vorgehen?
f) Bereits vor der Hauptverhandlung wurden Rechtsgespräche zwischen Verteidigung, Staatsanwaltschaft und Gericht (§ 202a StPO) geführt, die in Richtung einer möglichen Verständigung in der Hauptverhandlung deuteten. Eine Verständigung kam jedoch nicht zustande. In der Hauptverhandlung wird dies nicht erwähnt. A erfährt im Nachhinein davon und fragt sich, ob er das Urteil anfechten kann.
g) Das Gericht schlägt A vor, eine Strafe zwischen vier und fünf Jahren zu verhängen, wenn er sich bereiterklärt, kein Rechtsmittel gegen das Urteil einzulegen. Kann A trotzdem gegen das Urteil vorgehen?

Ausgangspunkt a) Rechtsgespräch ohne Behandlung in der Hauptverhandlung:

Die Verständigung meint ein Rechtsgespräch zwischen den professionellen Prozessbeteiligten (Richter, Staatsanwaltschaft, Verteidiger), das ein Voll- oder Teilgeständnis des Angeklagten und einen damit einhergehenden geminderten Strafausspruch bzw. einen relativ konkret festgesetzten Strafrahmen seitens des Gerichts zum Inhalt hat. Dem Angeklagten steht jedoch kein subjektives Recht auf eine Verständigung zu (vgl. BGH NStZ 2015, 537, [539]). Eine Verurteilung entsprechend dem Rechtsgespräch ist möglich, wenn dieses den Voraussetzungen des § 257c StPO entspricht. Bereits vor Einführung des § 257c StPO durch das am 4.8.2009 in Kraft getretene Verständigungsgesetz war in der deutschen Strafverfahrenswirklichkeit zu beobachten, dass eine Praxis der sog. »*Deals*« bestand. Für die Zulässigkeit solcher Absprachen hatte der BGH (BGHSt 43, 195 = NJW 1998, 86; BGHSt 50, 40 [GrS] = NJW 2005, 1440) gewisse Parameter aufgestellt, die faktisch, trotz ihrer zweifelhaften Tauglichkeit in der Praxis, in § 257c StPO positivrechtlich geregelt und in das bereits bestehende Regelungssystem der StPO integriert wurden. Die der Rechtsprechung des BGH entgegengebrachte Kritik ist auch nach Kodifizierung der Absprachen nicht weniger geworden, sondern hat sich im Gegenteil noch verstärkt. **Problematisch** ist vor allem die mögliche Kollision der Absprachen mit dem **Ermittlungs-/Aufklärungsgrundsatz (§ 244 II StPO)** und dem **Prinzip der materiellen Wahrheit** als Voraussetzung für die Verwirklichung des Schuldprinzips, das in Art. 1 I, 2 I GG verfassungsrechtlich verankert ist (BVerfGE 133, 168 = NJW 2013, 1058; BVerfG [1. Kammer 2. Senat] NJW 2012, 1136; vgl. zum Schuldprinzip BVerfGE 123, 267 [413] = NJW 2009, 2267 [2289]). Daneben kommt eine Verletzung der Grundsätze der **Öffentlichkeit, Mündlichkeit und Unmittelbarkeit** in Betracht, da die Verständigungsgespräche regelmäßig vor oder außerhalb der Hauptverhandlung stattfinden.

Hinweis: Das BVerfG geht in seiner Grundsatzentscheidung aus dem Jahr 2013 davon aus, dass das Verständigungsgesetz aus dem Jahr 2009 und damit § 257c StPO »derzeit verfassungsgemäß« sind, allerdings unter einem erheblich defizitären Vollzug des Gesetzes in der Praxis leidet. Deshalb gibt das BVerfG dem Gesetzgeber eine Überprüfungs- und Beobachtungspflicht auf, die bei weiterem Hinwegsetzen der Praxis über die gesetzlichen Regelungen zu einer Nachbesserungspflicht des Gesetzgebers führen kann, um den Eintritt eines verfassungswidrigen Zustands zu verhindern; damit werden vor allem sog. informelle Verständigungen in den Blick genommen, vgl. BVerfGE 133, 168 = NJW 2013, 1058. Auch der EGMR hält strafprozessuale Absprachen grundsätzlich für mit Art. 6 EMRK vereinbar (EGMR NJW 2015, 1745).

Überblick XIII: Regelung des § 257c StPO

§ 257c I StPO regelt die Möglichkeit einer Verständigung in geeigneten Fällen, wobei gem. § 257c I 2 StPO die Vorschrift des § 244 II StPO unberührt bleiben soll (kritisch zur Wirkung dieses Verweises Meyer-Goßner/Schmitt/*Meyer-Goßner* StPO § 257c Rn. 3).
§ 257c II StPO legt den Gegenstand der Verständigung fest und stellt klar, dass Bestandteil jeder Verständigung ein Geständnis sein soll, § 257c II 2 StPO.
§ 257c III StPO regelt den Ablauf einer Verständigung. Demnach gibt das Gericht bekannt, welchen Inhalt die Verständigung haben könnte (§ 257c III 1 StPO) und die Beteiligten erhalten Gelegenheit zur Stellungnahme (§ 257c III 3 StPO). Laut § 257c III 4 StPO kommt die Verständigung zustande, wenn Angeklagter und Staatsanwaltschaft dem Vorschlag des Gerichts zustimmen.
§ 257c IV StPO regelt die Bindung der Beteiligten an die Verständigung. Dabei entfällt eine Bindung des Gerichts in den in § 257c IV 1 und 2 StPO genannten Fällen. § 257c IV 3 StPO normiert

ein Verwertungsverbot hinsichtlich des Geständnisses für das Entfallen der Bindungswirkung für das Gericht. **§ 257c IV 4 StPO** verpflichtet das Gericht zur sofortigen Mitteilung von Abweichungen.
§ 257c V StPO regelt eine Belehrungspflicht gegenüber dem Angeklagten hinsichtlich der Voraussetzungen und der Folgen des Abweichens des Gerichts von dem in Aussicht gestellten Ergebnis.

Im Beispielsfall:

Die Absprache in Fall a) fand nicht entsprechend der Vorschriften des § 257c III StPO statt, da das Gericht weder einen Vorschlag unterbreitete, noch der Angeklagte zustimmte, geschweige denn Belehrungspflichten nachgekommen wurde (§ 257c V StPO; aktuell zur Frage der Belehrung des Angeklagten vor Zustandekommen einer Verständigung BGH NStZ 2019, 169). Mit Einführung des § 257c StPO sollten die »Deals« gerade aus den Hinterzimmern der Richter hervorgeholt und überprüfbar werden. Dem Anschein »heimlicher Absprachen« sollte entgegengewirkt werden. Das BVerfG folgert aus dem abschließenden Charakter des § 257c StPO die absolute Unzulässigkeit sog. »informeller Absprachen« (= »*Deals*« im engeren Sinn), BVerfGE 133, 168 (223 f.) = NJW 2013, 1058 (1064). Aus solchen »informellen Absprachen« können weder Ansprüche hergeleitet werden, noch entsteht eine Bindungswirkung gem. § 257c III 4, IV StPO. Das Rechtsgespräch entspricht nicht den gesetzlichen Vorgaben und hat **keine Bindungswirkung**.

Hinweis 1: Im Rahmen dieser informellen Absprachen kommt der Staatsanwaltschaft laut BVerfG eine besondere Bedeutung als »Wächterin des Gesetzes« zu: Sie müsse einer gesetzwidrigen Verständigung ihre Zustimmung versagen. Werde einer unerkannt gesetzwidrigen Verständigung dennoch zugestimmt, so sei die Staatsanwaltschaft gehalten, gegen das hierauf beruhende Urteil Rechtsmittel einzulegen (sog. Wächterfunktion der Staatsanwaltschaft, BVerfGE 133, 168, [220] = NJW 2013, 1058 [1066]).

Hinweis 2: Einzelne Regelungen der »legalen Verständigung« sollen aber auch auf informelle Absprachen Anwendung finden, vgl. zum Rechtsmittelverzicht BGHSt 59, 21 = NJW 2014, 872; OLG Köln NStZ 2014, 727.

Ausgangspunkt b) Punktstrafe:

§ 257c II StPO: Gegenstand der Absprache.

Grundsätzlich dürfen Gegenstand der Verständigung nur die Rechtsfolgen sein, die Inhalt des Urteils oder der dazugehörigen Beschlüsse sein können, sonstige verfahrensbezogene Maßnahmen im zugrundeliegenden Erkenntnisverfahren sowie das Prozessverhalten der Verfahrensbeteiligten, gem. § 257c II 1 StPO. Der Schuldspruch sowie Maßregeln der Besserung und Sicherung sind als Verständigungsinhalt ausgeschlossen, § 257c II 3 StPO.

Hinweis: In BGH NStZ 2018, 366 entschied der BGH, dass auch die Einziehung von Taterträgen nach §§ 73 bis 73c StGB nicht zu den einer Verständigung zugänglichen Rechtsfolge gem. § 257 II StPO gehört, da die jeweiligen Entscheidungen nicht im Ermessen des Gerichts stehen, sondern zwingend vorgeschrieben sind.

Im Beispielsfall:

Hier schlägt das Gericht gegen ein Geständnis des Angeklagten (vgl. § 257c II 2 StPO) eine Freiheitsstrafe von vier Jahren vor. Gegenstand der Verständigung ist damit eine Rechtsfolge, die auch im Urteil verhängt werden könnte. Allerdings sieht § 257c III 2 StPO die Angabe einer Strafober- und -untergrenze vor. Daraus wird gefolgert, dass die Vereinbarung einer Punktstrafe weiterhin unzulässig ist (BVerfGE 133, 168 [218 f.] = NJW 2013, 1058 [1066]); kritisch zu dieser Folgerung, aber im Ergebnis zustimmend Meyer-Goßner/Schmitt/*Meyer-Goßner* StPO § 257c Rn. 11). Könnte eine Punktstrafe vereinbart werden, würde das Urteil bei der Straffestsetzung nämlich nicht mehr auf der Überzeugung des Gerichts, sondern allein auf dieser Vereinbarung beruhen. Somit läge ein Verstoß gegen den Grundsatz der freien Beweiswürdigung (§ 261 StPO) vor (§ 257c I 2 iVm § 244 II StPO), wonach die materielle Wahrheit gefunden werden soll. Die Vereinbarung einer Freiheitsstrafe von vier Jahren gegen Geständnis ist **nicht von § 257c II StPO gedeckt.**

Achtung: Faktisch bietet § 257c III 2 StPO über die Festlegung der Strafuntergrenze eine Möglichkeit der Punktstrafenvereinbarung!

Ausgangspunkt c) Strafrahmenverschiebung:

§ 257c II StPO Gegenstand der Absprache.

A ist wegen Betruges in einem besonders schweren Fall gem. § 263 I, III Nr. 2 StGB angeklagt. Es besteht ein Strafrahmen von sechs Monaten bis zu zehn Jahren. Gegenstand der Verständigung soll neben dem Geständnis des A eine Verurteilung wegen einfachen Betruges gem. § 263 I StGB sein (Strafrahmen: Geldstrafe bis fünf Jahre). Eine Verurteilung nach dem Grunddelikt anstelle einer Verurteilung nach der Qualifikation, stellt eine Vereinbarung über den Schuldspruch dar und kann nicht Gegenstand der Verständigung sein. Grundsätzlich werden verständigungsbasierte Strafrahmenverschiebungen als nicht zulässig angesehen. **Problematisch** ist, dass es sich bei § 263 III 2 StGB um Regelbeispiele handelt, also lediglich um eine Strafzumessungsregel.

Lösungsansätze:

I. Annahme/Nichtannahme von Regelbeispielen können Gegenstand der Verständigung sein

Zum Teil wird angenommen, dass auch die Annahme oder Nichtannahme von Regelbeispielen Gegenstand der Verständigung sein können.

Vertreten von:
Zuletzt BGH NStZ 2017, 363 (365); *Rieß* StraFo 2010, 10 (11); *Schneider* NStZ 2014, 192 (195); *Schuster* StV 2014, 109 (111).

1. Argument
Ein Regelbeispiel ist gerade keine Qualifikation.

2. Argument
Das Regelbeispiel ist kein Bestandteil des Schuldspruchs und mit Ausnahme von § 177 II Nr. 2 StGB nicht in den Urteilstenor aufzunehmen.

II. Annahme/Nichtannahme von Regelbeispielen können nicht Gegenstand der Verständigung sein

Nach aA kann die Annahme oder Nichtannahme von Regelbeispielen nicht Gegenstand der Verständigung sein.

Vertreten von:
BVerfGE 133, 168 (210 ff.) = NJW 2013, 1058 [1064]; Meyer-Goßner/Schmitt/*Meyer-Goßner* StPO § 257c Rn. 10.

1. Argument
Es besteht eine Verwandtschaft mit dem Schuldspruch.

2. Argument
Die Regelungstechnik der besonders und minder schweren Fälle weist eine spezifische Nähe zu Qualifikations- und Privilegierungstatbeständen auf.

3. Argument
Ein Regelbeispiel ist mehr als eine übliche Strafzumessungsregel.

4. Argument
Regelbeispiele können als »tatbestandsähnlich« angesehen werden.

5. Argument
Die Regelungstechnik unterfällt auch dem Bestimmtheitsgebot des Art. 103 II GG.

6. Argument
Auch die Sonderstrafrahmen der Regelbeispiele sind – wie jeder Strafrahmen – Ausdruck des Unwert- und Schuldgehalts, den der Gesetzgeber einem unter Strafe gestellten Verhalten beigemessen hat. Mit der Normierung von Sonderstrafrahmen bringt der Gesetzgeber – nicht anders als bei Qualifikationen und Privilegierungen – zum Ausdruck, innerhalb eines Deliktstypus eine Differenzierung auf der Ebene der Strafrahmenwahl für geboten zu erachten.

Im Beispielsfall:

Wegen der Nähe der Regelbeispiele zu den Qualifikationen und da sie ebenfalls den Unwert- und Schuldgehalt der Tat ausdrücken, kann ihre Annahme oder Nichtannahme nicht Gegenstand der Verständigung sein. **Die Vereinbarung einer Verurteilung wegen einfachen Betruges ist unzulässig.**

Hinweis: Der BGH erwägt in seiner Entscheidung BGH NStZ 2013, 540 [541], ob verfassungsrechtliche Bedenken gegen die Einbeziehung von Sonderstrafrahmen (hier: minder schwerer Fall) in eine Verständigung gem. § 257c StPO jedenfalls dann ausgeschlossen werden können, wenn die Zubilligung des Sonderstrafrahmens in nach herkömmlichen Strafzumessungsregeln nicht zu beanstandender Weise an den aus dem Geständnis abzuleitenden bestimmenden Strafzumessungsgrund anknüpft. In einer Folgeentscheidung BGH NStZ 2017, 363, [365] zieht der BGH letztlich die Ansicht des BVerfG gänzlich in Zweifel.

Ausgangspunkt d) Unberücksichtigte Tatsachen; Einbeziehung anderer Verfahren:

§ 257c II StPO Gegenstand der Verständigung.

Fraglich ist zum einen, ob eine wirksame Verständigung vorliegt. Vorliegend haben sich die Verfahrensbeteiligten geeinigt. Problematisch ist die Zusage der Staatsanwaltschaft zur verfahrensbezogenen Maßnahme des § 154 I StPO, da sich die Verständigung auf das zugrundeliegende Erkenntnisverfahren zu beziehen hat, § 257c II StPO. Erforderlich ist ein mit der angeklagten Tat und dem Gang der Hauptverhandlung stehender Zusammenhang. Laut BVerfG sind **sog. Gesamtlösungen**, die unter Einbeziehung anderer Verfahren zustande kommen, unwirksam, da es an der wirksamen Kontrolle anderer Verfahren fehlt, die nicht Gegenstand der Hauptverhandlung sind (BVerfGE 133, 168 [214] = NJW 2013, 1058 [1064]). Die Zusage der Staatsanwaltschaft, andere anhängige Verfahren gem. § 154 I StPO nicht zu verfolgen, kann **nicht Gegenstand der Verständigung** sein. (Anders sah dies das OLG Frankfurt a.M. [NStZ 2011, 49] für eine Teileinstellung gem. § 154 II StPO durch das Gericht nach Eröffnung des Hauptverfahrens; ebenso Meyer-Goßner/Schmitt/*Meyer-Goßner* StPO § 257c Rn. 13). Die Staatsanwaltschaft soll allerdings solche Einstellungen anlässlich einer Verständigung ankündigen dürfen, solange nicht der Eindruck entsteht, dass es sich dabei um einen von der Bindungswirkung der Verständigung erfassten Teil der Absprache handelt (BGH NStZ 2017, 56). Zum anderen **ist fraglich**, ob eine Bindungswirkung der Verständigung besteht. Grundsätzlich entfaltet diese dann gem. § 257c III 4 StPO für das erkennende Tatgericht – nicht aber für die Rechtsmittelgerichte – bindende Wirkung, wenn Angeklagter und Staatsanwaltschaft dem Vorschlag des Gerichtes (eindeutig, nicht aber konkludent) zustimmen (vgl. BGH NStZ-RR 2017, 87, 88). Eine solche Bindungswirkung besteht jedoch in den Fällen des § 257c IV 1 und 2 StPO dann nicht, wenn rechtlich oder tatsächlich bedeutsame Umstände übersehen wurden bzw. sich neu ergeben haben **und** das Gericht deswegen zur Überzeugung gelangt, dass der in Aussicht gestellte Strafrahmen nicht mehr tat- oder schuldangemessen ist oder das weitere Prozessverhalten des Angeklagten nicht dem Verhalten entspricht, das der Prognose des Gerichts zugrunde gelegt worden ist. Hier wurden einschlägige Vorstrafen bei der Verständigung nicht berücksichtigt. Diese sind aber strafzumessungsrelevante Gesichtspunkte (§ 46 StGB). Diesen Aspekt tatsächlicher Natur hat das Gericht übersehen und hält den vereinbarten Strafrahmen deshalb nicht mehr für tat- und schuldangemessen. **Das Gericht kann hier grundsätzlich von der Verständigung abweichen.**

Hinweis: Die Abweichungsmöglichkeiten des Gerichts sind durch die Kodifizierung des § 257c StPO erheblich erweitert worden. BGHSt 43, 195 = NJW 1998, 86 ging noch davon aus, dass das Gericht an die Zusage zur Strafobergrenze gebunden ist, falls sich nicht neue, ihm bisher unbekannte, schwerwiegende Umstände zulasten des Angeklagten ergeben hatten. Der Große Senat für Strafsachen (BGHSt [GrS] 50, 40 = NJW 2005, 1440) erweiterte dies dahingehend, dass ein Abweichen bereits dann möglich war, wenn bei der Urteilsabsprache relevante tatsächliche oder rechtliche Aspekte übersehen wurden. Aufgegriffen wurde diese Formulierung von § 257c IV 1 StPO, wobei die Bindung in diesen Fällen bereits dann entfällt, wenn das Gericht zur Überzeugung kommt, dass der in Aussicht gestellte Strafrahmen nicht mehr tat- und schuldangemessen ist. Damit ist die Bindungswirkung, wie auch das oben dargestellte Beispiel zeigt, relativ schwach. Dem Gericht wird ein Abweichen verhältnismäßig leicht gemacht, vgl. zum Ganzen Meyer-Goßner/Schmitt/*Meyer-Goßner* StPO § 257c Rn. 26.

Darüber hinaus **ist hier fraglich**, ob A gegen die Verurteilung vorgehen kann. Die Anfechtung landgerichtlicher Strafurteile erfolgt mit der Revision, §§ 333 ff. StPO (→ **Problem 26**). Erforderlich für deren Erfolg ist das Vorliegen einer Gesetzesverletzung, auf der das Urteil beruht (§ 337 StPO). Bei den sog. **absoluten Revisionsgründen** des § 338 StPO wird die Gesetzesverletzung als so schwerwiegend angesehen, dass das Gesetz ein »Beruhen« unwiderleglich vermutet. In Betracht kommen hier eine Verletzung der Mitteilungspflicht des Gerichts hinsichtlich der Abweichung (§ 257c IV 4 StPO), eine fehlerhafte Verwertung des Geständnisses trotz der Abweichung (§ 257c IV 3 StPO) sowie ein Unterlassen der Belehrung (§ 257c V StPO). Im Rahmen der sog. **relativen Revisionsgründe** ist allerdings die positive Feststellung des »Beruhens« eines Gesetzesverstoßes auf dem Urteil erforderlich. »**Beruhen**« iSd § 337 I StPO meint, dass die Revision nur dann durchgreift, wenn das Urteil bei richtiger Anwendung des Gesetzes anders ausgefallen wäre, wobei ein ursächlicher Zusammenhang zwischen Gesetzesverstoß und Urteil nicht erwiesen sein muss. Vielmehr genügt die bloße Möglichkeit, dass das Urteil auf diesem Fehler beruht (vgl. zum »Beruhen« BeckOK StPO/*Wiedner* § 337 Rn. 138 mwN). Das BVerfG ging in seiner Entscheidung zu § 257c StPO (BVerfGE 133, 168 = NJW 2013, 1058) insbesondere auf die **erhebliche Bedeutung der Dokumentations- und Transparenzvorschriften** – also auch sämtlicher Belehrungs- und Mitteilungspflichten – ein. Gerade das große Anliegen, die Absprachen transparent und überprüfbar zu machen, soll damit erfüllt werden. Für die Reversibilität von Verstößen gegen Mitteilungs-, Belehrungs-, Transparenz- und Dokumentationspflichten ging das BVerfG idR von einem »Beruhen« iSd § 337 I StPO aus und machte diese zu nahezu »**quasi-absoluten Revisionsgründen**«. Der BGH stellte sich in der Folge zT dieser Tendenz entgegen, wurde aber vom BVerfG immer wieder hinsichtlich der Tragweite dieser Pflichten belehrt. Die Belehrungs-, Mitteilungs-, Dokumentations- und Transparenzpflichten wurden also durch das BVerfG **gestärkt.** Es liegt ein Verstoß gegen § 257c IV 4 StPO vor. Das Urteil wäre uU wohl anders ausgefallen, wenn das Gericht mitgeteilt hätte, dass es von der Verständigung abweichen will. Ebenso besteht ein Verstoß gegen § 257c IV 3 StPO, bei welchem das Urteil uU anders ausgefallen wäre, wenn das Geständnis nicht verwertet worden wäre. § 257c V StPO wurde verletzt. Das Urteil wäre uU anders ausgefallen, wenn A gewusst hätte, dass das Gericht nicht an die Verständigung gebunden ist.

Hinweis: Für den Verstoß gegen § 257c V StPO hatte der 5. Strafsenat des BGH zunächst entschieden, dass ein Beruhen grundsätzlich anzunehmen, Ausnahmen aber denkbar seien. Eine solche sollte darin liegen, dass die Belehrung verspätet (dh erst nach Zustimmung des Beschuldigten zur Verständigung) noch erfolgte (BGH NStZ 2013, 728). Das BVerfG hob das Urteil aber auf die Verfassungsbeschwerde des Angeklagten hin auf (BVerfG NStZ 2014, 721) und verwies die Sache zur Entscheidung an den BGH zurück.

Ausgangspunkt e) Geständnis aus Angst ohne nähere Angaben:

Vorliegen einer reversiblen Gesetzesverletzung?

Das Geständnis aus Angst und Verzweiflung ist die einzige Verurteilungsgrundlage ohne weitere Erforschung des Sachverhalts. Es liegt eine **Verletzung der gerichtlichen Aufklärungspflicht/Amtsermittlung bzw. des Prinzips der materiellen Wahrheit § 244 II StPO** vor.

Hinweis: Mit der Revision angegriffen werden können grundsätzlich nur Rechtsfehler, nicht aber Einwendungen gegen die Richtigkeit der im Instanzurteil festgestellten Tatsachen bzw. der Beweiswürdigung. Für die Unterscheidung der Gesetzesverletzung kommt es darauf an, ob Verfahrensrecht oder sachliches Recht verletzt wurde. Danach unterscheiden sich die Verfahrens- und Sachrüge in der Revision (§ 344 II 1 StPO). Für die Verfahrensrüge bestehen insoweit strengere Formvoraussetzungen als die den Verfahrensmangel begründenden Tatsachen, die in der Revisionsbegründungsschrift anzugeben sind (§ 344 II 2 StPO).

Bestandteil der Verständigung soll ein Geständnis sein (§ 257c II 2 StPO). Allerdings bedarf dieses einer Überprüfung der Richtigkeit (BVerfGE 133, 168 [207 f.] = NJW 2013, 1058 [1063]), da die Gefahr eines falschen oder »schlanken« Geständnisses im Rahmen des § 257c StPO besonders groß ist. Ein bloßer Abgleich mit der Aktenlage genügt dafür nicht. Abgesprochene Urteile sind trotz der Schaffung der Norm des § 257c StPO weiterhin am Prozessziel materieller Wahrheitssuche auszurichten (§ 257c I 2 StPO); ein sog. Konsensprinzip, nach dem die Parteien frei über den dem Urteil zugrunde zu legenden Sachverhalt disponieren können, wurde vom Gesetzgeber bewusst nicht umgesetzt. Dies hat vor allem Auswirkungen darauf, dass das Gericht im Fall eines Geständnisses nicht vorschnell auf eine Urteilsabsprache ausweichen darf, ohne die Anklage zuvor pflichtgemäß anhand weiterer Beweismittel überprüft zu haben. Hier erfolgte gar keine Überprüfung des Geständnisses. A kann die Verletzung des § 257c I 2 StPO iVm § 244 II StPO rügen. Es wird nicht ausgeschlossen sein, dass das Urteil anders ausgefallen wäre, hätte das Gericht das Geständnis des A weiter überprüft, **weshalb das Beruhen wohl zu bejahen ist, § 337 StPO.**

Ausgangspunkt f) Absprache nach § 202a StPO:

Vorliegen eines reversiblen Verfahrensfehlers?

§ 243 IV 1 StPO verpflichtet das Gericht in der Hauptverhandlung zur Mitteilung darüber, ob vor der Hauptverhandlung Erörterungen nach §§ 202a, 212 StPO (nicht: § 160b StPO) stattgefunden haben, in welchen die Möglichkeit einer Verständigung nach § 257c StPO thematisiert wurde und welchen Inhalt diese im Wesentlichen hatten (BGH NStZ 2017, 363; 482; 596; 658). Mitteilungs- und Dokumentationspflichten spielen bei einer wirksamen Verständigung eine wichtige Rolle (BVerfGE 133, 168 = NJW 2013, 1058). Im konkreten Fall fehlt es an einer Protokollierung nach § 273 Ia StPO.

Hinweis: Der Weg für eine Verständigung nach § 257c StPO kann also bereits vor Eröffnung des Hauptverfahrens (§ 202a StPO) oder vor der Hauptverhandlung beschritten werden (§ 212 StPO).

Überblick XIV: Dokumentationspflichten im Rahmen der Verständigung

§ 160b StPO	Wesentliche Inhalte einer Erörterung nach § 160b S. 1 StPO zum Stand des Verfahrens sind aktenkundig zu machen.
§§ 202a S. 2, 212 StPO	Wesentliche Inhalte einer Erörterung iSd § 202a S. 1 StPO sind aktenkundig zu machen.
§ 273 Ia StPO	Hauptverhandlungsprotokoll muss den wesentlichen Ablauf und Inhalt sowie das Ergebnis der Verständigung wiedergeben (S. 1).

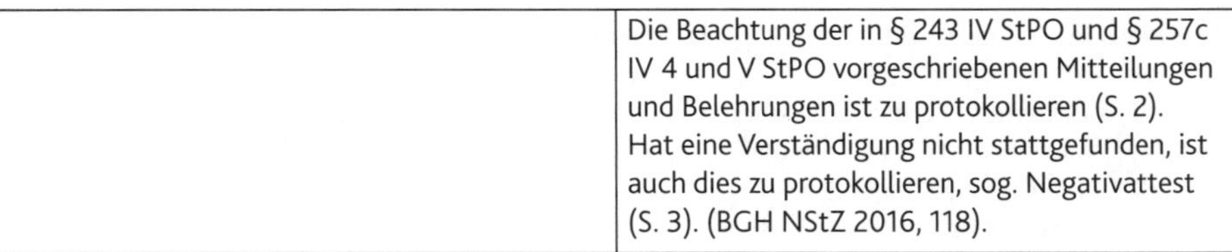

	Die Beachtung der in § 243 IV StPO und § 257c IV 4 und V StPO vorgeschriebenen Mitteilungen und Belehrungen ist zu protokollieren (S. 2). Hat eine Verständigung nicht stattgefunden, ist auch dies zu protokollieren, sog. Negativattest (S. 3). (BGH NStZ 2016, 118).

Hinweis 1: Die **sog. Protokollrüge**, also eine Verfahrensrüge mit der ein Revisionsführer Mängel des Protokolls der Hauptverhandlung rügt, ist grundsätzlich unzulässig. Allerdings lässt der BGH für eine zulässige Verfahrensrüge im Rahmen einer Verständigung ausnahmsweise ausreichen, wenn gerügt wird, dass ein entsprechender Vermerk im Protokoll fehlt (BGHSt 58, 310 [311 f.] = NJW 2013, 3046 [3047]; vgl. zum Ganzen Meyer-Goßner/Schmitt/*Schmitt* StPO § 344 Rn. 26).

Nach der Rechtsprechung des BGH (2. Strafsenat) (BGHSt 58, 310 = NJW 2013, 3046) ist bei einer entgegen § 273 Ia 2 StPO fehlenden Protokollierung des § 243 IV StPO in der Regel nicht auszuschließen, dass das Urteil auf dem Rechtsfehler beruht (§ 337 StPO), da das Prozessverhalten des Angeklagten dadurch beeinflusst werden kann.

Hinweis 2: Anders entschied der BGH (1. Strafsenat) hinsichtlich eines Rechtsfehlers betreffend § 243 IV 2 StPO (BGH NStZ 2014, 221), da ein Beruhen ausgeschlossen sei, wenn der Angeklagte von vornherein deutlich mache, dass er nicht bereit sei, ein Geständnis abzugeben und während der ganzen Hauptverhandlung schwieg. Denn dann konnte sein Einlassungsverhalten niemals beeinflusst werden. Die gegen dieses Urteil gerichtete Verfassungsbeschwerde hat das BVerfG nicht zur Entscheidung angenommen, deutete aber in seinem Nichtannahmebeschluss an, dass das Urteil des BGH die Reichweite des § 243 IV StPO verkenne (BVerfG NJW 2015, 1235). Der 5. Strafsenat wollte durch die unzureichende Unterrichtung gem. § 243 IV 2 StPO das Aussageverhalten des Angeklagten ebenfalls nicht beeinflusst und ein Beruhen ausgeschlossen sehen, wenn der Angeklagte konstant von seinem Schweigerecht Gebrauch macht (BGH NStZ-RR 2014, 315). Die gegen diese Entscheidung eingelegte Verfassungsbeschwerde hatte jedoch Erfolg (BVerfG NStZ 2015, 172).

Bei einem Verstoß gegen die Protokollierungspflicht des § 273 Ia 2 StPO hinsichtlich § 257c V StPO soll laut 3. Strafsenat ein Beruhen iSd § 337 StPO denknotwendig ausgeschlossen sein, wird ein Protokoll doch immer erst nach der Urteilsverkündung fertiggestellt (BGHSt 59, 130 = NJW 2014, 1254).

Ausgangspunkt g) Rechtsmittelverzicht:

§ 302 StPO und § 257c StPO.

Grundsätzlich kann auf die Einlegung eines Rechtsmittels auch vor Ablauf der Einlegungsfrist verzichtet werden (§ 302 I 1 StPO). Allerdings ist der Rechtsmittelverzicht kraft Gesetzes ausgeschlossen, wenn dem Urteil eine Verständigung gem. § 257c StPO vorausgegangen ist (§ 302 I 2 StPO). Das Stattfinden einer Verständigung ist durch das Hauptverhandlungsprotokoll (§ 273 Ia StPO) oder im Freibeweisverfahren nachzuweisen. A kann also **trotz seines Verzichts Revision gegen das Urteil einlegen**, da der Verzicht unwirksam war. Allerdings wird das Urteil dann auch erst nach Ablauf der Rechtsmittelfrist rechtskräftig (hier eine Woche § 341 I StPO).

Hinweis 1: In der Praxis besteht die Möglichkeit den Eintritt der Rechtskraft zu beschleunigen, indem gegen das Urteil Rechtsmittel eingelegt, dieses aber sofort wieder zurückgenommen wird. Denn auf die Zurücknahme des Rechtsmittels findet § 302 I 2 StPO keine Anwendung. Der BGH hat diese Vorgehensweise trotz der ihr innewohnenden Umgehung des § 302 I 2 StPO gebilligt (BGHSt 55, 82 = NJW 2010, 2294). Eine Umgehung soll nur dann vorliegen, wenn das Gericht auf eine solche Konstruktion hingewirkt hat (BGHSt 55, 82 = NJW 2010, 2294). Eine analoge Anwendung von § 302 I 2 StPO auf Fälle, in denen Gespräche zwischen StA und Verteidiger ohne Beteiligung des Gerichts stattgefunden haben, wird abgelehnt vom OLG Hamm (NStZ 2017, 725).

Hinweis 2: § 302 I 2 StPO fand ebenfalls durch das Verständigungsgesetz vom 3.8.2002 Eingang in die StPO. Zuvor hatte der Große Senat für Strafsachen für einen Rechtsmittelverzicht bei Absprachen eine Art »qualifizierte Belehrung« verlangt. Laut *Schmitt* ist der Gesetzgeber mit der Regelung des § 302 I 2 StPO über das Ziel hinausgeschossen, da jetzt das paradoxe Ergebnis bestehe, dass derjenige, der eine Verurteilung und eine Strafe in bestimmter Höhe erwartet und damit einverstanden ist, keinen Rechtsmittelverzicht erklären darf, vgl. Meyer-Goßner/Schmitt/*Schmitt* StPO § 302 Rn. 26c f.

Weiterführende Literatur- und Rechtsprechungshinweise:

Landau NStZ 2014, 425; *Roxin/Schünemann* StrafVerfR § 17 Rn. 19 ff.; *Safferling/Hoven* German Law Journal 15 (2013), 1 ff.; *Schneider* NStZ 2014, 129 (202) und 252 (263); BGH NStZ 2018, 487 (zur Mitteilungspflicht bei verständigungsbezogenen Erörterungen); BGH NStZ 2018, 419 (zur Frage der Bindungswirkung bei gescheiterter Verständigung).

7. Kapitel: Hauptverfahren I – Befangenheit

13. Problem: Befangenheit des Staatsanwaltes

Beispielsfall:

Gegen A wird wegen Betruges (§ 263 StGB) das Hauptverfahren eröffnet. In der Hauptverhandlung ist die Staatsanwaltschaft durch S vertreten, die selbst Opfer der Betrugsmasche des A wurde und mehrere tausend Euro verlor. Kann A gegen diese Personalie etwas unternehmen?

Ausgangspunkt:

Ist eine Ablehnung eines Staatsanwaltes wegen Befangenheit möglich?

Eine gesetzliche Regelung der Befangenheit besteht nach Wortlaut des Gesetzes grundsätzlich nur für Richter (§§ 24 ff. StPO) bzw. Schöffen (§ 31 I StPO) und Sachverständige (§ 74 StPO). Der Staatsanwalt ist zwar ein selbstständiges Organ der Rechtspflege, aber dem Richter gerade nicht gleichgestellt.

Exkurs X: Die Richterablehnung (§ 24 StPO)

Grundsätzlich gilt das Gebot des gesetzlichen Richters (Art. 101 I 1 GG). Dieser hat unabhängig (Art. 97 GG) und unparteilich (Art. 6 EMRK) zu sein. Allerdings gibt es Situationen, in denen der gesetzliche Richter sowohl ausgeschlossen ist (§§ 22 ff. StPO) als auch abgelehnt (§§ 24 ff. StPO) werden kann. Die **Ausschließung** des Richters greift unmittelbar kraft Gesetzes, wenn Gefahr besteht, dass der Richter voreingenommen ist. Wirkt ein ausgeschlossener Richter trotzdem mit, liegt ein absoluter Revisionsgrund gem. § 338 Nr. 2 StPO vor. An dieser Stelle sei auf den absoluten Revisionsgrund § 338 Nr. 1 StPO hingewiesen, der im Falle nicht vorschriftsmäßiger Besetzung greift; seit dem 13.12.2019 ist im Rahmen solcher **sog. Besetzungsrügen** ein Vorabentscheidungsverfahren durchzuführen, §§ 222a, 222b StPO. Wird die Besetzungsrüge erhoben, soll zunächst das Ausgangsgericht über den Einwand vorschriftswidriger Besetzung entscheiden. Hält es den Einwand für nicht begründet, so entscheidet darüber abschließend das OLG bei erstinstanzlichen Verfahren vor dem LG bzw. der BGH bei erstinstanzlichen Verfahren vor dem OLG, § 222b III 1 StPO. Ein entsprechender Einwand muss innerhalb einer Woche vorgebracht werden, andernfalls droht gem. § 222b I 1 StPO Rügepräklusion. Ziel ist es, dass nicht erst im Revisionsverfahren über die Rechtmäßigkeit der Besetzung des Gerichts entschieden wird.

Ausschließungsgründe sind:

Der Richter ist selbst Verletzter (§ 22 Nr. 1 StPO); er weist enge familiäre Beziehungen zum Verletzten oder Beschuldigten auf (§ 22 Nr. 2, 3 StPO); er war bereits mit der Sache befasst (§§ 22 Nr. 4 und 5, 23 StPO).

Die **Ablehnung** eines Richters erfolgt wegen der Gründe der §§ 22, 23 StPO oder **des Besorgnisses der Befangenheit** (§ 24 II, I, III StPO). Auch hier liegt bei Mitwirkung des abgelehnten Richters ein absoluter Revisionsgrund gem. § 338 Nr. 3 StPO vor. Ablehnungsberechtigt sind die in § 24 III StPO genannten Beteiligten. Die Selbstablehnung regelt § 30 StPO. Besorgnis der Befangenheit besteht, wenn aus Sicht eines durchschnittlichen Beobachters, der sich in die Rolle des Angeklagten versetzt, bei verständiger Würdigung der Gesamtumstände, Gründe vorliegen, die geeignet erscheinen, Misstrauen gegen die Unparteilichkeit des Richters zu begründen (vgl. zuletzt BGH NStZ 2015, 2986 – Ablehnung eines Richters wegen privater Handynutzung in der Hauptverhandlung; vgl. zuletzt BGH NStZ-RR 2018, 186 – Befangenheit bei Gesamtsicht verschiedener Aspekte der Vorbefassung). Das Ablehnungsverfahren (§§ 26 ff. StPO) beginnt mit Einreichung des Ablehnungsgesuchs bei dem Gericht, dem der Richter angehört (§ 26 I StPO). Nach alter Rechtslage hatte sich der Richter gem. § 29 I 1 StPO aF ab diesem Zeitpunkt grundsätzlich aller Verfahrenshandlungen zu enthalten, die nicht unaufschiebbar waren. Seit dem 13.12.2019 gilt jedoch, dass der betroffene Richter bis zum Ablauf einer zweiwöchigen Frist weiter am Verfahren mitwirken darf, § 29 II 1, III StPO. In dem Ablehnungsgesuch ist der Ablehnungsgrund (ggf. innerhalb der nach § 26 I 2 StPO gesetzten Frist) glaubhaft zu machen (§ 26 II StPO). Hierbei entspricht ein völlig ungeeignetes Ablehnungsgesuch dem gänzlichen Fehlen eines solchen, vgl. BGH NStZ-RR 2015, 283. Der abgelehnte Richter hat sich über seine Ablehnung dienstlich zu äußern (§ 26 III StPO). Über die Verwerfung eines Ablehnungsgesuches als **unzulässig** (§ 26a I StPO) entscheidet laut Gesetz das Gericht, ohne dass der abgelehnte Richter ausscheidet (§ 26a II 1 StPO). Im Regelverfahren (§ 27 StPO) entscheidet das Gericht ohne Mitwirkung des abgelehnten Richters (§ 27 I StPO). Dies führte dazu, dass § 26a StPO von den Instanzgerichten exzessiv verwendet wurde. Das BVerfG hat daraufhin die Bedeutung der Unvoreingenommenheit des Richters für die Gewähr von Art. 101 I GG herausgestellt, die durch § 338 Nr. 3 StPO unterstrichen wird. Denn § 26a StPO birgt die Gefahr in sich, dass sich der abgelehnte Richter zum **Richter in eigener Sache** macht. Deshalb ist § 26a StPO eng auszulegen und bereits ein Verfahrensfehler (unzulässige Abweisung als unzulässig iSd § 26a StPO) ein Verfassungsverstoß, wenn er willkürlich, offensichtlich unhaltbar oder Art. 101 I GG grob missachtend ist (BVerfG NJW 2010, 3410). Über die Begründetheit eines **zulässigen** Antrags entscheidet das Gericht jedoch **ohne Mitwirkung** des abgelehnten Richters, § 27 I StPO, welcher durch einen anderen (gesetzlichen) Richter ersetzt wird.

Exkurs XI: Der Aufbau der Staatsanwaltschaft

Die Staatsanwaltschaft ist parallel zu den Gerichten organisiert (**sog. Sequenzzuständigkeit**, SK-StPO/*Wolter* § 142 GVG Rn. 2). Ihr Aufbau sowie die sachliche Zuständigkeit ergeben sich aus den §§ 141–142a GVG, wohingegen die örtliche Zuständigkeit der Staatsanwälte durch diejenige des Gerichts bestimmt wird, für das die Staatsanwaltschaft bestellt wurde, § 143 I 1 GVG. Bei der Staatsanwaltschaft handelt es sich um eine Behörde mit **monokratischem** und **hierarchischem** Aufbau. Auf Landesebene folgt dem Landesjustizministerium der Behördenleiter, dem Staatsanwälte beigeordnet sind, die gem. § 144 GVG als dessen Vertreter handeln und **zu allen Amtsverrichtungen** desselben ohne den Nachweis eines besonderen Auftrags berechtigt sind. Der Behördenleiter kann untergeordneten Staatsanwälten dabei Weisungen hinsichtlich ihrer Aufgabenerfüllung erteilen (**»internes Weisungsrecht«**, vgl. §§ 146 f. GVG). Wird gegen eine solche, im »Innenverhältnis« bindende, Weisung verstoßen, ist eine Prozesshandlung eines untergeordneten Staatsanwalts jedoch im »Außenverhältnis« voll wirksam. Aufgrund des monokratischen Systems der Staatsanwaltschaft lässt sich auch erklären, dass kein Staatsanwalt für eine Strafsache endgültig zuständig sein muss. Der Behördenleiter besitzt daher ein **Substitutions- und Devolutionsrecht** und damit zum einen die Möglichkeit, in einem bestimmten Verfahren einen Staatsanwalt gegen einen anderen auszutauschen (§ 145 I Alt. 1 GVG), und zum anderen die Möglichkeit, ein bestimmtes Verfahren selbst zu übernehmen (§ 145 I Alt. 2 GVG). Gegenüber dem Behördenleiter hat der jeweilige Landesjustizminister die Befugnis Weisungen zu erteilen (**»externes Weisungsrecht«**, vgl. § 146 GVG).

Hinweis: In seinem Urt. v. 27.5.2019 – C-508/18 entschied die Große Kammer des EuGH, dass die deutschen Staatsanwaltschaften wegen des »externen Weisungsrechts« keine hinreichende Gewähr für Unabhängigkeit gegenüber der Exekutive bieten, um zur Ausstellung eines Europäischen Haftbefehls befugt zu sein. Bei der Ausstellung eines EuHb darf keinerlei strukturelle Gefahr drohen, dass die Entscheidung durch Weisungen oder Anordnungen der Exekutive beeinflusst werden kann, Art. 6 Abs. 1 des Rahmenbeschlusses zum EuHb (2002/584/JI).

Auf Bundesebene ist parallel zum BGH die Bundesanwaltschaft etabliert worden, an deren Spitze der Generalbundesanwalt (§ 142 I Nr. 1 GVG) steht, dem Bundesanwälte unter- bzw. zugeordnet sind. Der GBA ist dem Bundesjustizminister weisungsunterworfen. Der Bundesanwaltschaft sind primär zwei Aufgaben zugeordnet: Zum einen erfüllt sie die »klassische« Aufgabe einer Staatsanwaltschaft beim Bundesgerichtshof, sie vertritt mithin die Anklage bei allen (Revisions-)Verfahren, die vor dem BGH verhandelt werden, §§ 135, 121 II GVG. Zum anderen ist über § 142a GVG der Bundesanwaltschaft eine Sonderzuständigkeit zugeordnet. Diese betrifft alle Fälle der Zuständigkeit der Oberlandesgerichte bei Verfahren in erster Instanz, §§ 120 I, II GVG. Diese Sonderzuständigkeit greift vor allem bei Terrorismus- und Staatsschutzangelegenheiten, bei Völkerstraftaten und bei länderübergreifender Schwerstkriminalität. Bei Verfahren der »normalen« Delinquenz ist die Strafverfolgung jedoch Ländersache, es gibt somit **keine bundesweit operierende StA**. Daraus lässt sich ferner ableiten, dass zwischen den Staatsanwaltschaften der jeweiligen Länder und der Bundesanwaltschaft kein hierarchisches Verhältnis besteht. Dennoch gibt es aufgrund diverser Vereinbarungen mit den Landesjustizministern **zwei länderübergreifende Strafverfolgungsorganisationen**. Zum einen die Zentralstelle in Ludwigsburg, die sich mit nationalsozialistischen Gewalttaten beschäftigt, und zum anderen die zentrale Beweismittel- und Dokumentationsstelle bei der Generalstaatsanwaltschaft in Braunschweig, die die Gewaltakte durch Staatsorgane in der ehemaligen DDR dokumentiert.

Auf Landesebene ist gem. § 142 I Nr. 2 GVG der Generalstaatsanwalt zusammen mit seinen unterstellten Staatsanwälten bei den Oberlandesgerichten in erster Instanz zuständig für Staatsschutzdelikte (§ 120 GVG), sofern er vom Generalbundesanwalt dazu befugt wurde (§ 142a II GVG). Ferner ist er für Revisionen an das OLG (in Bayern das BayObLG) zuständig.

Bei den Landgerichten steht der StA ein Leitender Oberstaatsanwalt (LOStA) vor, der für erst- und zweitinstanzliche Tätigkeiten zuständig ist, § 142 I Nr. 2 iVm §§ 73 ff. GVG.

Bei den Amtsgerichten führt die Amtsanwaltschaft die Ermittlungen, § 142 I Nr. 3 GVG. Ihr Zuständigkeitsbereich ist jedoch sehr begrenzt. Ihre Kompetenz beschränkt sich auf Delikte, die in die Zuständigkeit des Einzelrichters fallen. Der weitaus größere Teil der staatsanwaltschaftlichen Funktionen vor dem AG wird durch die StA des nächsten LG übernommen (in Bayern: Art. 13 III 1 AGGVG).

Aus Perspektive der Behörde bereitet also ein Austausch von Staatsanwälten wegen Befangenheit keine Probleme. Auch § 226 StPO schreibt, anders als für den Richter, nicht die dauernde Anwesenheit eines Staatsanwaltes, sondern nur der Staatsanwaltschaft als Institution vor. Dass mehrere Staatsanwälte nebeneinander tätig werden können, bestimmt § 227 StPO dabei ausdrücklich. **Problematisch ist jedoch**, ob auf einen solchen Austausch von Verteidigung und Angeklagtem hingewirkt werden kann.

Lösungsansätze:

I. Unablehnbarkeit des Staatsanwaltes nach den gesetzlichen Vorschriften

Ein Staatsanwalt kann nicht abgelehnt werden, weil eine ausdrückliche Regelung hierfür fehlt. §§ 22 ff. StPO finden keine analoge Anwendung, ein Antrag auf gerichtliche Entscheidung nach § 23 EGGVG ist unzulässig.

Vertreten von:
BVerfGE 25, 336 (345) = BVerfG NJW 1969, 1104 (1106); BGH NJW 1980, 845 (846); BGH NStZ 1991, 595; zuletzt BGH BeckRS 2018, 25930; Meyer-Goßner/Schmitt/*Schmitt* StPO Vor § 22 Rn. 5; KK-StPO/*Scheuten* Vor § 22 Rn. 1 und § 24 Rn. 28; für weitere Fundstellen s. Vorauflage.

1. Argument
Für eine Analogie zu § 24 StPO durch die Rechtsprechung ist kein Raum, da dadurch der Gewaltenteilungsgrundsatz berührt wird.

2. Argument
Der Staatsanwalt ist im Hinblick auf das Hauptverfahren »von Berufs wegen« befangen.

3. Argument
Es besteht die Gefahr einer Missbrauchsmöglichkeit, die geeignet ist, das Verfahren zu verzögern und die Staatsanwaltschaft zu behindern.

4. Argument
Es besteht die Möglichkeit des Angeklagten der Revision. Die Entscheidung über die Ersetzung des zuständigen Staatsanwalts obliegt zwar dem Behördenleiter im Rahmen der ihm zustehenden Rechte aus § 145 GVG. Dieser muss sein Ermessen im Hinblick auf das Recht des Angeklagten auf ein faires Verfahren ordnungsgemäß ausüben. Das dem Behördenleiter zustehende Recht auf Ablösung iSv § 145 GVG kann sich bei besonders schwerwiegenden Verstößen im Wege der »Ermessensreduzierung auf Null« zu einer entsprechenden Pflicht verdichten.

II. Ablehnungsrecht im Ermittlungsverfahren

Im Ermittlungsverfahren können die Prozessbeteiligten einen Staatsanwalt gem. §§ 22 ff. StPO entsprechend ablehnen.

Vertreten von:
Bottke StV 1986, 120 (123); *Buckert* NJW 1970, 847 f.; *Frisch,* FS Bruns, 1978, 385 (407 ff.).

Argument
Die Staatsanwaltschaft als »Herrin des Ermittlungsverfahrens« ist in diesem Abschnitt funktional einem Richter gleichgestellt und mit umfassenden Kompetenzen und Möglichkeiten ausgestattet.

III. Umfassendes Ablehnungsrecht

Ein ausgeschlossener oder befangener Staatsanwalt kann in jeder Lage des Verfahrens abgelehnt werden.

1. Ablehnung als Justizverwaltungsakt:
Einem nach § 145 GVG gestellten Antrag ist zu entsprechen, wenn Gründe vorliegen, die beim Richter zu einem Ausschluss oder einer Ablehnung führen (§§ 22 ff. StPO). Das Gericht muss ggf. auf die Auswechslung gem. § 145 GVG hinwirken. Die Ablehnung der Auswechslung ist ein gem. § 23 EGGVG überprüfbarer Justizverwaltungsakt.

Vertreten von:
Bruns, FS Grützner, 1970, 42 (51 f.); *Buckert* NJW 1970, 847; *Hilgendorf* StV 1996, 50 (53 ff.); *Roxin/Schünemann* StrafVerfR § 9 Rn. 15.

1. Argument
Das Gebot eines rechtsstaatlichen Verfahrens verbietet die Mitwirkung eines Staatsanwaltes bei dem Ausschluss- oder Ablehnungsgründe vorliegen.

2. Argument
Die Staatsanwaltschaft als objektive Anklagebehörde muss auch persönlich objektiv und unparteiisch sein.

2. Ablehnung gem. §§ 22 ff. StPO:
Es besteht ein umfassendes Ablehnungsrecht, das entsprechend §§ 22 ff. StPO durchgesetzt werden kann.

Vertreten von:
Arloth StrafProzR 207 ff.; *Joos* NJW 1981, 100 ff.; AK-StPO/*Wassermann* Vor § 22 Rn. 9.

1. Argument
Der *Fair-Trial*-Grundsatz ist Grundlage jeden Ablehnungsrechts.

2. Argument
Das Zwischenverfahren gem. § 23 EGGVG führt zu Unübersichtlichkeit und unzumutbarer Verfahrensverzögerung.

Im Beispielsfall:

Geht man von einer Unablehnbarkeit oder einer Ablehnungsmöglichkeit im Ermittlungsverfahren aus, so kann A nichts gegen die Personalie der S unternehmen. Bei einer umfassenden Ablehnungsmöglichkeit kann A gegen diese Personalie vorgehen. Es muss dann aber noch geklärt werden, ob dies über §§ 22 ff. StPO oder über § 145 GVG, § 23 EGGVG zu erfolgen hat. Die Ansichten führen zu unterschiedlichen Ergebnissen, sodass der Streit zu entscheiden ist. Gegen eine Unablehnbarkeit spricht der Gedanke der Rechtsstaatlichkeit. Damit ist es grundsätzlich nicht vereinbar, dass zB ein Geschädigter einer Straftat diese als Staatsanwalt verfolgt und anklagt. Der von Berufs wegen befangene Staatsanwalt greift als Argument nicht durch, hat die Staatsanwaltschaft doch ebenso die Umstände zu ermitteln, die den Beschuldigten entlasten (§ 160 II StPO). Gegen eine Ablehnungsmöglichkeit nur im Ermittlungsverfahren spricht die Rolle der Staatsanwaltschaft im ganzen Strafverfahren (Leitung des Ermittlungsverfahrens, Vertretung der Anklage im Zwischen- und im Hauptverfahren, Zuständigkeit im Rahmen der Strafvollstreckung). Auch in der Hauptverhandlung kann der Staatsanwalt eine beeinflussende Rolle einnehmen. Zudem hinkt der Vergleich der Staatsanwaltschaft während des Ermittlungsverfahrens mit einem Richter. Man denke nur an die unterschiedlichen Richtervorbehalte. Grundsätzlich spricht also das **Gebot der Rechtsstaatlichkeit** für eine Ablehnungsmöglichkeit. Gegen eine analoge Anwendung der §§ 22 ff. StPO spricht die fehlende Regelungslücke. Gegen eine Anwendung von § 23 EGGVG spricht die Verzögerung durch ein weiteres, eingeschaltetes Verfahren. Am sinnvollsten erscheint es, die §§ 22 ff. StPO als Anhaltspunkte dafür heranzuziehen, wann die Mitwirkung eines Staatsanwaltes reversibel sein kann und den Rechtsgedanken des § 24 StPO heranzuziehen. Verfahrenstechnisch können die Verfahrensbeteiligten dann einen Ersetzungsantrag gem. § 145 I GVG beim Dienstvorgesetzten stellen. Wird dieser abgelehnt, so bleibt die Möglichkeit der Revision, bei der ein Beruhen iSd § 337 StPO in der Regel nicht auszuschließen sein wird.

14. Problem:
Der Sachverständige

Beispielsfall:

Vgl. zur Frage einer materiellen Strafbarkeit des sog. Cardsharings *Planert* StV 2014, 430.

Gegen A wird wegen des Verdachts des sog. Smartcardsharings (§§ 263a, 263 I, 265a StGB) ermittelt. Es bestehen begründete Anhaltspunkte dafür, dass A über mehrere Jahre seine rechtmäßig von seinem Pay-TV Anbieter erhaltene Smartcard zur Entschlüsselung von HD+ Programmen über ein Online-Netzwerk derart verwendet hat, dass das Entschlüsselungsergebnis mehreren Empfängern dienen konnte, ohne die Karte tatsächlich weiterzugeben. Dies ist ausdrücklich in den AGB des Pay-TV Anbieters verboten. Es besteht der Verdacht, dass A seinen Receiver technisch manipulierte, sodass die Möglichkeit bestand, über ein Computernetzwerk mit einer Smartcard mehrere Receiver betreiben zu können. Es entstand dabei ein Schaden in Höhe von mehreren tausend Euro. Um mögliche Beweismittel ausfindig zu machen, werden die Durchsuchung der Wohnung des A sowie die Beschlagnahme aufgefundener Beweismittel rechtmäßig angeordnet. Beschlagnahmt wurden unter anderem drei PCs des A. Von deren Festplatten wurde ein sog. Festplattenabbild gemacht und dieses auf einen USB-Stick übertragen. Zur Auslesung und Auswertung der Abbilder auf dem USB-Stick und der beschlagnahmten Rechner zur Überprüfung des Tatverdachts wurde von der Staatsanwaltschaft der als Informatikprofessor tätige IT-Sachverständige W beauftragt. Noch bevor W seine Arbeit an dem Gutachten hinsichtlich des Festplattenabbilds beginnt, erklärt er sich für »befangen«, da er selbst Pay-TV Nutzer sei und nicht objektiv urteilen könne. Nachdem das Ergebnis der Untersuchung des Sachverständigen W in die Hauptverhandlung eingeführt wurde, beantragt die Verteidigung des A ein Gegengutachten, das dem Beweis dienen soll, dass sich auf den PCs des A keine brauchbaren Hinweise auf ein sog. Smartcardsharing befinden.

Frage 1:
a) Woraus ergibt sich das Recht der Staatsanwaltschaft einen Sachverständigen zu beauftragen?
b) Welche Pflichten ergeben sich für den Sachverständigen W?

Frage 2:
Ist der »Befangenheitseinwand« des W gerechtfertigt?

Frage 3:
Auf welchem Weg ist das Ergebnis der Untersuchung in die Hauptverhandlung einzuführen?

Frage 4:
a) Kann das Gericht den Antrag auf ein weiteres Gutachten ablehnen?
b) Angenommen die Verteidigung stellt keinen Antrag auf ein weiteres Sachverständigengutachten, sondern präsentiert einen von A beauftragten und zum Termin

geladenen Sachverständigen L und beantragt dessen Vernehmung in der Hauptverhandlung. Kann das Gericht die Vernehmung des L ablehnen?

Ausgangspunkt I a):

Das Recht der Staatsanwaltschaft zur Beauftragung eines Sachverständigen.

Hinweis: Die StPO kennt als Beweismittel nur Zeugen (§§ 48 ff. StPO), Sachverständige (§§ 72 ff. StPO), Augenschein und Urkunden (sog. ***numerus clausus* der Beweismittel**). Die Einlassung des Angeklagten zählt nicht zu den Beweismitteln. Das sog. **Strengbeweisverfahren**, welches als förmliches Beweisverfahren nur mit den gesetzlich bestimmten Beweismitteln geführt werden kann, gilt zur Klärung der Schuld- und Rechtsfolgenfrage in der Hauptverhandlung mit den genannten Beweismitteln (§§ 239 ff. StPO). Für **innerhalb** der Hauptverhandlung aufkommende prozessuale Fragen sowie für alle Beweiserhebungen **außerhalb** der Hauptverhandlung, gilt das sog. Freibeweisverfahren; hierbei kann der Beweis auf beliebige Art und Weise geführt werden.

Der Sachverständige verfügt über eine **besondere Sachkunde** (= Beherrschung allgemeiner Erfahrungssätze) hinsichtlich verfahrensrelevanter Dinge, die dem Richter idR fehlt. Der Sachverständige ist befugt, Tatsachen zu bekunden, zu deren Wahrnehmung man qualifiziert sein muss, Erfahrungssätze mitzuteilen und Gutachten zu erstellen. Der Sachverständige wird allein im Auftrag des Gerichts tätig. Der Richter hat, soweit erforderlich, die Tätigkeit des Sachverständigen zu leiten (§ 78 StPO).

Hinweis: Im Gegensatz zum Zeugen hat der Sachverständige also Sachkunde, teilt Erfahrungssätze mit, wendet diese an und handelt im Auftrag des Gerichts. Sachkunde allein unterscheidet Sachverständigen und Zeugen aber nicht, das bestätigt die Existenz des **sog. sachverständigen Zeugen** (§ 85 StPO). Darunter versteht man einen Zeugen, der Sachkunde hat und deshalb etwas erkennt, das andere Zeugen nicht erkennen (zB Arzt am Unfallort), bei dem aber der spezielle Gutachtenauftrag fehlt. Der sachverständige Zeuge ist in erster Linie Zeuge, vgl. dazu *Volk/Engländer* GK StPO § 21 Rn. 25. Zeuge hingegen kann grundsätzlich jeder sein. Er macht Angaben über seine eigene Wahrnehmung, also über Tatsachen. Eine solche kann auch sein, was ein anderer gesagt hat, **sog. Zeuge vom Hörensagen** (dazu später).

Die Auswahl des Sachverständigen und deren Anzahl trifft daher der Richter (§ 73 StPO). Allerdings bezieht sich § 73 I 1 StPO nur auf das gerichtliche Verfahren. Für die Auswahl und Bestellung von Sachverständigen im Ermittlungsverfahren ist die Staatsanwaltschaft zuständig vgl. § 161a I 1 und 2 StPO. Im konkreten Fall ergibt sich das **Recht zur Sachverständigenbestellung durch die Staatsanwaltschaft** aus § 161a I 1 und 2 StPO.

Hinweis: Gericht oder Staatsanwaltschaft bestellen den ausgewählten Sachverständigen. Soll dieser vernommen werden (in der Hauptverhandlung häufiger als im Ermittlungsverfahren), so wird der Sachverständige gem. § 161a I 1 StPO im Ermittlungsverfahren oder durch das Gericht geladen (§§ 214 ff. StPO).

Ausgangspunkt I b):

Die Pflichten des Sachverständigen.

Grundsätzlich sind auf den Sachverständigen die Vorschriften über Zeugen (§§ 48 ff. StPO) anzuwenden.

Exkurs XII: Die Pflichten des Zeugen im Strafverfahren

vgl. *Volk/Engländer* GK StPO § 21 Rn. 5 ff.

Der Zeuge muss es sich gefallen lassen, dass seine Glaubwürdigkeit durch Fragen getestet (§ 68a II StPO) und durch Sachverständige beurteilt wird. Auch körperliche Untersuchungen (§ 81c StPO) und eine Bild-Ton-Aufzeichnung seiner Aussage (§ 58a StPO) muss er dulden sowie an Gegenüberstellungen mitwirken (§ 58 II StPO) und diese dulden. Seit dem 13.12.2019 ist in § 176 II GVG, §§ 68, 110b StPO ein grundsätzliches Verbot der (teilweisen) Gesichtsverhüllung (mit Ausnahme von besonders gefährdeten Zeugen und verdeckten Ermittlern) normiert, wobei Ausnahmen durch den Vorsitzenden Richter zulässig sind. Bei Straftaten von erheblicher Bedeutung darf sogar öffentlich nach ihm gefahndet werden (§ 131a III StPO). Des Weiteren hat der Zeuge verschiedene **Pflichten** im Verfahren:

§§ 48, 51 StPO, § 161a I 1 StPO	**Erscheinenspflicht** Pflicht zum Erscheinen bei Ladung durch den Richter und durch die Staatsanwaltschaft im Ermittlungsverfahren; bei Ungehorsam Ordnungsgeld oder ersatzweise Ordnungshaft, die allerdings nur vom Richter angeordnet werden darf (§§ 51, 161a I 2 StPO). **Achtung!** Keine Pflicht zum Erscheinen bei der Ladung durch die Polizei.
§ 70 StPO	**Aussagepflicht** Bei Verweigerung der Aussage ohne gesetzlichen Grund Ordnungsgeld (§ 70 I StPO) oder Beugehaft (§ 70 II StPO). **Ausnahmen:** Zeugnisverweigerungs- (§§ 52 ff. StPO) oder Auskunftsverweigerungsrecht (§ 55 StPO) oder Verschwiegenheitspflicht (§ 54 StPO).
§ 153 ff. StGB	**Wahrheitspflicht** Pflicht zur wahrheitsgemäßen Aussage.
§ 59 StPO	**Eidespflicht** Allerdings Vereidigung nicht als Regelfall. **Ausnahme:** Eidesverbot § 60 StPO oder Eidesverweigerungsrecht § 61 StPO.

Allerdings regeln die §§ 73 ff. StPO auch **besondere Pflichten** für den Sachverständigen. § 75 StPO regelt die Gutachtenerstattungspflicht, die nicht jeden Sachverständigen trifft (vgl. § 75 I StPO). Ein Gutachtenverweigerungsrecht enthält § 76 StPO, das §§ 52 ff. StPO entspricht. § 79 StPO regelt die Eidespflicht und § 82 StPO im Umkehrschluss die Pflicht zum mündlichen Vortrag des Gutachtens in der Hauptverhandlung.

Ausgangspunkt II:

Ist bei Ablehnung eines Sachverständigen (§ 74 StPO) der Befangenheitseinwand des Sachverständigen W gerechtfertigt?

Ein Sachverständiger kann aus denselben Gründen, die zur Ablehnung eines Richters berechtigen, abgelehnt werden, § 74 I 1 StPO, wobei die §§ 22 Nr. 1-4, 24 StPO entsprechende Anwendung finden. Zu beachten ist, dass die gesetzlichen Ausschlussgründe des § 22 StPO beim Sachverständigen nur zu einem Ablehnungsrecht führen. In Betracht kommt als Ablehnungsgrund, dass W selbst Pay-TV Nutzer ist. § 22 I Nr. 1 StPO ist nicht einschlägig, da W durch eine mögliche Straftat des A nicht verletzt wurde. Die Vermutung, dass sich die Schäden, die der Pay-TV Anbieter macht, auf den »legalen« Nutzer umschlagen, genügt nicht für eine Verletzteneigenschaft. Misstrauen gegen die Unparteilichkeit (§ 24 II StPO) erfordert vernünftige Gründe, die jedem Dritten einleuchten. Der Zusammenhang zwischen legalem Pay-TV Nutzen und der Erstattung eines Gutachtens zur Frage der illegalen Umgehung von Pay-TV Verschlüsselungen durch Smartcardsharing ist nicht für jeden offensichtlich. Es ergibt sich keine Befangenheit aus § 24 II StPO. Ablehnungsberechtigt sind grundsätzlich gem. § 74 II StPO Staatsanwaltschaft, Beschuldigter, Privatkläger und Nebenkläger. Problematisch ist, ob es die Möglichkeit der **Selbstablehnung** durch W gibt. Eine § 30 StPO entsprechende Regelung, die eine Selbstanzeige des Richters vorsieht, fehlt. Von der Planwidrigkeit dieser Regelungslücke kann allerdings nicht ausgegangen werden, sodass eine Analogie zu § 30 StPO ausscheidet. Das »Ablehnungsgesuch« ist wohl im Rahmen des § 76 I 2 StPO als Gutachtenverweigerungsrecht (*Beulke/Swoboda* StrafProzR Rn. 200) zu werten, sodass der Sachverständige von seiner Pflicht zur Gutachtenerstattung entbunden werden kann (zB wegen hohen Alters oder beruflicher Überlastung). Diese Vorschrift wird dabei auch bei nicht geltend gemachter Befangenheit angewandt. Hier liegt allerdings schon keine Befangenheit vor. Deshalb bleibt die Pflicht des W zur Gutachtenerstattung bestehen.

Ausgangspunkt III:

Einführung der Untersuchungsergebnisse des W in die Hauptverhandlung?

In der Hauptverhandlung hat der Sachverständige sein Gutachten grundsätzlich mündlich zu erstatten, Ausnahmen gelten lediglich im Rahmen des Freibeweisverfahrens und nach §§ 251 I, II, 256 StPO (dazu sogleich). Dies folgt aus einem Umkehrschluss aus § 82 StPO, da im Ermittlungsverfahren der Richter eine Anordnung über die schriftliche oder mündliche Gutachtenerstattung trifft. Der Sachverständige ist also in der Hauptverhandlung zu vernehmen. Zuvor ist er über sein Gutachtenverweigerungsrecht (§§ 72, 52 III StPO) sowie über seine Wahrheitspflicht (§§ 72, 57 StPO) zu belehren.

Hinweis: Während der Vernehmung schildert der Sachverständige **sog. Anknüpfungstatsachen,** also solche Tatsachen, auf die er sein Gutachten stützt. Diese können aus verschiedenen Quellen stammen, wie hier aus einer Durchsuchung und werden idR mit Gutachtenauftrag an den Sachverständigen versandt (§ 80 II StPO).
Weitere Tatsachen, die er dann bei seiner Untersuchung in Funktion als Sachverständiger herausgefunden hat, sind **sog. Befundtatsachen**. Erfährt der Sachverständige etwas, dass auch ohne seine Sachkunde zB durch das Gericht hätte entdeckt werden können, dann handelt es sich um **sog. Zusatztatsachen**. Diese darf er in seinem Gutachten nicht mitteilen, sonst überschreitet er seinen Auftrag. Um diese Zusatztatsachen mitzuteilen, muss er sich als Zeuge vernehmen lassen, vgl. zum Ganzen *Volk/Engländer* GK StPO § 21 Rn. 30.

Ausnahmsweise kann die Vernehmung des Sachverständigen durch die Verlesung ersetzt werden (Ausnahme vom Mündlichkeitsprinzip und der Vernehmung des sachnächsten Beweismittels, §§ 250, 261 StPO).

§ 251 I StPO regelt die **Verlesung des Protokolls einer früheren Vernehmung oder einer Urkunde, die die von ihm erstellte schriftliche Erklärung enthält,** wenn

- Nr. 1 das Einverständnis des verteidigten Angeklagten, des Verteidigers und der Staatsanwaltschaft vorliegt.
- Nr. 3 der Sachverständige verstorben oder aus anderem Grund in absehbarer Zeit gerichtlich nicht vernehmbar ist.
- Nr. 4 ein schriftliches Gutachten die Höhe eines Vermögensschadens betrifft.

§ 251 II StPO regelt die **Verlesung des Protokolls der früheren richterlichen Vernehmung,** wenn

- Nr. 1 dem Erscheinen des Sachverständigen für längere oder ungewisse Zeit Krankheit, Gebrechlichkeit oder andere nicht zu beseitigende Hindernisse entgegenstehen.
- Nr. 2 dem Sachverständigen das Erscheinen in der Hauptverhandlung wegen der großen Entfernung unter Berücksichtigung der Bedeutung der Aussage nicht zugemutet werden kann.
- Nr. 3 Staatsanwalt, Verteidiger und Angeklagter einverstanden sind.

§ 256 StPO erweitert diese Verlesungsmöglichkeiten.

Ausgangspunkt IV a):

Kann das Gericht den Antrag auf ein weiteres Sachverständigengutachten ablehnen? Beantragung eines Gegengutachtens als Beweisantrag?

Exkurs XIII: Der Beweisantrag

Vgl. *Beulke/Swoboda* StrafProzR Rn. 434 ff.

Der Grundsatz der Amtsermittlung und die richterliche Aufklärungspflicht (§ 244 II StPO) schließen es nicht aus, dass auch andere Verfahrensbeteiligte Einfluss auf die Beweisaufnahme nehmen. Dies erfolgt förmlich über die Stellung eines sog. **Beweisantrages**, den das Gericht nicht nur im Rahmen seiner Amtsaufklärungspflicht zu beachten hat, sondern deren Behandlung gesetzlich in den §§ 244 III-VI, 245, 246 StPO vorgeschrieben ist. Der Begriff ist allerdings seit dem 13.12.2019 in § 244 III 1 StPO gesetzlich definiert. Nur ein solcher Beweisantrag unterliegt den strengen Vorschriften der §§ 244 ff. StPO, weshalb Abgrenzungsfragen eine große Rolle spielen.

Beweisantrag = das ernsthafte Verlangen des Antragstellers, Beweis über eine bestimmt behauptete oder konkrete Tatsache (in Abgrenzung zu bloßen Wertungen), die die Schuld- oder Rechtsfolgenfrage betrifft, durch ein bestimmt bezeichnetes Beweismittel (Augenscheins-, Urkunden-, Sachverständigen- oder Zeugenbeweis) zu erheben. Dem Antrag muss zu entnehmen sein, weshalb das Beweismittel die behauptete Tatsache belegen können soll **(sog. Konnexität)**.

Beweisermittlungsantrag = das Verlangen des Antragstellers an das Gericht, in bestimmter Weise ermittelnd tätig zu werden, wobei dem Antrag eine oder mehrere der für einen Beweisantrag erforderlichen Voraussetzungen fehlen (zB Beweismittel soll erst noch gesucht werden; siehe dazu BGHSt 30, 131, 142 = BGH NJW 1981, 2267, 2268).

Beweisanregung = Beweisermittlungsantrag geringerer Intensität und Konkretisierung, womit dem Gericht eine Beweiserhebung »nahegelegt« wird.

Beweisanträge betreffen im Rahmen der §§ 244, 245 StPO nur die Beweisaufnahme in der Hauptverhandlung und sind dort grundsätzlich uneingeschränkt zulässig. Auch nach Abschluss der Beweisaufnahme bis zum Beginn der Urteilsverkündung ist die Stellung eines Beweisantrages möglich, § 258 I StPO. Eine Präklusion entsprechend § 296 ZPO gibt es in der StPO nicht. Daran ändert auch die im Jahre 2017 eingeführte Möglichkeit, dass der Vorsitzende **nach Abschluss der v.A.w vorgesehenen Beweisaufnahme** eine angemessene Frist zum Stellen von Beweisanträgen bestimmen kann (§ 244 VI 3-5 StPO), nichts. Mit dieser wurde eine frühere Rechtsprechung des BGH ersetzt, wonach in dem Fall, dass die Beweisanträge ausschließlich der **Prozessverschleppung** dienen sollen, regelmäßig ab dem zehnten Verhandlungstag eine Fristzsetzung in Hinblick auf weitere Beweisanträge möglich ist; Anträge, die nach Fristablauf gestellt werden, müssen danach nicht durch einen Gerichtsbeschluss, sondern können erst im Rahmen der Urteilsgründe beschieden werden (BGHSt 51, 333 = BGH NJW 2007, 2501).

Antragsberechtigt sind grundsätzlich die Staatsanwaltschaft, der Angeklagte sowie der Verteidiger. Allerdings soll trotz fehlender Regelung in § 244 StPO bei exzessiver Antragstellung durch den Angeklagten das Tatgericht berechtigt sein, nur noch Beweisanträge über den Verteidiger entgegenzunehmen (BGHSt 38, 111 = NJW 1992, 1245).

Der Antrag der Verteidigung des A betrifft die Erstellung eines Gegengutachtens, welches einen Sachverständigenbeweis und somit ein von der StPO anerkanntes Beweismittel darstellt. Das Beweisthema »dass sich auf dem PC des A keine brauchbaren Hinweise für ein Smartcardsharing finden« ist als negativ formuliertes Beweisthema in Hinblick auf eine feststehende und bestimmte Tatsachenbehauptung ausreichend. Die erforderliche Konnexität lag vor. Die Ablehnung des Beweisantrages erfolgte durch das Gericht gem. § 244 IV 2 StPO, da durch das frühere Gutachten bereits das Gegenteil bewiesen wurde **(Beweisantizipation)**. Eine solche ist ausgeschlossen (§ 244 IV 2 Hs. 2 StPO) bei zweifelhafter Sachkunde des Erstgutachters, der Annahme unzutreffender Anknüpfungstatsachen im Erstgutachten, Widersprüchen im Erstgutachten sowie bei überlegenen Forschungsmitteln des neuen Sachverständigen. Solche Gründe sind dem Beweisantrag hier aber nicht zu entnehmen. Das Gericht kann den Antrag auf ein Gegengutachten ablehnen.

Hinweis: Die Ablehnung von Beweisanträgen bedarf gem. § 244 VI 1 StPO grundsätzlich eines (begründeten, § 34 StPO) Gerichtsbeschlusses; eine Ausnahme findet sich lediglich in der von § 244 VI 3–5 StPO erfassten Konstellation, bei welcher Beweisanträge ausnahmsweise im Urteil beschieden werden können (→ **Exkurs XIII**). Etwas Anderes gilt jedoch für **sog. Hilfsbeweisanträge**, bei denen der Antragsteller zu erkennen gibt, dass er sie erst behandelt wissen möchte, wenn das Gericht aufgrund der Beweisaufnahme für eine Verurteilung des Angeklagten entschieden hat. Diese müssen erst in den Urteilsgründen verbeschieden werden.

Ausgangspunkt IV b):

Der Beweisantrag §§ 244 ff. StPO.

Der Sachverständige L stellt ein sog. **präsentes Beweismittel** (§ 245 StPO) dar (= Zeugen und Sachverständige, die geladen und auch erschienen sind, sowie dem Gericht vorliegende Urkunden und Augenscheinsobjekte).

Eine Ladung des L durch den Angeklagten ist möglich, § 220 I StPO.

Hinweis: Sind erschienene Beweismittel nicht geladen worden, so sind sie nicht präsent iSd § 245 StPO. Es muss dann ein regulärer Beweisantrag gestellt werden, der gem. § 244 III, IV StPO abgelehnt werden kann.

Exkurs XIV: Ablehnung von Beweisanträgen

Bei der Ablehnung von Beweisanträgen unterscheidet das Gesetz zwischen **nicht präsenten** und **präsenten** Beweismitteln. Beweisanträge auf die Beweiserhebung nicht präsenter Beweismittel können in den Fällen des § 244 III, IV, V StPO abgelehnt werden. § 245 StPO betrifft nur die Ablehnung präsenter Beweismittel.

§ 244 III StPO	Ablehnungsgründe für alle **nicht präsenten** Beweismittel
§ 244 III 2 StPO	Unzulässigkeit der Beweiserhebung (der Beweisantrag **muss** zwingend abgelehnt werden)
§ 244 III 1 Nr. 1 StPO	Überflüssigkeit des Beweisantrages wegen Offenkundigkeit der Beweistatsache
§ 244 III 1 Nr. 2 StPO	Bedeutungslosigkeit der Beweistatsache
§ 244 III 1 Nr. 3 StPO	(arg. e contrario) Beweistatsache ist positiv erwiesen (Achtung Verbot der Beweisantizipation)
§ 244 III 1 Nr. 4 StPO	Völlige Ungeeignetheit des Beweismittels
§ 244 III 1 Nr. 5 StPO	Unerreichbarkeit des Beweismittels
§ 244 III 1 Nr. 6 StPO	Ablehnung wegen Wahrunterstellung
§ 244 IV, V StPO	**zusätzliche** Ablehnungsgründe für Anträge auf Sachverständigen und Augenschein
§ 244 IV 1 StPO	erstmalige Vernehmung Sachverständiger bei erforderlicher Sachkunde des Gerichts
§ 244 IV 2 StPO	Ablehnung weiterer Sachverständiger bei erwiesenem Gegenteil (Ausnahme vom Verbot der Beweisantizipation)
§ 244 V 1 StPO	Ablehnung Augenscheinsbeweis im pflichtgemäßen Ermessen des Gerichts
§ 244 V 2 StPO	Ablehnung Zeuge bei Ladung im Ausland im Ermessen des Gerichts
§ 245 StPO	Ablehnungsgründe für **präsente** Beweismittel.

Hinweis: Der gesetzliche Ablehnungsgrund der Verschleppungsabsicht gem. § 244 III 2 Var. 6 StPO aF wurde durch die Reform vom 13.12.2019 einer neuen Regelung zugeführt, § 244 VI 2 StPO. Dabei obliegt die Beantwortung der Frage, ob ein Beweisantrag nur der Prozessverschleppung dient, der Würdigung des Instanzgerichts, was sich auf die Begründungsanforderung auswirkt.

§ 245 I StPO betrifft den Fall **gerichtlich vorgeladener** präsenter Beweismittel. Die Beweisaufnahme kann auch auf sie erstreckt werden, selbst wenn kein diesbezüglicher Beweisantrag vorliegt. Im konkreten Fall hat der Angeklagte aber selbst den Sachverständigen geladen. **§ 245 II StPO** erfasst Zeugen oder Sachverständige, die von der **Staatsanwaltschaft oder dem Angeklagten geladen wurden.** Die Beweisaufnahme muss sich zwingend auf sie erstrecken, wenn ein (zulässiger) Beweisantrag gestellt wird. Im konkreten Fall wurde kein Antrag gestellt, sondern nur der Sachverständige als Beweismittel präsentiert und dessen Vernehmung beantragt. Angaben zum Beweisthema und der Konnexität fehlen. Es handelt sich daher mangels näherer Konkretisierung allenfalls um eine Beweisanregung, die das Gericht im Rahmen des § 244 II StPO ablehnen kann (dies gilt auch für Beweisermittlungsanträge). Das Gericht kann die Vernehmung des L wegen fehlenden Beweisantrages ablehnen (§ 245 II StPO).

Hinweis: Auch die Ablehnung gem. § 245 II StPO bedarf eines Gerichtsbeschlusses.

8. Kapitel: Hauptverfahren II – Einführung der polizeilichen Vernehmung

15. Problem: Vernehmung des sog. Zeugen vom Hörensagen

Beispielsfall:

A ist wegen Diebstahls angeklagt. Im Ermittlungsverfahren machte er gegenüber dem Polizeibeamten P umfassende Aussagen zum Tatgeschehen und legte ein Geständnis ab. In der Hauptverhandlung macht A keine Angaben mehr. Kann das Protokoll der Vernehmung als Urkunde in der Hauptverhandlung verlesen oder der Polizeibeamte P zur Aussage des A als Zeuge vernommen werden?

Ausgangspunkt:

Unmittelbarkeit der Beweisaufnahme, §§ 250 ff. StPO.

Die Beweisaufnahme hat in der Hauptverhandlung vor dem erkennenden Gericht stattzufinden. Die Beweismittel dürfen nicht durch Beweissurrogate ersetzt werden.

Überblick XV: Unmittelbarkeitsgrundsatz

Vorrang der persönlichen Vernehmung (§ 250 S. 1 StPO)
Grundsatz:
Ersetzungsverbot; Vorrang Personal- vor Urkundenbeweis (§ 250 S. 2 StPO)
Ausnahmen:
Verlesung von Protokollen über Aussagen (§§ 251 ff. StPO)
Verlesung von Protokollen über Vernehmungen von Zeugen, Sachverständigen oder Mitbeschuldigten (§ 251 StPO)
Gedächtnisunterstützung/ Widerspruchsbehebung bei Zeugen und Sachverständigen (§ 253 StPO)
Geständnisverlesung und Widerspruchsbehebung beim Angeklagten (§ 254 StPO)
Behördliche Zeugnisse und Gutachten, ärztliche Atteste (§ 256 I StPO)

Fraglich ist, ob die Verlesung des Geständnisses in der Hauptverhandlung gem. § 254 StPO möglich ist (Urkundenbeweis). Erforderlich ist, dass die Erklärung des Angeklagten in einem **richterlichen** Protokoll enthalten ist. Hier liegt »nur« eine polizeiliche Vernehmung, also eine Vernehmung durch eine nichtrichterliche Verhörsperson, vor. Eine Vernehmung des A durch den Ermittlungsrichter ist nicht erfolgt. Daher ist § 254 StPO nicht anwendbar, vielmehr begründet die Vorschrift ein Beweisverwertungsverbot. Es könnte aber der Polizeibeamte P zur Aussage des A als Zeuge vernommen werden (Zeugenbeweis). Es besteht eine Vernehmungspflicht des Gerichtes aus § 244 II StPO. Die gesetzliche Verpflichtung zur Wahrheitserforschung umfasst grundsätzlich auch die Vernehmung der Verhörsperson als Zeugen über die frühere Aussage des Angeklagten. Auch ein früheres Geständnis des Angeklagten kann grundsätzlich verwertet werden, selbst wenn er später sein Verhalten ändert. Die Vernehmung des Polizeibeamten als sog. **Zeuge vom Hörensagen** ist zulässig. § 250

StPO steht nicht entgegen, denn er regelt nur den Vorrang des Personalbeweises vor dem Urkundenbeweis (str.). Er gilt nur für Wahrnehmungen von Zeugen und Sachverständigen und nur im Strengbeweisverfahren. Die Einlassung des Angeklagten gehört aber nicht zur Beweisaufnahme (vgl. § 243 V StPO iVm § 244 I StPO). Die Zulässigkeit folgt auch aus einem Umkehrschluss zu § 254 StPO. Daraus ergibt sich nämlich nur, dass Erklärungen des Angeklagten, die in einem richterlichen Protokoll enthalten sind, zum Zwecke der Beweisaufnahme über ein Geständnis verlesen werden können. Daraus folgt nun, dass die Verlesung von Erklärungen, die in einem polizeilichen Protokoll enthalten sind, nicht gestattet ist. Die Vernehmung des Polizeibeamten als Zeugen vom Hörensagen über das was er noch von der Vernehmung in Erinnerung hat, ist dadurch aber nicht ausgeschlossen. Die bloße Angabe durch den Polizeibeamten, er habe die Erklärungen des Angeklagten richtig protokolliert, macht den Inhalt allerdings nicht verwertbar. Der Polizeibeamte kann also als **Zeuge vom Hörensagen** vernommen werden. Er erbringt unmittelbaren Beweis für das Hörensagen als solches.

Hinweis: Äußert sich also der Angeklagte nicht zur Sache oder bestreitet die Richtigkeit des Protokolls, so ist die Anhörung des Vernehmungsbeamten als Zeuge in Fällen des Verbots der Protokollverlesung immer zulässig. Etwas Anderes gilt nur, wenn ausnahmsweise ein Beweisverwertungverbot eingreift. An dieser Stelle ist die Vorschrift des § 252 StPO zu beachten (→ **18. Problem**).

16. Problem: Verlesung des Vernehmungsprotokolls zum Zwecke des Urkundenbeweises

Beispielsfall:

Gegen A wird ein Ermittlungsverfahren wegen Diebstahls geführt. Der Zeuge B sagt im Ermittlungsverfahren gegenüber dem Polizeibeamten P umfassend aus und belastet A schwer. In der Hauptverhandlung kann sich B nicht mehr an die Einzelheiten seiner Aussage erinnern, weshalb der Staatsanwalt die Verlesung des Vernehmungsprotokolls beantragt. Auch nach Verlesung allerdings kann sich B nicht sicher erinnern, was er gegenüber P angegeben hat. Kann das Vernehmungsprotokoll als Urkunde verwertet werden?

Ausgangspunkt:

Unmittelbarkeitsgrundsatz, § 250 StPO (→ **15. Problem**).

Im vorliegenden Beispielsfall liegt keine Ausnahme gem. § 251 StPO vor. Auch ein davon unabhäniger, nach der hA zulässiger sog. **Vernehmungsbehelf**, dh der Vorhalt im Wege des auszugsweisen Vorlesens (BGH NJW 2006, 1529), kann darin nicht gesehen werden. In Betracht kommt aber eine Ausnahme gem. § 253 StPO (Protokollverlesung zur Gedächtnisunterstützung). Problematisch ist, dass sich B nach Verlesung des Protokolls trotzdem nicht mehr sicher erinnern kann, was er gegenüber dem Polizeibeamten P angegeben hat. Die Frage ist, ob das Protokoll selbst oder nur die Reaktion/Äußerung des Zeugen auf die Verlesung ein Beweismittel ist.

Lösungsansätze:

I. Reiner Vorhalt

Polizeiliche Vernehmungsprotokolle dürfen ausschließlich als Vorhalt in die Hauptverhandlung eingebracht werden. Beweismittel bleibt die Äußerung/Reaktion des Zeugen oder Sachverständigen.

Vertreten von:
Krause, Zum Urkundenbeweis im Strafprozess, 1966, 188 ff.; *Hanack*, FS Schmidt-Leichner, 1977, 83 (87 ff.); *Grünwald* JZ 1966, 489 (493); *Schmidt* JZ 1964, 537 (541); *Peters* StrafProzR 322.

1. Argument
Es ist mit dem Unmittelbarkeitsprinzip unvereinbar, Ergebnisse des Vorverfahrens im Wege des Urkundenbeweises zur Urteilsgrundlage im Hauptverfahren zu machen. § 250 S. 2 StPO enthält insoweit ein ausdrückliches Verbot.

2. Argument
Der Urkundenbeweis in der Hauptverhandlung ist in § 254 I StPO als ausschließliche *lex specialis* geregelt.

II. Urkundenbeweis

§ 253 StPO ermöglicht polizeiliche Vernehmungsprotokolle im Wege des Urkundenbeweises zum Zweck des Vorhalts bei Erinnerungslücken (I) oder Widersprüchen (II) in die Hauptverhandlung einzuführen. Insoweit ist das Unmittelbarkeitsprinzip durchbrochen.

Vertreten von:
BGHSt 3, 199 (201) = NJW 1953, 192 (192 f.); BGHSt 3, 281 (283) = NJW 1953, 115; BGHSt 11, 338 (341) = NJW 1958, 919; BGHSt 20, 160 (162) = NJW 1965, 874 (875); BGH NJW 1986, 2063 f.; *Beulke/Swoboda* StrafProzR Rn. 415; *Fezer* StrafProzR Fall 14 Rn. 36; *Gössel,* Strafverfahrensrecht 1, 1977, 241; *Haller/Conzen,* Das Strafverfahren, 7. Aufl. 2014, Rn. 564; *Hellmann* StrafProzR Rn. 673; *Joecks* StPO § 253 Rn. 1; HK-StPO/*Julius/Bär* § 253 Rn. 1; *Kramer,* Grundbegriffe des Strafverfahrensrechts, 7. Aufl. 2009, Rn. 160; *Kühne* StrafProzR Rn. 935; AK-StPO/*Meier* § 253 Rn. 3; Meyer-Goßner/Schmitt/*Schmitt* StPO § 253 Rn. 1; *Pfeiffer* StPO § 253 Rn. 1; KMR-StPO/*Paulus* StPO § 244 Rn. 95 ff.; *Ranft* StrafProzR Rn. 1723; *Roxin/Schünemann* StrafVerfR § 46 Rn. 20; SK-StPO/*Velten* § 253 Rn. 2; *Volk/Engländer* GK StPO § 27 Rn. 18.

1. Argument
§ 253 StPO ist eine ausdrücklich geregelte Ausnahme zu § 250 StPO.

2. Argument
§ 253 StPO liefe weitgehend leer, wenn man neben der Zeugenaussage ausschließlich die Aussagen der Verhörsperson als Beweismittel zuließe.

3. Argument
Eine Differenzierung bei der Behandlung polizeilicher Vernehmungsprotokolle in §§ 253, 254 StPO ist keineswegs zwingend geboten. § 255 StPO stellt beide Rechtsinstitute gleich, sodass eine sachliche Gleichstellung der beiden Vorschriften naheliegt.

Im Beispielsfall:

Geht man von einer reinen Vorhaltfunktion des § 253 StPO aus, so darf das Vernehmungsprotokoll des B zwar verlesen und vorgehalten, jedoch nicht als Urkundenbeweis selbst verwertet werden. Zu vernehmen ist der Polizeibeamte P als **Zeuge vom Hörensagen (→ Problem 15)**, dem aber kein Vorhalt gem. § 253 StPO gemacht werden darf (Wortlaut »Protokoll über **seine** frühere Vernehmung«). Geht man von einem Urkundenbeweis aus, so steht der Verlesung und Verwertung des Vernehmungsprotokolls als Urkunde nichts im Wege. Ein formfreier Vorhalt (Vernehmungsbehelf) kann/muss in einem § 253 StPO vorgeschalteten informellen Verfahren gemacht werden.

Hinweis: Umstritten ist innerhalb dieser Ansicht, ob der formfreie Vorhalt durch den Richter auszugsweise, frei und in eigenen Worten vorzubringen ist, oder ob der formfreie Vorhalt wiederum eine vollständige Verlesung des Protokolls darstellt, vgl. dazu KK-StPO/*Diemer* § 249 Rn. 45.

Da die Ansichten zu unterschiedlichen Ergebnissen führen, muss der Streit entschieden werden. Gegen einen reinen Vorhaltcharakter des § 253 StPO spricht zum einen die Stellung der Vorschrift im Gesetz, die in § 255 StPO entsprechend zu § 254 StPO geregelte Protokollierungsvorschrift, Sinn und Zweck der Verlesung sowie der Wortlaut des § 253 StPO. Die bloße Annahme eines Vorhaltes entspricht nicht der gesetzlichen Regelung, zumal ein bloßer Vorhalt ohne gesetzliche Regelung bereits zulässig ist, da er sich im Rahmen des § 250 StPO hält. Denn Urteilsgrundlage bleibt beim Vorhalt gerade die Aussage des Zeugen, dem der Vorhalt gemacht wird. § 253 StPO bedürfte es hierfür nicht. Somit kann das Protokoll der Vernehmung des B nach erfolgloser Vernehmung des B und informellem Vorhalt des Protokolls gem. § 253 I StPO als Urkunde verlesen werden.

Hinweis: Auf Antrag der Staatsanwaltschaft oder des Angeklagten ist eine Verlesung gem. §§ 253, 254 StPO und ihr Grund über § 273 I StPO hinaus im Protokoll zu erwähnen (§ 255 StPO).

Exkurs XV: Vernehmung verdeckter Ermittler oder V-Personen als Zeugen

Vgl. MAH Strafverteidigung/*Deckers* § 19 Rn. 14 ff.; *Safferling* NStZ 2006, 75.

Bei der Vernehmung verdeckter Ermittler (Polizeibeamte) oder V-Personen (Privatpersonen) besteht häufig großes Interesse an der Durchbrechung des Unmittelbarkeitsgrundsatzes, da diese Personen unerkannt bleiben sollen, was durch eine offene Zeugenaussage konterkariert würde. Die Erkenntnisse dieser Zeugen können auf unterschiedliche Weise in die Hauptverhandlung eingeführt werden, abhängig von deren Schutzbedürftigkeit **(Drei-Stufen-Regelung)**:

Stufe 1 Vernehmung als Zeuge unter Verweigerung der Angaben gem. §§ 68 II, III, 110b III 3, 96 StPO

und/oder Entfernung des Angeklagten aus dem Sitzungssaal gem. § 247 StPO

und/oder Ausschluss der Öffentlichkeit gem. § 172 Nr. 1a GVG

oder audio-visuelle Vernehmung § 247a I StPO.

Stufe 2 Sperrerklärung der Ermittlungsbehörde, kommissarische Vernehmung vor dem ersuchten/beauftragten Richter (§ 223 StPO), Verlesung des Protokolls gem. § 251 II Nr. 1 StPO in der Hauptverhandlung wegen Unerreichbarkeit des Zeugen.

Stufe 3 Lediglich Vernehmung als Zeuge durch einen Polizeibeamten, der dann in der Hauptverhandlung als Zeuge vom Hörensagen vernommen wird wobei seine Aussagegenehmigung gem. § 54 StPO hinsichtlich der Preisgabe der Identität des Verdeckten Ermittlers/der V-Person beschränkt ist.

Diese Durchbrechungen des Unmittelbarkeitsgrundsatzes führen zu Problemen zwischen richterlicher Aufklärungspflicht (§ 244 II StPO) und nachvollziehbarem Schutz der Verdeckten Ermittler/Vertrauenspersonen vor Enttarnung. Dies ist im Rahmen der Beweiswürdigung zu berücksichtigen. Nach ständiger Rechtsprechung des BGH ist bei der Beurteilung der Aussage in diesen Fällen besondere Vorsicht geboten. Eine Aussage des Zeugen vom Hörensagen bedarf wegen ihres geringen Beweiswerts regelmäßig der Bestätigung durch andere wichtige Gesichtspunkte, wenn das Urteil auf sie gestützt werden soll (BVerfG NJW 2010, 925; BGHSt 55, 70 = NJW 2010, 2224; zuletzt BGH NStZ-RR 2018, 21). Besondere Vorsicht ist geboten, wenn die Zahl der Zwischenglieder in der Beweisführung wächst, der anonyme Gewährsmann sich auf Unterlagen stützt, deren Zustandekommen nicht bekannt ist und der vernommene Zeuge vom Hörensagen den Gewährsmann selbst nicht kennt. Bei Sperrerklärungen von Justiz- und Polizeibehörden, mit denen im Interesse der persönlichen Sicherheit oder im Interesse einer wirksamen Bekämpfung bestimmter Kriminalitätsformen Identität oder Aufenthalt eines Zeugen geheim gehalten oder Aussagegenehmigungen verweigert werden, ist besondere Sorgfalt geboten, weil es hier die Exekutive ist, die eine erschöpfende Sachaufklärung verhindert und es den Verfahrensbeteiligten unmöglich macht, die persönliche Glaubwürdigkeit der im Dunkeln bleibenden Gewährspersonen zu überprüfen (BVerfG NJW 2001, 2245 ff.). Diese **»Beweiswürdigungslösung«** wird im Schrifttum seit Jahrzehnten heftig kritisiert, indem aus der Garantie des rechtlichen Gehörs (Art. 103 I GG), dem Konfrontationsrecht (Art. 6 III lit. d EMRK) und dem Grundsatz des *»fair trial«*, teilweise auch aus § 261 StPO, die gänzliche Unzulässigkeit der Beweiserhebung mithilfe der Vernehmungsbeamten als Zeugen vom Hörensagen herzuleiten versucht wird. Mittlerweile ist auch der EGMR im Wesentlichen auf die Linie des BGH eingeschwenkt (EGMR NJW 2006, 2753 – Monika Haas). Durch den Ausbau der audiovisuellen Vernehmung einer V-Person unter dessen gleichzeitiger Abschirmung gegen Enttarnung, wurde inzwischen eine erhebliche Besserstellung der Verteidigung erzielt. Die Beweiswürdigungslösung reicht zur Herstellung einer völligen Verfahrensbalance nicht aus (zusammenfassend *Safferling* StV 2010, 337). Eine wirklich befriedigende Lösung kann deshalb nur *de lege ferenda* gefunden werden, indem für die mit geheimdienstlichen Methoden arbeitenden Strafverfahren eine zusätzliche, auf die Aufgaben der Verteidigung festgelegte interne Kontrollinstanz als »Notverteidigung« analog dem für die europäische Strafverfolgung vorgeschlagenen »Eurodefensor« geschaffen wird, vgl. dazu *Roxin/Schünemann* StrafVerfR § 46 Rn. 34.

Hinweis: Besonderer rechtlicher Behandlung bedarf es, wenn die Aussage eines Zeugen vom Hörensagen deswegen in Anspruch genommen werden muss, weil ein zentraler Belastungszeuge in der Hauptverhandlung nicht erscheinen kann. Der EGMR hat deshalb eine sog. **Dreistufenprüfung** entwickelt, die eine Gesamtbewertung der Verfahrensfairness ermöglichen soll. Auf erster Stufe ist zu prüfen, ob ein triftiger Grund für die Abwesenheit vorlag. Die zweite Stufe verlangt, dass die Aussage die einzige oder maßgebliche Grundlage der Beweisführung darstellte. Im Rahmen einer dritten Stufe ist zu entscheiden, ob die Unmöglichkeit der konfrontativen Befragung durch andere Faktoren hinreichend ausgeglichen werden konnte (zB konfrontative Vernehmung im Vorverfahren gem. § 168c II–IV StPO).
Siehe dazu: EGMR StV 2017, 213; BGH NStZ 2017, 602.

9. Kapitel: Beweisrecht

17. Problem: Verwertungsverbot aus fehlender Belehrung des Beschuldigten

Beispielsfall:

A ist rumänischer Staatsangehöriger gegen den ein Ermittlungsverfahren wegen Diebstahls mit Waffen (§§ 242, 244 I Nr. 1a StGB) geführt wird. Bei der ersten polizeilichen Vernehmung wird A nicht über sein Schweigerecht gem. §§ 163a IV 2, 136 I 2 StPO belehrt. A – der sein Recht zu schweigen nicht kennt – legt ein umfassendes Geständnis ab. In der späteren Hauptverhandlung wird die Einlassung des inzwischen anwaltlich vertretenen A verwertet. Gegen diese Verwertung richtet sich die von A eingelegte Revision. Zu Recht?

Ausgangspunkt I:

Belehrungspflichten gegenüber dem Beschuldigten bei einer Vernehmung.

Die §§ 133–136a StPO regeln unmittelbar die **richterliche Vernehmung** des **Beschuldigten.** Für die Vernehmung durch die Staatsanwaltschaft und die Polizei finden diese Regeln teilweise Anwendung über die Verweisung in § 163a III, IV StPO. Die Vernehmung des Beschuldigten kann im Vorverfahren, Zwischenverfahren sowie in der Hauptverhandlung erfolgen; er ist jedoch bis spätestens vor dem Abschluss der Ermittlungen zu vernehmen, es sei denn, dass das Verfahren zur Einstellung führt (§ 163a I 1 StPO). In einfachen Sachen genügt es, dass ihm Gelegenheit gegeben wird, sich schriftlich zu äußern, § 163a I 3 StPO.

Der Beschuldigte hat zur **Absicherung des *Nemo-tenetur*-Prinzips** unter anderem das Recht die Aussage zu verweigern und muss sich nicht selbst durch seine eigene Aussage belasten, § 136 I 2 StPO.

Erste Voraussetzung ist also das Vorliegen einer **Vernehmung eines Beschuldigten.** Zweite Voraussetzung ist die Belehrung vor der Befragung (§ 136 I 2 StPO).

Hinweis: Es muss immer beachtet werden, dass die Pflichten aus § 136 StPO nur bei der Vernehmung von Beschuldigten gelten. Hier wäre der richtige Ort, um die Beschuldigtenstellung des A sowie den Charakter der Befragung als Vernehmung in Abgrenzung zur bloßen informatorischen Befragung oder zu Spontanäußerungen abzugrenzen (→ **1.Problem**).

Überblick XVI: Belehrungspflichten gegenüber dem Beschuldigten im Ermittlungsverfahren

Bei Verhaftung ist der Beschuldigte bereits gem. **§ 114b I, II StPO** zu belehren.	
Vor der Vernehmung ist der Beschuldigte gem. **§ 136 I StPO** wie folgt zu belehren:	
§ 136 I 1 StPO	Belehrung über den Tatvorwurf samt in Betracht kommender Strafvorschriften.
Achtung! § 163a IV 1 StPO spricht nur von der Eröffnung des Tatvorwurfs und § 163a IV 2 StPO verweist nicht auf § 136 I **1** StPO, sodass Polizeibeamte die anzuwendenden Strafvorschriften nicht nen-	

nen müssen; vgl. zur Eröffnung des Tatvorwurfs BGH NStZ 2012, 581 (582) und zum dementsprechenden Beurteilungsspielraum BGH NJW 2017, 3137 (3178).

§ 136 I 2 Alt. 1 StPO	Belehrung über das Schweigerecht.
§ 136 I 2 Alt. 2 StPO	Belehrung über das Recht auf Verteidigerkonsultation (vgl. § 136 I 3, 4 StPO).
§ 136 I 5 Alt. 1 StPO	Belehrung über das Recht auf Anträge zur Beweiserhebung.
§ 136 I 5 Alt. 2 StPO	Belehrung über eine etwaige Verteidigerbestellung im Fall der notwendigen Verteidigung.
§ 136 I 6 StPO	Belehrung über die Möglichkeit des Täter-Opfer-Ausgleichs in geeigneten Fällen.

Im vorliegenden Fall ist eine Vernehmung des Beschuldigten A gegeben. Eine Belehrung vor der Befragung (§ 136 I 2 StPO) erfolgte hier nicht. Besonders zu beachten ist, dass A rumänischer Staatsangehöriger ist. Es entstehen weitere Belehrungspflichten nach § 114b II 4 StPO iVm Art. 36 I lit. b) S. 3 WKÜ (Wiener Konsularübereinkommen). Demnach ist A bei einer Festnahme unverzüglich über sein Recht auf **konsularischen Beistand** seines Heimatstaates zu belehren. Damit soll die effektivere Wahrnehmung der dem Beschuldigten zustehenden Verteidigungsrechte unterstützt werden. Hinzu kommt eine Belehrungspflicht gem. § 114b II 3 StPO hinsichtlich des Rechts einen **Dolmetscher** (§§ 187 I 1-3, 189 GVG) zu erhalten. A wurde hier aber nicht festgenommen, weshalb diese Belehrungspflichten nicht zu erfüllen waren. Eine Belehrung über das Schweigerecht gem. § 136 I 2 StPO ist nicht erfolgt.

Ausgangspunkt II:

Folgen eines Belehrungsfehlers.

Überblick XVII: Beweisverbote

Die gerichtliche Aufklärungspflicht, § 244 II StPO, verlangt die Erforschung des tatsächlichen Sachverhalts – der materiellen Wahrheit – unter Heranziehung aller erreichbaren Beweismittel. Allerdings wird die gerichtliche Aufklärungspflicht durch den Grundsatz beschränkt, dass es »**keine Wahrheitsfindung um jeden Preis**« gibt. Bei der Frage, ob Beweisverbote vorliegen, stehen sich immer grundrechtliche Individualinteressen und der staatliche Strafanspruch gegenüber. Der Aufklärungspflicht sind also durch Grund- und Menschenrechte Grenzen gesetzt, die sowohl die Phase der Beweis**erhebung**, also auch die Phase der Beweis**verwertung** betreffen können.

Beweiserhebungsverbote untersagen es

- einen Beweis überhaupt zu erheben (Beweisthemenverbot, zB § 100d I StPO).
- ein bestimmtes Beweismittel einzusetzen (Beweismittelverbot, zB §§ 52 ff. StPO).
- eine gewisse Methode zur Beweisgewinnung einzusetzen (Beweismethodenverbot, § 136a StPO).

Beweisverwertungsverbote schließen die Verwertung bestimmter Beweisergebnisse im Urteil, entweder kraft Gesetzes (normierte Beweisverwertungsverbote) wie zB § 136a III 2 StPO oder durch nicht normierte Beweisverwertungsverbote, aus.

Unselbstständige Beweisverwertungsverbote = beruhen auf einem Beweiserhebungsverbot → Fehler im Ermittlungsverfahren wirken sich auf die Urteilsfindung aus → Fehler der Beweiserhebung wirken in der Beweisverwertung fort.

Selbstständige Beweisverwertungsverbote = trotz rechtmäßiger Beweiserhebung greift ein Verwertungsverbot, da die spezifische Grundrechtsverletzung gerade in der Heranziehung des Beweises für die Urteilsfindung liegt.

Exkurs XVI: Das Vorliegen nicht normierter, unselbstständiger Beweisverwertungsverbote

Es gibt keine allgemeingültige Regel, dass die Verletzung eines Beweiserhebungsverbotes auch ein Verwertungsverbot nach sich zieht, weshalb bei einem Verstoß gegen eine Beweiserhebungsvorschrift immer eine **Einzelfallprüfung** vorzunehmen ist; vgl. dazu sehr lesenswert BVerfG NJW 2011, 2417 (2419) (»Steuer-CDs«).

Hierbei können **folgende Kriterien** eine Rolle spielen:

Sog. **Schutzzweck** der verletzten Beweiserhebungsnorm.

Sog. **Rechtskreiskriterium** = berührt die Verletzung der Erhebungsnorm den Rechtskreis des Angeklagten wesentlich, oder ist sie für ihn nur von untergeordneter Bedeutung (entwickelt für Verletzung des § 55 II StPO; ähnliche Argumentation des BGH für die Frage der Verwertbarkeit einer Beschuldigtenaussage vor dem Ermittlungsrichter bei unterbliebener Ladung des Verteidigers für die Verurteilung eines Mitbeschuldigten, BGH NStZ 2009, 345; siehe dazu auch die Verwertung einer für den Angeklagten unverwertbare Aussage im Rahmen der Verurteilung des Mitbeschuldigten).

Sog. **Abwägungskriterium** = Abwägung des staatlichen Interesses an der Strafverfolgung gegen das Interesse des Bürgers auf die Wahrung seiner Rechte unter Berücksichtigung folgender Kriterien:

Bedeutung beeinträchtigtes Grundrecht	vs.	Bedeutung des zu schützenden Rechtsguts
Intensität des Grundrechtseingriffes	vs.	Schwere der begangenen Straftat
Schutz der Intimsphäre	vs.	Schutzzweck der verletzten Norm
Maß der Schuld	vs.	Gewicht des Verfahrensverstoßes

Problematisch ist, welche Folge ein solcher Belehrungsfehler nach sich zieht, also die Frage, ob ein Verstoß gegen Belehrungspflicht aus § 136 I 2 StPO das Geständnis des A **unverwertbar** macht.

Lösungsansätze:

I. Kein Verwertungsverbot

Mangels gesetzlicher Regelung führt ein Verstoß gegen § 136 I 2 StPO nicht zu einem Verwertungsverbot.

Vertreten von:
BGHSt 22, 170 (173 ff.) = NJW 1968, 1838 (1839); BGHSt 31, 395 (398) = NStZ 1983, 565 (566); für weitere Fundstellen s. Vorauflage.

Argument
§ 136 I 2 StPO ist eine bloße Ordnungsvorschrift, die nicht dem Schutz des Beschuldigten dient (arg. e. c. § 136a III 2 StPO).

II. Absolutes Verwertungsverbot

Aus der unterlassenen Belehrung nach § 136 I 2 StPO folgt zwingend ein Verwertungsverbot.

Vertreten von:
OLG Bremen NJW 1967, 2022 ff.; *Kunert* MDR 1967, 539 ff.; *Schmidt-Leichner* NJW 1965, 1309 (1311).

Argument
§ 136a III 2 StPO ist anwendbar, da auch Täuschungen durch Unterlassen erfasst sind und die fehlende Belehrung eine unbewusste Täuschung durch Unterlassen über das Aussageverweigerungsrecht darstellt.

III. Eingeschränkte Verwertbarkeit

Grundsätzlich ist von einem Verwertungsverbot auszugehen. Ausnahmen sind möglich für den Fall, dass der Beschuldigte sein Aussageverweigerungsrecht kannte oder der Verwertung zustimmt.

Vertreten von:
Heinrich ZStW 112, 398 ff.; *Herdegen* NStZ 2000, 1 (4); *Brüssow* StraFo 1998, 294 (296, 298); *Fezer* StV 1997, 57 (58); für weitere Fundstellen s. Vorauflage.

Argument
Belehrungsdefizite können dann kein Verwertungsverbot begründen, wenn sie das Aussageverhalten des Vernommenen nicht beeinflusst haben. Die Schutzwürdigkeit des Beschuldigten ist in den genannten Ausnahmefällen geringer.

IV. Sog. »Widerspruchslösung«

Ein Verstoß gegen § 136 I 2 StPO führt grundsätzlich zu einem Verwertungsverbot. Allerdings gilt dies nicht, wenn der Beschuldigte sein Recht zu Schweigen kannte, wenn der (verteidigte) Angeklagte der Verwertung ausdrücklich zustimmt, oder wenn der verteidigte Angeklagte der Verwertung nicht rechtzeitig, dh spätestens bis zu dem in § 257 StPO genannten Zeitpunkt, **widersprochen** hat.

Vertreten von:
OLG Brandenburg BeckRS 2020, 23; BVerfG NJW 2012, 907 (911); BGH NStZ 2012, 581 (582); BGHSt 38, 214 = NStZ 1992, 294 (295); BGHSt 22, 170 = NJW 1968, 1838 (1839); BGHSt 31, 395 = NStZ 1983, 565 (566); BGHSt 42, 15 (22 ff.) = NJW 1996, 1547 (1548); BGHSt 47, 172 = NJW 2002, 975; BGH NStZ 1997, 502 f.; OLG Hamm NStZ-RR 2006, 47; HK-StPO/*Ahlbrecht* § 136 Rn. 40; KK-StPO/*Diemer* § 136 Rn. 26; *Kiehl* NJW 1993, 501; *Kindhäuser*, Strafprozessrecht, 4. Aufl. 2016, § 6 Rn. 53; § 23 Rn. 18; *Mitsch* NStZ 2008, 49; *Pfeiffer* StPO § 136 Rn. 9; SK-StPO/*Rogall* § 136 Rn. 77 ff.; Meyer-Goßner/Schmitt/*Schmitt* StPO § 136 Rn. 20.

1. Argument
Ein Verstoß gegen § 136 I 2 StPO berührt die verfahrensrechtliche Stellung des Beschuldigten (*Nemo-tenetur*-Grundsatz), weshalb gerade keine bloße Ordnungsvorschrift vorliegt, was auch durch die vorgeschriebene erneute Belehrung gem. § 243 IV StPO in der Hauptverhandlung deutlich wird.

2. Argument
Ein Umkehrschluss aus § 136a III 2 StPO ist nichtssagend, da die StPO die Beweisverwertungsverbote gerade nicht abschließend regelt.

Im Beispielsfall:

Geht man davon aus, dass es sich bei § 136 I 2 StPO nur um eine Ordnungsvorschrift handelt, so ist von der Verwertbarkeit der Aussage des A auszugehen, und dieser kann sich im Rahmen der Revision nicht auf die Unverwertbarkeit der Aussage berufen. Die Revision ist, gestützt auf die Unverwertbarkeit der Aussage, dann erfolgreich, wenn man der Ansicht folgt, dass die unter Verletzung des § 136 I 2 StPO gewonnene Aussage stets unverwertbar ist und man (wie zumeist) annehmen kann, dass das Urteil auf diesem Verfahrensfehler gem. § 337 StPO beruht. Ebenso wäre zu entscheiden, wenn man von der eingeschränkten Verwertbarkeit ausgeht, da keiner der Ausnahmegründe (Kenntnis/Verzicht vorliegt). Legt man die sog. Widerspruchslösung zugrunde, so wird A mit seinem Vorbringen keinen Erfolg in der Revision haben. Denn der verteidigte A hat der Verwertung seiner Aussage nicht bis zum Zeitpunkt des § 257 StPO – dem Ende der Beweiserhebung, also der Verlesung der Aussage/Vernehmung der Verhörsperson – widersprochen und ist somit mit seinem Vorbringen, insbesondere in der Berufungsinstanz, »präkludiert«. Da die Ansichten zu unterschiedlichen Lösungen kommen, ist der Streit zu entscheiden. Die uneingeschränkte Verwertbarkeit einer unter Verstoß gegen § 136 I 2 StPO zustande gekommenen Aussage verkennt die grundsätzliche Bedeutung der Selbstbelastungsfreiheit als Prozessmaxime und als Grundlage eines fairen Verfahrens. Eine Herabstufung zur bloßen Ordnungsvorschrift ist weder aufgrund des Telos noch der Systematik geboten, gerade weil aus § 136a III 2 StPO kein allgemeingültiger Umkehrschluss gezogen werden kann. Eine einzelfallunabhängige Unverwertbarkeit solcher Aussagen schränkt aber das Interesse an einer funktionstüchtigen Strafrechtspflege zu stark ein. Die Abwägung darf nicht zugunsten des Beschuldigten ausfallen, wenn dieser seine Rechte positiv kennt oder darauf verzichtet. Die daraus entwickelte weitergehende Konstruktion der sog. **Widerspruchslösung** ist inzwischen vom BVerfG gebilligt worden (BVerfG NJW 2012, 907 [911]). Diese trägt einerseits dem Interesse des Angeklagten an einer möglichst weitreichenden Dispositionsbefugnis Rechnung und gewährleistet andererseits, dass eine Beanstandung sowie die sich daraus ergebenden Rechtsfolgen noch während der Hauptverhandlung geprüft werden können, damit rechtzeitig Klarheit für deren weiteren Verlauf geschaffen wird. Aus diesem Grund ist der Widerspruchslösung zu folgen. A hätte durch seinen Verteidiger der Verwertung der Aussage bis zum Zeitpunkt des § 257 StPO widersprechen müssen. Seine **Revision wird deshalb nicht erfolgreich** sein.

Hinweis 1: Heilung von Belehrungsfehlern **(sog. qualifizierte Belehrung)**
Wurde eine Aussage unter Verstoß gegen die Belehrung über das Schweigerecht des Beschuldigten erlangt, so reicht vor einer weiteren Vernehmung eine bloße Belehrung hinsichtlich des Schweigerechts nicht mehr aus. Vielmehr ist erforderlich, dass der Beschuldigte **qualifiziert belehrt** wird, also neben seinem Aussageverweigerungsrecht auch darüber, dass seine bisher getroffene Aussage nicht verwertbar ist, sodass er sich an diese nicht deshalb gebunden fühlt, weil er glaubt er könne sie nicht mehr aus der Welt schaffen. Allerdings hat ein Verstoß gegen diese Pflicht zur qualifizierten Belehrung nicht das gleiche Gewicht, wie der ursprüngliche Verstoß gegen § 136 I 2 StPO, sodass durch Abwägung im Einzelfall zu ermitteln ist, ob aus dem Fehlen einer qualifizierten Belehrung ein Verwertungsverbot folgt (vgl. BGHSt 53, 112; offengelassen BGH NStZ 2015, 291 [293]). Vgl. zum zunächst zu Unrecht als Zeugen vernommenen Beschuldigten BGH NStZ 2015, 291.

Hinweis 2: Erweiterung des Anwendungsbereiches der Widerspruchslösung
Die im Jahre 1992 vom BGH für einen Verstoß gegen § 136 I 2 StPO entwickelte und in der Literatur nicht unumstrittene (vgl. statt vieler Meyer-Goßner/Schmitt/*Schmitt* StPO § 136 Rn. 25a) Widerspruchslösung wurde inzwischen auch für die Verwertbarkeit anderer unter Verfahrensverstößen zustande gekommenen Beweisergebnisse ausgedehnt. Für § 81a II StPO vgl. bisher OLG Frankfurt a.M. NStZ-RR 2011, 45; OLG Koblenz NStZ-RR 2011, 148; für § 100a StPO angedeutet in BGH NStZ 2006, 402; für § 168c V StPO siehe BGHSt 26, 332 (334); für Art. 6 III lit. d) EMRK vgl. BGH NStZ 2017, 602; zuletzt für § 105 I StPO BGH NJW 2018, 2279 (→ **Problem 23)**.

Exkurs XVII: Fehler in der Beweiserhebung sowie Verwertungsverbote im Rahmen der Belehrungspflicht und das Verhältnis von § 136 I 2 StPO zu § 114b StPO

Art. 36 I lit. b) S. 3 WKÜ – Recht auf Benachrichtigung der konsularischen Vertretung

Ein Verstoß gegen die oben dargestellte Belehrungspflicht des festgenommenen ausländischen Beschuldigten über die unverzügliche Benachrichtigung seiner konsularischen Vertretung gem. Art. 36 I lit. b) S. 3 WKÜ, wozu die Polizeibeamten sofort nach der Festnahme verpflichtet sind (BVerfG NJW 2007, 499 [503]), zieht nicht zwingend Beweisverwertungsverbot nach sich (BGHSt 52, 48 = NStZ 2008, 168 [169]). Umstritten war aber lange Zeit, ob ein solcher Verstoß nicht durch einen Ausspruch – ähnlich bei überlanger Verfahrensdauer – zu kompensieren sei, dass ein Teil der Strafe als vollstreckt gelte (so BGHSt 52, 48 = NStZ 2008, 168 [169]; anders BGH NJW 2008, 1090). Allerdings stellte das BVerfG inzwischen klar, dass die Kompensation des Verfahrensverstoßes in Form der sog. Vollstreckungslösung nicht möglich ist. Auch bedarf es keines kategorischen Ausschlusses eines Beweisverwertungsverbotes, vielmehr ist auch hier eine Einzelfallentscheidung unter Abwägungsgesichtspunkten zu treffen (BVerfG NJW 2011, 207).

§ 136 I 2 Alt. 2 StPO – Recht auf Verteidigerkonsultation

Ein Verstoß gegen die Belehrungspflicht hinsichtlich des Rechts auf Hinzuziehung eines Verteidigers zieht ein Verwertungsverbot nach sich, es sei denn der Beschuldigte kennt sein Recht bereits (BGHSt 47, 172 [173] = NJW 2002, 975 [977]). Das Recht einen Verteidiger hinzuzuziehen sichert die Stellung des Beschuldigten als Subjekt im Strafverfahren und gehört zu den wichtigsten Rechten im Strafverfahren. Das Verwertungsverbot umfasst auch Aussagen, die getätigt wurden, obwohl dem Beschuldigten zwar nach Belehrung das Recht auf einen Verteidiger verwehrt wurde.

Nach ständiger Rechtsprechung führt ein Verstoß gegen die Belehrungspflicht bei der ersten Vernehmung iSd § 136 I StPO grundsätzlich zu einem Verwertungsverbot der ohne vorangegangene Belehrung getätigten Aussage. Die umfassende Neuregelung des § 114b StPO aus dem Jahr 2010, insbesondere die damit verankerte Dokumentationspflicht, erleichtert die prozessuale Beweisführung. Gemäß § 114b II StPO ist der auf Grund eines bestehenden Haftbefehls festgenommene Beschuldigte unmittelbar über seine Rechte zu belehren. Über die Rechtsfolgen einer bei der Festnahme unterlassenen oder fehlerhaften Belehrung iSd § 114b StPO findet sich im Gesetz jedoch nichts. Dabei ist bislang ungeklärt, wie sich eine solche Situation auf ein mögliches Beweisverwertungsverbot auswirkt.

Die Auffassung, vorangegangene Verstöße gegen das Belehrungsgebot des § 114b StPO würden durch die im Rahmen der ersten Vernehmung durchgeführte Belehrung geheilt und erst das Unterbleiben der zweiten Belehrung ein Beweisverwertungsverbot und eine damit verbundene Revisionsmöglichkeit begründet, scheint schwer vertretbar. Zwar schreibt auch *Schmitt* (Meyer-Goßner/Schmitt/*Schmitt* StPO § 114b Rn. 10), dass ein Beweisverwertungsverbot für vom Beschuldigten nach unvollständiger oder unrichtiger Belehrung gemachte Angaben nicht anzunehmen ist, da der Beschuldigte bei seiner verantwortlichen Vernehmung gem. § 136 I (erneut) zu belehren ist, jedoch wird somit die Wirkung der Norm ausgehebelt und damit die Intention des Gesetzgebers unterlaufen (Näheres zur Gesetzesbegründung bzgl. § 114b StPO: BT-Drs. 16/11644,16 ff.). Letzteres lässt sich auch daran festmachen, dass der Gesetzgeber der Belehrung des festgenommenen Beschuldigten ein besonderes Gewicht verliehen hat, indem er sie umfassend neu geregelt sowie verpflichtend gestaltet hat. Dies spricht dafür, dass Belehrungsverstöße nicht ohne Folgen bleiben dürfen (siehe dazu: *Tsambikakis* ZIS 2009, 503 [507]).

Die inhaltliche Nähe zu § 136 I StPO lässt ein absolutes Beweisverwertungsverbot unpassend erscheinen. Viel eher kommt eine zu § 136 StPO analoge Handhabung der Rechtsfolgen in Betracht.

Eine sich abzeichnende hM vertritt, aufbauend auf der zu § 136 I StPO analogen Handhabung von Verstößen, eine nach den einzelnen Belehrungspflichten zu unterscheidende Auffassung. Die Belehrungsinhalte werden nach Prioritäten differenziert. So führen Verstöße gegen sog. **Kardinalbelehrungspflichten,** wie die § 114b II Nr. 2–4 StPO, das Auskunftsverweigerungsrecht (Nr. 2) und das Recht auf Verteidigerkonsultation (Nr. 4), zu einem absoluten Beweisverwertungsverbot. Grund hierfür ist die hohe Wahrscheinlichkeit, dass hiermit das Aussageverhalten bei fehlerhafter oder unterbliebener Belehrung beeinflusst werden würde. Ein Verstoß gegen Abs. 2 Satz 1 Nr. 1 und Nr. 5 würde demnach nur dann zu einem Verwertungsverbot führen, wenn die unterlassene Belehrung im konkreten Fall Auswirkungen auf das Aussageverhalten des Beschuldigten hätte.

Exkurs XVIII: Die Verteidigung im Strafverfahren

Vgl. *Beulke/Swoboda* StrafProzR § 9.

Gemäß § 137 I 1 StPO kann sich jeder Beschuldigte in jeder Lage des Verfahrens des Beistandes eines Verteidigers bedienen. Aus Art. 2 I iVm Art. 20 III GG ergibt sich das verfassungsrechtlich abgesicherte Recht des Beschuldigten auf ein faires, rechtsstaatliches Verfahren, da dieser im Rechtsstaat nicht nur Objekt des Verfahrens, sondern Verfahrenssubjekt ist. Daher muss ihm die Möglichkeit eingeräumt werden, das Verfahren maßgebend zu beeinflussen. Art. 6 III c) EMRK gewährt jedem Angeklagten das Recht, »sich selbst zu verteidigen, sich durch einen Verteidiger seiner Wahl verteidigen zu lassen oder, falls er nicht über die Mittel zur Bezahlung verfügt, unentgeltlich den Beistand eines (Pflicht)Verteidigers zu erhalten, wenn dies im Interesse der Rechtspflege erforderlich ist«. Dabei soll der Verteidiger auf einen Ausgleich des naturgemäßen Machtgefälles zwischen Staat und dem Individuum hinwirken, indem er beispielsweise den Schuldvorwurf vorbehaltslos in Frage stellt und zu Gunsten des Beschuldigten jede schwache Stelle, sei sie materieller oder prozessualer Natur, kenntlich macht.

Nach nicht unumstrittener hA nimmt der Strafverteidiger über die Funktion als Beistand hinaus auch öffentliche – nicht aber staatliche – Funktionen wahr. Daher wird dieser seine Rechtsstellung betreffend auch als **»Organ der Rechtspflege«** bezeichnet.

Dem Verteidiger stehen zur Gewährleistung einer wirksamen Gegenwehr gegen die staatlichen Strafverfolgungsbehörden bestimmte Rechte zu. Dazu zählt das Recht auf Anwesenheit sowie Äußerung in gewissen Situationen im Verfahrensgang, das Beweisantragsrecht, das Akteneinsichtsrecht, das Recht, selbst den Sachverhalt zu ermitteln sowie das Recht, Rechtsmittel einzulegen.

Im Falle besonders schwerwiegender Anklagen muss immer ein Verteidiger mitwirken. Hat der Beschuldigte einen Wahlverteidiger ausgesucht, so ist dieser zugleich notwendiger Verteidiger. Hat er hingegen keinen Verteidiger ausgesucht, so wird ihm von Amts wegen ein Pflichtverteidiger bestellt, vgl. § 141 StPO.

Am 13.12.2019 trat das **Gesetz zur Neuregelung des Rechts der notwendigen Verteidigung** in Kraft. Dieses beruht auf der Umsetzung der EU-RL 2016/1919 sowie der Rechtsprechung des EGMR zum Salduz-Urteil (EGMR, Nr. 36391/02, NJW 2009, 3707) und bringt Neuerungen im Bereich des §§ 140 ff. StPO mit sich. Ziel ist es, bisheriges Richterrecht in der StPO zu normieren, um es insgesamt »systematisch klarer zu strukturieren«. Art. 4 V RL schreibt vor, dass die Mitgliedstaaten sicherzustellen haben, dass Prozesskostenhilfe unverzüglich und spätestens vor einer Vernehmung des Beschuldigten durch die Polizei oder einer anderen Strafverfolgungsbehörde bewilligt wird. Dies findet sich im neugefassten § 141 StPO wieder. In Fällen der notwendigen Verteidigung ist dem Beschuldigten auf Antrag (Abs. 1, Abs. 2 S. 2) oder von Amts wegen (Abs. 2) unverzüglich ein Verteidiger als Ausgestaltung der Prozesskostenhilfe zu bestellen. Ziel der Richtlinie ist es, den finanziell schwächeren Beschuldigten den Zugang zu einem Rechtsbeistand zu ermöglichen (Art. 3 und 4 I RL).

Problematische Konstellationen im Rahmen der Strafverteidigung treten vor allem im Zusammenhang mit einer möglichen Verwirklichung des Geldwäschetatbestands (§ 261 StGB) sowie der Strafvereitelung (§ 258 I StGB) auf.

Ersteres ist häufig der Fall, wenn dem Mandanten nur Geld aus begangenen Straftaten zur Verfügung steht, womit er die Honorare des Strafverteidigers begleicht (§ 261 V StGB verlangt nur Leichtfertigkeit!). Die Folge daraus ist, dass die Geldwäsche ein berufstypisches Risiko für Verteidiger darstellt, welches es einzudämmen gilt. Früher wurde vertreten, dass § 261 auch unter Beachtung des Art. 12 GG für den Verteidiger anwendbar sei. Heute jedoch hat BVerfGE 110, 226 anerkannt, dass § 261 StGB einen schwerwiegenden Eingriff in das Grundrecht des Verteidigers aus Art. 12 GG bedeutet, da das Risiko der Geldwäsche das Recht auf angemessene Verwertung seiner beruflichen Leistung gefährdet. Zwar könne es nicht angehen, dass der Verteidiger von jeglicher Strafandrohung des § 261 StGB geschützt werde, allerdings sei § 261 StGB verfassungskonform dahingehend auszulegen, dass der subjektive Tatbestand der Geldwäsche nur dann verwirklicht sei, wenn der Verteidiger positiv von der strafbaren Herkunft der finanziellen Mittel weiß.

18. Problem: Zeugnisverweigerungsrecht und Vernehmung der Verhörsperson (§ 252 StPO)

Beispielsfall:

A ist wegen Diebstahls (§ 242 StGB) angeklagt. Der Zeuge C – der Bruder des A – belastete diesen in der polizeilichen Vernehmung gegenüber dem Polizeibeamten P schwer. In der Hauptverhandlung beruft sich C aber auf sein Zeugnisverweigerungsrecht (§ 52 StPO). Kann das Vernehmungsprotokoll verlesen werden oder P als Zeuge vernommen werden bzw. können diese Beweise verwertet werden?

Ausgangspunkt:

Zeugnisverweigerungsrecht und § 252 StPO.

§ 252 StPO ergänzt die §§ 52 ff. StPO für den Fall der nachträglichen Zeugnisverweigerung in der Hauptverhandlung und dient damit ebenfalls dem Schutz des Verhältnisses zwischen Zeuge und Beschuldigtem und dem Schutz des Zeugen vor Belastung dieses Verhältnisses durch seine Aussage.

Hinweis: Aus einem Angehörigenverhältnis der in § 52 I Nr. 1–3 StPO genannten Art entwächst ein gesetzliches Zeugnisverweigerungsrecht für Verlobte, Ehegatten (auch wenn die Ehe nicht mehr besteht), Lebenspartner (auch wenn die Lebenspartnerschaft nicht mehr besteht), Verwandte/Verschwägerte in gerader Linie. Vor **jeder** Vernehmung sind die zur Zeugnisverweigerung berechtigten Personen über ihr Zeugnisverweigerungsrecht zu belehren, § 52 III 1 StPO.

Aus dem Wortlaut des § 252 StPO ergibt sich ein Verlesungsverbot hinsichtlich der früheren Aussage eines Zeugen, der sich erst in der Hauptverhandlung auf sein Zeugnisverweigerungsrecht beruft. **Problematisch ist zunächst,** ob § 252 StPO auch die Vernehmung von Vernehmungspersonen und nicht nur die Verlesung der Aussage ausschließt.

Lösungsansätze:

I. Keine Anwendung auf Vernehmungspersonen, sondern umfassende Vernehmungsmöglichkeit

Vernehmungspersonen können in der Hauptverhandlung über frühere Aussagen zeugnisverweigerungsberechtigter Personen als Zeugen vernommen werden.

Vertreten von:
Kohlhaas NJW 1965, 1254 (1255); *Nüse* JR 1966, 281 (283).

1. Argument
Wortlaut des § 252 StPO.

2. Argument
Keine Schutzwürdigkeit des Zeugen bei entsprechender Belehrung über sein Zeugnisverweigerungsrecht nach § 52 III 1 StPO.

II. Anwendung auf Vernehmungspersonen, umfassendes Vernehmungsverbot

Vernehmungspersonen können nicht als Zeugen über eine frühere zeugenschaftliche Aussage einer zeugnisverweigerungsberechtigten Person vernommen werden.

Vertreten von:
Beulke/Swoboda StrafProzR Rn. 419 f.; *Fezer* JuS 1977, 669 (672); *Fezer* JZ 1990, 875 (876); *Geppert* JURA 1988, 305 (306 ff.); *Grünwald* JZ 1966, 489 (498); AK-StPO/*Meier* § 252 Rn. 20; *Roxin/Schünemann* StrafVerfR § 46 Rn. 32; SK-StPO/*Velten* § 252 Rn. 2 ff.; *Welp* JR 1996, 76 (78); für weitere Fundstellen s. Vorauflage.

1. Argument
Grundsatz der Unmittelbarkeit § 250 StPO.

2. Argument
§ 252 StPO will gerade verhindern, dass eine einmal gemachte Zeugenaussage einer zeugnisverweigerungsberechtigten Person nicht mehr rückgängig gemacht werden kann.

III. Anwendung auf nicht-richterliche Vernehmungspersonen, eingeschränktes Vernehmungsverbot

Grundsätzlich besteht ein Vernehmungsverbot ehemaliger Vernehmungspersonen als Zeugen einer früheren zeugenschaftlichen Aussage einer zeugnisverweigerungsberechtigten Person. Über den Wortlaut des § 252 StPO hinaus enthält dieser ein umfassendes Verwertungsverbot hinsichtlich der früher gemachten Aussage. Eine **Ausnahme** besteht für frühere richterliche zeugenschaftliche Vernehmungen mit ordnungsgemäßer Belehrung.

Vertreten von:
Bisher stRspr BGHSt 57, 254 (256); zuletzt BGH NJW 2017, 94; BGH (4. Strafsenat) NStZ-RR 2015, 48; KK-StPO/*Diemer* § 252 Rn. 22; KMR-StPO/*Paulus* StPO § 252 Rn. 22 ff.; *Pfeiffer* StPO § 252 Rn. 2; Meyer-Goßner/Schmitt/*Schmitt* StPO § 252 Rn. 14; für weitere Fundstellen s. Vorauflage.

1. Argument
Es fehlt an der Schutzwürdigkeit des Zeugen nach Einlassung zur Sache nach eindringlicher, richterlicher Belehrung. Dagegen überwiegt das strafrechtliche Aufklärungsinteresse im Verhältnis zum Interesse des Zeugen die Entscheidung über sein Zeugnisverweigerungsrecht noch länger hinauszuschieben.

2. Argument
Der richterlichen Vernehmung wird mehr Vertrauen entgegengebracht als einer Vernehmung durch eine nicht-richterliche Vernehmungsperson (vgl. §§ 254, 251 StPO).

IV. Ausnahme bei richterlicher Vernehmung nur, wenn vor der richterlichen Vernehmung Belehrung über das Zeugnisverweigerungsrecht und qualifizierte Belehrung

Nach Ansicht des 2. Strafsenats des BGH erfordert eine Verwertung der Zeugenaussage der richterlichen Vernehmungsperson neben der bloßen Belehrung gem. § 52 III

StPO eine qualifizierte Belehrung darüber, dass die vor einem Richter getätigte Zeugenaussage, trotz späterer Berufung auf das Zeugnisverweigerungsrecht, verwertet werden darf.

Vertreten von:
BGH (2. Strafsenat), Anfragebeschluss, NStZ 2014, 596 und Vorlagebeschluss an den Großen Senat für Strafsachen v. 18.3.2015 – 2 StR 656/13; s. auch Meyer-Goßner/Schmitt/*Schmitt* StPO § 252 Rn. 14a.

1. Argument
Die Zeugenbelehrung hat im Hinblick auf die Entscheidung eine Aussage zu machen eine besondere Bedeutung.

2. Argument
Die Kenntnis über die verfahrensrechtlichen Folgen der Aussagebereitschaft ist für den Zeugen unverzichtbar, um als Subjekt im Verfahren nicht einer Wahrheitserforschung um jeden Preis ausgesetzt zu sein.

3. Argument
Der Fakt, dass eine solche Belehrung nicht gesetzlich geregelt ist, greift als Kritik nicht durch, ist doch die Ausdehnung des § 252 StPO auf die Vernehmung von Vernehmungspersonen auch nicht gesetzlich geregelt.

Hinweis: Alle anderen Strafsenate stellten sich gegen ein solches im Anfragebeschluss des 2. Strafsenats niedergelegtes Verständnis (4. Strafsenat NStZ-RR 2015, 48; 1. Strafsenat BeckRS 2015, 02348; 5. Strafsenat NStZ-RR 2015, 118) oder neigten dagegen (3. Strafsenat BeckRS 2015, 02351). In einem solchen Fall der Uneinigkeit unter den Strafsenaten muss die Angelegenheit dem Großen Senat für Strafsachen vorgelegt werden (gem. § 132 II GVG). Dies tat der 2. Strafsenat mit Beschl. v. 18.3.2015, NStZ 2015, 710. Dieser entschied mit Beschluss v. 15.7.2016 – GSSt 1/16, NJW 2017, 94, dass es einer weitergehenden Belehrung als der gesetzlich angeordneten nicht bedarf.

Im Beispielsfall:

Geht man von einer umfassenden Vernehmungsmöglichkeit aus, so könnte P als Zeuge vom Hörensagen vernommen werden. Geht man von einem Vernehmungsverbot oder einem eingeschränkten Vernehmungsverbot aus, so könnte P nicht vernommen werden, da entweder eine Vernehmung wegen § 252 StPO gar nicht möglich oder zumindest deshalb nicht möglich ist, weil es sich um eine nicht-richterliche Vernehmung handelt.

Der Streit muss nur hinsichtlich der umfassenden Vernehmungsmöglichkeit und des (eingeschränkten) Vernehmungsverbots entschieden werden, da die letzten drei Ansichten im Fall zum identischen Ergebnis führen. Gegen die Annahme einer umfassenden Vernehmungs- und Verwertungsmöglichkeit spricht der Sinn und Zweck des § 252 StPO. Der Schutz des Angehörigen vor Interessenskonflikten in der Familie bei einer Aussage, und damit mittelbar des durch Art. 6 GG gewährleisteten Schutzes, liefe leer, wenn zwar die Verlesung des Vernehmungsprotokolls verboten und unverwertbar wäre, durch die »Hintertür« der Vernehmung der Vernehmungsperson als Zeuge vom Hörensagen die Aussage des Zeugen aber jederzeit in die Hauptverhandlung eingeführt werden könnte. Eine umfassende Vernehmungsmöglichkeit ist also abzulehnen. Daher kann P **nicht als Zeuge vom Hörensagen vernommen werden. Wird er dies doch, so besteht hinsichtlich seiner Aussage ein umfassendes Beweisverwertungsverbot.**

Hinweis: Der Polizeibeamte kann aber immer hinsichtlich des Aussageverhaltens des Zeugen als Zeuge vernommen werden. Er ist hier reiner Zeuge und berichtet über seine äußeren Eindrücke vom Zeugen. Über die Vernehmung darf er aber nicht vernommen werden.

Exkurs XIX: audiovisuelle Vernehmung

1998 wurde die Vorschrift über Bild-Ton-Aufzeichnungen von Zeugenvernehmungen (§ 58a I StPO) für besonders schutzbedürftige Zeugen (wobei dies seit dem 13.12.2019 gem. § 58a I 3 StPO auch für richterliche Vernehmungen von erwachsenen Opfern von Sexualstraftaten gilt) in die StPO eingeführt. Damit korrespondiert die Vorschrift des § 255a I StPO, der für die Verwertung die §§ 251, 252, 253 und 255 StPO auf Vorführung einer Bild-Ton-Aufzeichnung von Zeugenvernehmungen anwendbar erklärt. **§ 252 StPO ist also ebenfalls anwendbar.** Der neu gefasste § 255a II StPO sieht außerdem einen Ausschluss der Vorführung einer entsprechenden Aufzeichnung in der Hauptverhandlung vor, wenn das Opfer unmittelbar nach seiner Vernehmung der Vorführung widersprochen hat und dieser auch nicht im weiteren Verlauf des Verfahrens zustimmt. § 247a I 1-3 StPO ermöglicht eine zeitgleiche Bild-Ton-Übertragung einer Zeugenvernehmung, die gem. § 247a I 4 StPO zur späteren Wiederverwendung aufgezeichnet werden kann.

Für die audiovisuelle Beschuldigtenvernehmung gilt seit 1.1.2020 § 136 IV StPO, der neben einer fakultativen Aufzeichnung aller Beschuldigtenvernehmungen im Ermittlungsverfahren zusätzlich eine grundsätzliche **Aufzeichnungpflicht** in bestimmten Fällen normiert, § 136 IV Nrn. 1, 2 StPO. Diese audiovisuellen Aufzeichnungen können gem. § 254 I StPO zum Zweck der Beweisaufnahme über ein Geständnis oder bei hervortretendem Widerspruch vorgeführt werden.

Weiterführende Literaturhinweise:

T. Meyer StV 2015, 319; *Schmitt* NStZ 2013, 213.

19. Problem: Aussageverweigerungsrecht (§ 55 II StPO) und Verwertungsverbot

Beispielsfall:

B wird in der Hauptverhandlung gegen C wegen schweren Raubes (§§ 249, 250 StGB) als einziger Belastungszeuge vernommen. Während der Vernehmung zeichnet sich jedoch ab, dass B an der Tat als Teilnehmer beteiligt war. B wird trotzdem weiter vernommen, ohne gem. § 55 StPO über sein Auskunftsverweigerungsrecht belehrt zu werden. B macht eine umfangreiche Aussage, die C schwer belastet. Das Gericht ist sich unsicher, ob die Aussage des B zur Begründung der Verurteilung des C verwertet werden darf.

Ausgangspunkt:

Führt die fehlende Belehrung des B gem. § 55 II StPO zu einem Verwertungsverbot?

Hinweis: Das **Aussageverweigerungsrecht,** das sich aus dem *Nemo-tenetur*-Prinzip ableitet, gilt nur für den Beschuldigten. **Zeugen** haben dagegen vielmehr die in der StPO vorausgesetzte **staatsbürgerliche Pflicht zur wahrheitsgemäßen Aussage** mit Erzwingungsmöglichkeit (§ 51 StPO). Nur in bestimmten Ausnahmefällen steht Zeugen ein Zeugnisverweigerungsrecht zu (§§ 52 ff. StPO), das bestimmte Interessenkollisionen vermeiden soll, die durch den Aussagezwang des Zeugen auftreten können (§ 52 StPO Angehörigenverhältnis; §§ 53, 53a StPO Vertrauensverhältnis im Rahmen bestimmter Berufsgruppen).
§ 55 StPO hat den Zweck, den Zeugen vor dem inneren Zwang zu bewahren, sich selbst oder einen nahen Angehörigen durch die Pflicht zur Zeugenaussage belasten zu müssen. Es handelt sich bei § 55 StPO aber **nicht um ein Zeugnisverweigerungsrecht**, sondern um ein **themenbezogenes Auskunftsverweigerungsrecht**. Der Zeuge wird nicht von seiner Zeugnispflicht *per se* frei, sondern erhält das Recht, einzelne Fragen nicht beantworten zu müssen. Eine vollumfängliche Verweigerungsmöglichkeit gibt § 55 StPO nur, wenn das Auskunftsverweigerungsrecht alle Punkte der Vernehmung betrifft und somit eine mosaikartige Beweisführung stattfindet, sodass eine Trennung von der Aussage und dem etwaigen strafrechtlich relevanten Verhalten nicht mehr möglich ist (sog. **Mosaiktheorie**, vgl. zuletzt BGH NStZ 2017, 546).

B wurde nicht gem. § 55 II StPO darüber belehrt, dass er zur Auskunftsverweigerung berechtigt ist, wenn er sich mit seiner Aussage selbst belastet. Die Konsequenzen eines Verstoßes gegen § 55 II StPO müssen differenziert betrachtet werden. In einem späteren Verfahren gegen B führt die unterlassene Belehrung zu einem Verwertungsverbot hinsichtlich seiner selbstbelastenden Aussage, wenn er der Verwertung dieser widerspricht. **Problematisch** ist, ob ein Verwertungsverbot auch im Verfahren gegen C besteht.

Lösungsansätze:

I. Beurteilung der Frage nach dem Rechtskreisansatz

Eine unterlassene Belehrung aus § 55 II StPO führt nicht zu einem Beweisverwertungsverbot für die Aussage des Zeugen im Verfahren gegen den Angeklagten.

Vertreten von:
BGHSt 1, 39 = NJW 1951, 368; BGHSt 11, 213 (218) = NJW 1958, 557 (558); BGHSt 17, 245 (246 f.) = NJW 1962, 1259; BGH bei *Pfeiffer/Miebach* NStZ 1983, 354; BGH

bei *Pfeiffer/Miebach* NStZ 1985, 492 (493); BGH bei *Cierniak/Zimmermann* NStZ-RR 2010, 65 (66); *Rogall* JZ 1996, 944 (952 f.); Meyer-Goßner/Schmitt/*Schmitt* StPO § 55 Rn. 17; KK-StPO/*Senge* § 55 Rn. 19; *Volk/Engländer* GK StPO § 28 Rn. 19; für weitere Fundstellen s. Vorauflage.

1. Argument
§ 55 StPO dient dem Schutz des Zeugen und nicht des Angeklagten, denn der Zeuge soll vor Selbstbelastungspflichten geschützt werden. Der Angeklagte selbst kann sich aber für die Frage der Verwertbarkeit nur auf Schutzrechte berufen, die seine Rechtssphäre betreffen.

2. Argument
Häufig entsteht die Belehrungspflicht erst während der laufenden Vernehmung, wobei der genaue Zeitpunkt schwer feststellbar ist. Der Umfang eines Verstoßes gegen § 55 StPO ist also uU nur schwer zu erfassen.

3. Argument
§ 55 StPO schützt vorrangig Zeugeninteressen. Das staatliche Strafverfolgungsinteresse überwiegt also gegenüber dem Recht des Angeklagten auf Einhaltung des § 55 StPO (Abwägung).

II. Umfassendes Beweisverwertungsverbot

Eine unterlassene Belehrung aus § 55 II StPO führt zu einem umfassenden Verwertungsverbot der Aussage des Zeugen.

Vertreten von:
Fezer StrafProzR Fall 15 Rn. 37; *Geerds*, FS Stock, 1966, 171 (188); *Gössel*, Strafverfahrensrecht 1, 1977, 218; *Peters* StrafProzR 353 f.; *Roxin/Schünemann* StrafVerfR § 24 Rn. 48; *Schlüchter* Strafverfahren 197 f.

1. Argument
Jeder Verstoß gegen Bestimmungen der StPO betrifft den Rechtskreis des Angeklagten, da dieser einen Anspruch auf ein in jeder Phase rechtmäßiges Verfahren hat.

2. Argument
§ 55 StPO schützt auch den Angeklagten vor möglichen wahrheitswidrigen Aussagen eines Zeugen, der versucht Selbstbelastungen zu vermeiden. Der Rechtskreis des Angeklagten ist also dadurch betroffen, dass er vor selbstschutzorientierten Falschaussagen des Zeugen geschützt werden soll.

Im Beispielsfall:

Versteht man § 55 StPO ausschließlich dem Zeugenschutz dienend, so steht der Verwertung der Aussage des B im Verfahren gegen C nichts entgegen. Sieht man in § 55 StPO aber auch den Angeklagten geschützt, so stünde dies einer Verwertung der Aussage des B im Verfahren gegen C entgegen.

Beide Ansichten führen zu unterschiedlichen Ergebnissen, sodass der Streit zu entscheiden ist. Gegen ein umfassendes Beweisverwertungsverbot spricht, dass die Fragen der strafprozessualen Beweisverwertung gerade durch das Prinzip gekennzeichnet sind, dass nicht jeder Verstoß gegen Vorschriften der StPO zwingend ein Beweisverwertungsverbot nach sich ziehen muss. Dies ist im Sinne der Funktionsfähigkeit der Strafrechtspflege auch sinnvoll und notwendig, da sonst auch Verstöße gegen Vorschriften, die den Angeklagten gar nicht schützen sollen, einen Strafprozess lahmlegen könnten. § 55 StPO schützt aber gerade nicht den Angeklagten. Sein Schutz dient allein dem Zeugen, der sich nicht selbst belasten muss. Die Konstruktion einer Art »Drittschutz« über den Schutz vor selbstschutzorientierten Falschaussagen ist willkürlich und § 55 StPO an keiner Stelle zu entnehmen bzw. auch seiner Stellung im Gesetz zuwiderlaufend. Aus diesem Grund ist aufgrund des Schutzes des Rechtskreises des Zeugen **von einer Verwertbarkeit der Aussage des B im Verfahren gegen C** auszugehen.

Hinweis: Eine ähnliche Problematik behandelt BGHSt 53, 191 = NJW 2009, 1619. Dort war zu klären, ob ein Verstoß gegen die Benachrichtigungspflicht aus § 168c V, I StPO, die nur den Mitangeklagten betrifft (keine Benachrichtigung des Verteidigers des vernommenen Mitangeklagten bei der richterlichen Vernehmung), ein Verwertungsverbot der Aussage im Hinblick auf den anderen Mitangeklagten zur Folge hat. Hier macht der BGH deutlich, dass § 168c V, I StPO nur dem Schutz des Beschuldigten dient, der vernommen wird.

20. Problem: Zeugnisverweigerungsrecht aus § 53 StPO und Verwertungsverbot

Beispielsfall:

F ist wegen gefährlicher Körperverletzung angeklagt, weil sie ihren Ehemann M vergiftet haben soll (§§ 223 I, 224 I Nr. 1 Var. 1 StGB). Dieser beruft sich in der Hauptverhandlung aber auf sein Zeugnisverweigerungsrecht (§ 52 I Nr. 2 StPO). Aus diesem Grund soll der behandelnde Arzt H zum Gesundheitsbefund des M vernommen werden. Allerdings wird H von M nicht von seiner ärztlichen Schweigepflicht entbunden. Trotzdem sagt H aus. Kann dessen Aussage verwertet werden?

Ausgangspunkt:

Zeugnisverweigerungsrecht aus § 53 StPO und daraus resultierendes Verwertungsverbot?

Die §§ 53, 53a StPO regeln ein Zeugnisverweigerungsrecht für bestimmte Berufsgruppen und deren Berufshelfer, um das notwendige Vertrauensverhältnis zu denjenigen zu schützen, die bei diesen Berufsgruppen Hilfe suchen. Zwar sind die Vorschriften in ihrem Schutz weitgehend dem Zeugnisverweigerungsrecht der Angehörigen (→ **Problem 18**) angeglichen, jedoch besteht bei § 53 StPO keine dem § 52 III StPO entsprechende Belehrungspflicht. § 203 StGB schützt dieses Verhältnis auf materiell-rechtlicher Ebene (Strafbarkeit der unbefugten Preisgabe von vertrauensgeschützten Geheimnissen). **Problematisch** ist, dass die geschützten Berufsgruppen des § 203 StGB größer sind, als die des § 53 StPO, sodass die materiell-rechtliche Schweigepflicht nicht immer prozessual durch ein Zeugnisverweigerungsrecht abgesichert ist.

Hinweis: Diskrepanzen zwischen § 203 StGB und § 53 StPO: **§ 203 I Nr. 6, 7 StGB vs. § 53 StPO**
Staatlich anerkannte Sozialarbeiter oder Sozialpädagogen (Nr. 6) haben kein entsprechendes Zeugnisverweigerungsrecht in § 53 StPO. Gleiches gilt für Angehörige eines Unternehmens der privaten Kranken-, Unfall- oder Lebensversicherung oder einer privatärztlichen, steuerberaterlichen oder anwaltlichen Verrechnungsstelle (Nr. 7). Nach hA geht die staatsbürgerliche Zeugenpflicht hier vor, da § 203 StGB lediglich eine materielle Schweigepflicht vorgibt. Aufgrund der Zeugenpflicht ist die Aussage dann nicht unbefugt iSd § 203 StGB, da diese gesetzlich zur partiellen Offenbarung des Geheimnisses im Strafprozess befugt.

H ist Arzt, der gem. § 203 I Nr. 1 StGB zum Schweigen verpflichtet **und** gem. § 53 I Nr. 3 StPO zur Zeugnisverweigerung berechtigt ist. Eine Geheimnisoffenbarung erfolgt unbefugt iSd § 203 StGB, wenn der Arzt sich nur auf die Aussagesituation im Prozess berufen würde, da ihm die Aussageverpflichtung gerade durch § 53 StPO genommen wird. Zur Annahme einer Offenbarungsbefugnis muss also ein allgemeiner Rechtfertigungsgrund, vorliegend eine Güter- und Interessenabwägung, hinzukommen, die dem Bruch der Schweigepflicht Vorrang gegenüber einem sonst infrage stehenden Rechtsgut einräumt. **Problematisch** ist also im vorliegenden Fall, dass H grundsätzlich strafprozessual betrachtet gem. § 53 I Nr. 3 StPO nicht aussagen muss, materiell-rechtlich betrachtet gem. § 203 I Nr. 1 StGB nicht aussagen darf. **Fraglich ist aber,** ob die Aussage des H, die er materiell-rechtlich uU nicht hätte tätigen dürfen, **prozessual verwertbar** ist. **Dazu ist als erstes umstritten,** ob durch die Aussage des H »unbefugt« Geheimnisse offenbart wurden.

Lösungsansätze:

I. Ältere Ansicht: Aussage vor Gericht stets »befugte Vernehmung« iSd § 203 StGB

Der Zeugniszwang rechtfertigt den Bruch der Schweigepflicht. Diese Ansicht beruht auf einem Fehlverständnis des soeben dargestellten Verhältnisses von § 203 StGB zu § 53 StPO, denn § 53 StPO hebt den Zeugniszwang gerade zugunsten des Geheimnisträgers auf. Also verliert der Geheimnisverrat seine Rechtswidrigkeit nicht dadurch, dass er durch eine Zeugenaussage begangen wird.

II. Aussage vor Gericht nur ausnahmsweise »befugte Vernehmung« iSd § 203 StGB beim Vorliegen allgemeiner Rechtfertigungsgründe

Wer nach § 53 I StPO zur Zeugnisverweigerung befugt ist, darf seine Schweigepflicht nur dann »befugt« verletzen, wenn er aufgrund allgemeiner Rechtfertigungsgründe (zB Einwilligung, Notstand § 34 StGB) oder aufgrund gesetzlicher Regelungen dazu berechtigt ist.

Im Beispielsfall:

Es ist nicht ersichtlich, dass ein Rechtfertigungsgrund des H vorliegt, sodass in der Vernehmung **keine »befugte Offenbarung«** von Geheimnissen stattfand. **An zweiter Stelle ist dann die Frage zu beantworten,** ob eine trotzdem getätigte Aussage des H im Prozess verwertet werden kann.

Hinweis: Anders als die StPO regelt die ZPO dieses Problem über ein sog. Vernehmungsverbot gem. § 383 III ZPO.

Lösungsansätze:

I. Vorrang der gerichtlichen Aufklärungspflicht

Die Verwertbarkeit der Aussage des Geheimnisträgers ist unabhängig von einem Verstoß gegen die in § 203 StGB geregelte Verschwiegenheitspflicht.

Vertreten von:
BGHSt 9, 59 ff. = NJW 1956, 599 (600); BGHSt 42, 76 ff. = NJW 1996, 2435 (2436); *Bosch* JURA 2012, 33 (40); KMR-StPO/*Neubeck* StPO § 53 Rn. 5 f.; *Otto,* FS Kleinknecht, 1985, 319 (338 f.); *Paeffgen,* FS Rieß, 2002, 413 (420 Fn. 30); SK-StPO/*Rogall* § 53 Rn. 12 ff.; KK-StPO/*Senge* § 53 Rn. 9; Meyer-Goßner/Schmitt/*Schmitt* StPO § 53 Rn. 6; *Schwaben* NStZ 2002, 288 (295); *Volk/Engländer* GK StPO § 28 Rn. 17; für weitere Fundstellen s. Vorauflage.

1. Argument
Es besteht eine Doppelfunktion der Zeugenaussage (prozessual und materiell-rechtlich). Prozessuale Wertungen sind auf den Gang des Verfahrens, materielle Wertungen auf die außerprozessuale Wirklichkeit bezogen.

2. Argument
§ 53 StPO enthebt nur die Vertrauensperson von der Verpflichtung zur Preisgabe eines anvertrauten Geheimnisses. Es dennoch zu tun ist die freie Entscheidung der Vertrauensperson, auch wenn diese sich dann einer Strafverfolgung nach § 203 StGB aussetzt. Der Beschuldigte hat keinen Anspruch darauf, dass die Vertrauensperson nicht aussagt.

3. Argument
Der vernehmende Richter kann mitunter sachlich gar nicht sicher entscheiden, ob der Zeuge befugt ist oder nicht, da dies uU im Rahmen einer Güter- und Interessenabwägung in einem separaten Strafverfahren gegen den Zeugen wegen § 203 StGB zu klären ist.

II. Vorrang des Vertrauensschutzes

Es besteht ein Beweisverwertungsverbot für eine Aussage, die gegen die von § 203 StGB verfasste Verschwiegenheitspflicht zustande gekommen ist. Die materielle Rechtswidrigkeit der Aussage hat somit auch die prozessuale Unverwertbarkeit zur Folge. Nur wenn der Untersuchungszweck die Verletzung der Privatsphäre nach einer Abwägung »befugt« iSd § 203 StGB erscheinen lässt, kann die Verwertung erfolgen.

Vertreten von:
Beulke/Swoboda StrafProzR Rn. 194; *Dencker*, Verwertungsverbote im Strafprozess, 1977, 131; *Fezer* StrafProzR Fall 15 Rn. 21; *Freund* GA 1993, 49 (56 ff.); *Habscheid*, GS Peters, 1967, 840 (870); AK-StPO/*Kühne* § 53 Rn. 6; *Ranft* StrafProzR Rn. 537; *Rudolphi*, FS Schaffstein, 1975, 433 (440 f.); *Rüping* Strafverfahren Rn. 168; *Schlüchter* Strafverfahren 194f.; *Welp*, FS Gallas, 1973, 391 (406 f.); *Wichmann*, Das Berufsgeheimnis als Grenze des Zeugenbeweises, 2002, 269.

1. Argument
Normzweck der § 203 StGB und § 53 StPO sind der Schutz der Privat- und Intimsphäre des Betroffenen. Das Strafprozessrecht ist in die Gesamtrechtsordnung integriert, weshalb die Zeugenaussage gerade keine doppelfunktionale Gestalt hat, sondern das Strafprozessrecht allein der Durchsetzung des materiellen Rechts dient.

2. Argument
§ 203 StGB und § 53 StPO sollen das Vertrauen des Betroffenen zum Berufsgeheimnisträger schützen. Das ist nur möglich, wenn sich der Betroffene darauf verlassen kann, dass der wortbrüchige Gesprächspartner vor staatlichen Gerichten kein Gehör findet.

3. Argument
Das Offenbaren von Geheimnissen gem. § 203 StGB ist auch zum Zwecke der Überführung in einem Strafverfahren nicht gestattet.

4. Argument
Eine Verwertung widerspräche dem Verhältnismäßigkeitsgrundsatz, da § 53 StPO das aus Art. 2 I, 1 I GG herzuleitende Recht auf Privatsphäre schützt.

Im Beispielsfall:

Eine »befugte« Offenbarung von Geheimnissen lag nicht vor. Vielmehr war die von H getätigte Aussage nicht gerechtfertigt. Geht man vom Vorrang der gerichtlichen Aufklärungspflicht aus, lag kein Beweisverwertungsverbot vor, während man bei Vorrang des Vertrauensschutzes ein solches annehmen müsste.

Beide Ansichten kommen zu unterschiedlichen Ergebnissen, weshalb der Streit zu entscheiden ist. Gegen den Vorrang des Vertrauensschutzes ist einzuwenden, dass das Strafprozessrecht eben nur ein Recht, aber keine Pflicht zur Zeugnisverweigerung gewährt und aus diesem Grund die materiell-rechtliche Strafbarkeit der Aussage das Prozessrecht nicht berührt. Das Gericht ist also im Rahmen des § 244 II StPO zur Verwertung der getätigten Aussage verpflichtet. **Die Aussage des H ist also verwertbar.**

Hinweis: Die Zeugenaussage kann aber auch nach Ansicht der Rechtsprechung nicht verwertet werden, wenn ihm das Gericht beabsichtigt oder unbeabsichtigt die falsche Information erteilt, er sei von der Schweigepflicht entbunden worden (BGH NJW 1996, 2435 [2436]).

Weiterführende Hinweise zu dieser Thematik:

SK-StPO/*Rogall* § 53 Rn. 12–30; 213 ff.; Löwe/Rosenberg/*Ignor/Bertheau*, 27. Auflage 2017, StPO § 53 Rn. 8–13.

21. Problem: § 136a StPO und Fernwirkung von Beweisverwertungsverboten

Beispielsfall:

A wird des Mordes an B beschuldigt. Während der Vernehmung durch die Polizei wird A unter Androhung systematischer Schmerzzufügung ein Geständnis und die Preisgabe des Verstecks der Leiche entlockt. An der dadurch gefundenen Leiche finden sich jede Menge die Verurteilung tragende DNA-Spuren des Täters.

a) Kann das Geständnis des A verwertet werden?
b) Können die DNA-Spuren an der Leiche verwertet werden?

Ausgangspunkt a):

Verwertungsverbot wegen eines Verstoßes gegen § 136a StPO.

§ 136a I und II StPO statuieren verbotene Vernehmungsmethoden. § 136a III 1 StPO entzieht das Verbot der Abs. 1 und 2 der Disponibilität durch den Betroffenen. § 136a III 2 StPO normiert ein **absolutes Verwertungsverbot** für unter Verstoß gegen § 136a I und II StPO zustande gekommene Geständnisse, selbst bei Zustimmung des Betroffenen. Es sichert das *Nemo-tenetur*-Prinzip ab.

Überblick XVIII: Verbotene Vernehmungsmethoden § 136a StPO

§ 136a StPO stellt eine Ausprägung des Art. 1 I GG dar. Er unterstreicht die Subjektstellung des Beschuldigten im Strafverfahren als Beteiligter und nicht als »Objekt«. Es gibt keine Wahrheitserforschung um jeden Preis.
Beispiele (keine abschließende Aufzählung) in § 136a I StPO:
Misshandlungen; körperliche Eingriffe; Quälerei; Ermüdung in Extremfällen (zB Dauerverhöre, wobei ermüdende Vernehmungen nicht unzulässig sind; vgl. zuletzt BGH NStZ 2015, 46, worin 38 Stunden ohne Schlaf als unzulässig angesehen wurden); Verabreichung von Mitteln; Täuschung (abzugrenzen von der sog. kriminalistischen List; Problemfälle: sog. Hörfalle vgl. BGHSt [GrS] 42, 139 = NStZ 1996, 502; → **Problem 24**); Hypnose; Zwang; Drohung mit verfahrensrechtlich unzulässigen Maßnahmen; Versprechen von gesetzlich nicht vorgesehenen Vorteilen; Einsatz eines Polygraphen (Lügendetektor vgl. BGHSt 5, 332 = NJW 1954, 649; BGHSt 44, 308 = NJW 1999, 657; BVerfG NJW 1998, 1938); Beeinträchtigung des Erinnerungsvermögens und der Einsichtsfähigkeit.

Im Beispielsfall:

Eine Vernehmung des A als Beschuldigter eines Mordes durch die Polizei im Sinne des formellen Vernehmungsbegriffs liegt vor. Es erfolgte eine Androhung systematischer Schmerzzufügung, also eine Androhung von Folter. Diese Androhung ist ein verfahrensrechtlich unzulässiges Mittel. Es ist ein Verstoß gegen § 136a I StPO gegeben. Daraus resultiert ein **absolutes Verwertungsverbot** aus § 136a III 2 StPO hinsichtlich des von A abgegebenen Mordgeständnisses.

Exkurs XX: Rettungsfolter

Über eine Rechtfertigung der Folterandrohung muss hier nicht gesprochen werden, ist das Opfer doch hier zum einen bereits tot, zum anderen nicht die Strafbarkeit des Polizeibeamten zu untersuchen. Anders liegt der Fall, wenn die Androhung der Folter dem Auffinden des Opfers zur Lebensrettung dienen soll. Dann handelt es sich um eine Konstellation, die dem Fall der Entführung Jakob von Metzlers durch Magnus Gäfgen entspricht. Dort hatte der Polizeivizepräsident Wolfgang Daschner dem wegen erpresserischen Menschenraubes und Geiselnahme verdächtigen Gäfgen körperliche Gewalt zum Zwecke der Preisgabe des Aufenthaltsortes Jakob von Metzlers angedroht, da davon ausgegangen wurde, dass von Metzler in hilfloser Lage, aber noch am Leben sei und Gäfgen keinerlei Angaben zum Aufenthaltsort machte. Hier stellt sich die Frage der Rechtfertigung der Drohung aber unter dem **Aspekt der Gefahrenabwehr** (sog. Rettungsfolter). Ein mit dieser Methode erpresstes Geständnis Gäfgens wäre im Rahmen eines Strafprozesses ebenso wegen § 136a III 2 StGB unverwertbar, da dieses Verbot absolut wirkt und durch Art. 104 I 2 GG und Art. 3 EMRK abgesichert ist.

Geht es aber um die Gefahrenabwehr, so kam in der teilweise heftig geführten Diskussion die Frage auf, ob die Erlangung der Aussage nicht zur Überführung des Verdächtigen, sondern zur Rettung des Entführungsopfers in lebensbedrohlicher Lage nicht Nothilfe gem. § 32 StGB zugunsten des Bedrohten darstelle und damit alle erforderlichen und effektiven Mittel, die eine möglichst umgehende Beendigung des Angriffs erwarten lassen, erlaube. Ebenso müsste man sich fragen, ob im Rahmen der Interessenabwägung des § 34 StGB nicht das Leben des Entführungsopfers eine bloße seelische und körperliche Beeinträchtigung des Täters überwiegt. Das LG Frankfurt a.M. ging in der Sache nicht von einer Rechtfertigung aus und verurteilte Daschner (unter anderem) wegen Verleitung eines Untergebenen zur Nötigung im Amt, sah jedoch wegen der geringen Schuld von Strafe ab (BGH NJW 2005, 953). Aufgrund eines Rechtsmittelverzichts der Staatsanwaltschaft und der Angeklagten kam es nie zu einer Klärung der Frage durch den BGH. In der Literatur wurde die Frage einer Rechtfertigung allerdings kontrovers diskutiert. Während ein (überwiegender) Teil der Literatur davon ausgeht, ein Rückgriff auf die Rechtfertigungsgründe der §§ 32, 34 StGB sei bereits im Hinblick auf das absolute Folterverbot des § 136a StPO, Art. 104 I 2 GG und Art. 3 EMRK rechtsstaatlich nicht zu begründen, sieht ein anderer Teil der Literatur in diesem Fall durchaus Rechtfertigungsmöglichkeiten und damit Einschränkungen des Folterverbots (vgl. statt vieler Nachweise bei *Fischer* StGB § 32 Rn. 14 ff.). Der EGMR sah Gäfgen im Ermittlungsverfahren einer unmenschlichen Behandlung (keiner Folter) ausgesetzt und betonte die Absolutheit des Verbotes aus Art. 3 I EMRK (EGMR NJW 2007, 2461). In einem späteren Urteil bestätigte der EGMR den fairen Ablauf des Verfahrens gem. Art. 6 I EMRK, rügte allerdings, dass der Verstoß gegen Art. 3 I EMKR durch das Urteil des LG Frankfurt a.M. nicht ausreichend kompensiert worden sei (EGMR NJW 2010, 3145).

Ausgangspunkt b):

Wirkt das Verwertungsverbot hinsichtlich des Geständnisses in der Art, dass alle aufgrund dieses Geständnisses aufgefundenen Beweise »kontaminiert« sind?

Ohne das »abgepresste« Geständnis wäre die Leiche nicht gefunden und keine DNA-Spuren des A darauf gefunden worden. Die DNA-Spuren sind mittelbar erlangte Beweismittel. **Problematisch** ist, ob das Verwertungsverbot des § 136a III 2 StPO für das unmittelbar erlangte Geständnis auch auf die mittelbar erlangten Beweismittel durchschlägt (Frage der sog. **Fernwirkung** von Beweisverwertungsverboten).

Hinweis: Zu unterscheiden von einer **Fernwirkung** ist die sog. **Fortwirkung** von Beweisverwertungsverboten, insbesondere die Verwertbarkeit einer erneuten Vernehmung unter Eindruck eines vorher begangenen Verstoßes, also ohne qualifizierte Belehrung. Hier ist eine Unverwertbarkeit nicht zwingend, sondern es muss im Einzelfall Sachaufklärungsinteresse und Gewicht des Verfahrensverstoßes abgewogen werden, vgl. BGH NJW 2009, 3589.

Lösungsansätze:

I. Mittelbar erlangte Beweismittel als »Früchte des vergifteten Baums«

Die aus dem nordamerikanischen Rechtsraum übernommene »*Fruits of the poisonous tree doctrine*« geht von einer Fernwirkung von Beweisverwertungsverboten aus. Mittelbar erlangte Beweismittel, die aufgrund eines mit einem Beweisverwertungsverbot belegten Beweismittels erlangt wurden, sind als Früchte des vergifteten Baums nicht verwertbar.

Vertreten von:
Eisenberg Beweisrecht StPO Rn. 722; *Fezer* StrafProzR Fall 16 Rn. 50; *Kühne* StrafProzR Rn. 912.1; *Neuhaus* NJW 1990, 1221 (1222); *Reinecke*, Die Fernwirkung von Beweisverwertungsverboten, 1990, 247; *Roxin/Schünemann* StrafVerfR § 24 Rn. 60; *Rüping* Strafverfahren Rn. 495; *Volk/Engländer* GK StPO § 28 Rn. 43 (mit einschränkender Tendenz).

1. Argument
Ohne Fernwirkung kommt es in der Praxis zu einer starken Schwächung der Beweisverwertungsverbote.

2. Argument
§ 136a StPO würde ohne Fernwirkung weitgehend leerlaufen.

3. Argument
Eine vollumfängliche Verwertbarkeit ermutigt zu »illegalen Praktiken«.

II. Generelle Verwertbarkeit mittelbar erlangter Beweismittel

Es gibt keine generelle Fernwirkung von Beweisverwertungsverboten.

Vertreten von:
BGHSt 27, 355 (358) = NJW 1978, 1390; BGHSt 32, 68 (71) = NJW 1984, 2772 (2773); BGHSt 34, 362 (364 f.) = NJW 1987, 2525 (2526); *Krey/Heinrich* Straf-

VerfR Rn. 1632; *Lesch,* Strafprozessrecht, 2. Aufl. 2001, Kap. 3 Rn. 170; *Peters* StrafProzR 337 f.; *Ranft,* FS Spendel, 1992, 719 (734 ff.).

1. Argument
Im deutschen Strafprozess besteht eine Pflicht zur Strafverfolgung und Aufklärung.

2. Argument
Es gibt keine Vergleichbarkeit zum nordamerikanischen Rechtsraum, da dort Beweisverwertungsverbote in erster Linie der Disziplinierung von Polizeibeamten dienen, während sie in Deutschland die Rechtsstaatlichkeit gewährleisten sollen. Hier läuft die Disziplinierung über das Beamtenrecht und das materielle Strafrecht.

3. Argument
Ein Verfahrensfehler darf nicht das ganze Strafverfahren lahmlegen (Funktionsfähigkeit der Strafrechtspflege).

4. Argument
Die Auswirkungen von Verfahrensfehlern müssen begrenzt werden, da kaum ein Nachweis erbracht werden kann, ob die weiteren Beweismittel nicht auch ohne den Verstoß von den Ermittlungsbehörden aufgefunden worden wären.

III. Verwertbarkeitsentscheidung nach Abwägung

Die Fernwirkung von Beweisverwertungsverboten ist im Rahmen einer Gesamtabwägung aller Umstände des Einzelfalls zu beantworten, wobei die Reichweite des Grundrechtseingriffs mit dem Erfordernis einer effektiven Strafrechtspflege sowie der Schwere der Tat abzuwägen ist.

Vertreten von:
EGMR NJW 2010, 3145 (Fernwirkung, wenn der Verstoß gegen Art. 3 EMRK den Schuld- oder Strafausspruch beeinflusst); BVerfG NJW 2011, 2417 Rn. 42, 58 (»nicht ohne Weiteres Fernwirkung«); BVerfG wistra 2010, 341 (344); BGHSt 29, 244 (247) = NJW 1980, 1700 (1700 f.); Meyer-Goßner/Schmitt/*Schmitt* StPO § 136a Rn. 31; weitere Fundstellen s. Vorauflage.

1. Argument
Das Unterlassen der Ahndung bekanntgewordener, schwerer Straftaten aufgrund eines »pauschalen« Verwertungsverbots wäre schlechthin unerträglich für die Funktionsfähigkeit der Strafrechtspflege.

2. Argument
In gravierenden Fällen muss der Schutz des Angeklagten hinter dem öffentlichen Interesse zurückstehen.

IV. Verwertbarkeitsentscheidung über den Schutzbereich

Nur wenn sich das Beweisverbot aus der Verfassung ergibt, ist eine Gesamtabwägung vorzunehmen. Bei Beweisverboten aus der StPO ist stets eine Fernwirkung anzunehmen, wenn die verletzte Norm den betroffenen Beschuldigten vor der Verwertung des infrage stehenden Beweises schützen soll.

Vertreten von:
Beulke ZStW 103 (1991), 657 ff.; *Beulke/Swoboda* StrafProzR Rn. 482.

1. Argument
Bei den Bestimmungen des Strafverfahrensrechts wurde bereits durch den Gesetzgeber eine Abwägung vorgenommen, die nicht unterlaufen werden darf.

2. Argument
§ 136a StPO als zentrale Schutzvorschrift soll den Beschuldigten möglichst effektiv gegenüber allen staatlichen Übergriffen schützen.

3. Argument
Der Schutzzweck der Beweisverwertungsverbote geht nicht dahin, dass die Verwertung hypothetisch rechtmäßiger erlangter Beweise verhindert werden soll. Der Beweis ist verwertbar, wenn er auch anderweitig auf rechtmäßige Weise erlangt worden wäre (»*hypothetical clean path doctrine*«).

Im Beispielsfall:

Überträgt man die »*fruits of the poisonous tree-doctrine*« auf das deutsche Strafrecht, so dürften die gefundenen DNA-Spuren nicht verwertet werden. Steckt man den Schutzbereich des § 136a StPO ab, so handelt es sich um ein strafprozessuales Verwertungsverbot, das eine Abwägung überflüssig macht. Einen Hinweis dafür, dass die Leiche und die Spuren auch auf einem rechtmäßigen Weg gefunden worden wären, gibt es im Sachverhalt nicht. Geht man von einer umfassenden Verwertbarkeit aus, so sind die DNA-Spuren unproblematisch verwertbar. Stellt man auf eine Abwägung ab, so muss der Vorwurf des Mordes – einer schweren Straftat – der Androhung körperlicher Gewalt zur Beugung der Willensfreiheit gegenübergestellt werden, welche klar gegen elementare Grundsätze des Strafverfahrens und gegen den Menschenwürdeschutz verstoßen. Eine Abwägung wird in diesem Fall auch bei Kapitaldelikten zugunsten der Menschenwürde und der Rechtsstaatlichkeit zu treffen sein.

Da die unterschiedlichen Lösungsansätze jeweils zu unterschiedlichen Ergebnissen führen, ist ein Streitentscheid erforderlich. Gegen eine pauschale Fernwirkung bzw. Verneinung der Fernwirkung spricht, dass eine solche Lösung keine flexible und einzelfallbezogene Abwägung ermöglicht und somit zu schnell das Interesse des Angeklagten bzw. das Strafverfolgungsinteresse in den Vordergrund stellt. Gegen die Anwendung nordamerikanischer Grundsätze im deutschen Strafprozessrecht spricht zudem die unterschiedliche Schutzrichtung von Beweisverboten in Nordamerika und Deutschland. Gegen eine am Schutzbereich orientierte Auslegung spricht die hypothetisch rechtmäßige Erlangung von Beweisen als Maßstab, da sie weder leicht nachweisbar noch exakt ist. Für die Abwägungslehre spricht eine einzelfallbezogene Möglichkeit, die Frage zu beantworten, ob aufgrund der Schwere des Verstoßes ein »Lahmlegen« des gesamten Strafverfahrens geboten erscheint, oder ob der Verstoß geringer wiegt, sodass mittelbar erlangte Beweise zu verwerten sind. Somit ergibt sich für den konkreten Fall **die Unverwertbarkeit der DNA-Spuren und somit eine Fernwirkung** nach Abwägung.

22. Problem: § 136a StPO, Privatpersonen und Beweisverwertungsverbot

Beispielsfall:

A ist Privatdetektiv. Einer seiner Aufträge ist die Ermittlung des Täters einer an O begangenen Körperverletzung. Nach einiger Zeit kann A den Täter T ermitteln. Dieser will A gegenüber nichts sagen. Daraufhin überwältigt A den T und quält ihn menschenunwürdig solange, bis dieser ein wahrheitsgemäßes, schriftliches Geständnis gegenüber A abgibt. Das so erlangte Geständnis leitet A an die Staatsanwaltschaft weiter. Diese will das Geständnis zusammen mit weiteren, eine Verurteilung nicht tragenden Indizien, verwenden.

Ist das Geständnis des T verwertbar?

Zusatzfrage: Wie ist die Verwertbarkeit eines mittels Folter durch ausländische Organe erlangten Geständnisses im Hinblick auf § 136a StPO zu beurteilen?

Ausgangspunkt:

Verwertungsverbot wegen eines Verstoßes gegen § 136a StPO.

Im vorliegenden Beispielsfall ist keine Vernehmung gegeben, da die Befragung nicht von einem staatlichen Strafverfolgungsorgan im Rahmen eines Ermittlungsverfahrens durchgeführt wurde, sondern eine Aktion eines Privatdetektivs darstellt (→ **Problem 1**). **Problematisch** ist die Anwendbarkeit des § 136a StPO auf rechtswidrig vorgehende Privatpersonen und die Verwertbarkeit auf diesem Wege gewonnener und an die Strafverfolgungsbehörden abgegebener Beweise.

Lösungsansätze:

I. Verwertungsverbot nur ausnahmsweise bei krassen Verstößen gegen die Menschenwürde

Die rechtlichen Regeln zur Beweiserhebung richten sich nur an die deutschen Strafverfolgungsbehörden und binden diese. Es liegt schon keine Verletzung einer Beweiserhebungsvorschrift vor, die ein Verwertungsverbot nach sich ziehen könnte. Ausnahmen sind nur bei krassen Menschenwürdeverstößen durch die Privatperson zu machen.

Vertreten von:
BVerfGE 34, 238 (246 ff.) = NJW 1973, 891 (892 f.); BGHSt 27, 355 (357) = NJW 1978, 1390; BGHSt 34, 39 (52) = NJW 1986, 2261 (2264); BGHSt 44, 129 = NJW 1998, 3506; BGH NStZ 2011, 596 ff.; zuletzt vgl. BGH NJW 2017, 1828 (1831); KK-StPO/*Diemer* § 136a Rn. 3; Meyer-Goßner/Schmitt/*Schmitt* StPO § 136a Rn. 2 f.; ausführlich auch SK-StPO/*Rogall* § 136a Rn. 10 ff.; für weitere Fundstellen s. Vorauflage.

1. Argument
Die StPO Vorschriften gelten nicht gegenüber Privaten, sondern richten sich allein an die Ermittlungsbehörden.

2. Argument
Schwerste Menschenrechtsverletzungen darf sich der Staat aufgrund seiner Pflicht zum Schutz elementarer Grund- und Menschenrechte nicht zu Eigen machen. Die Verwertung so erlangter Beweismittel ist wiederum menschenrechtsunwürdig und damit unzulässig.

II. Verwertungsverbot analog § 136a III 2 StPO

§ 136a III 2 StPO gilt analog für Beweismittel, die ein Privater unter Verstoß gegen § 136a I StPO erlangt hat.

Vertreten von:
AK-StPO/*Gundlach* § 136a Rn. 13; *Joerden* JuS 1993, 927 (928); *Kühne* StrafProzR Rn. 904.2; KMR-StPO/*Pauckstadt-Maihold* StPO § 136a Rn. 5; *Rogall* ZStW 91 (1979), 1 (41 f.).

1. Argument
§ 136a StPO bindet zwar an sich nur staatliche Organe, bei Zulassung der durch Private entgegen § 136a I StPO gewonnenen Beweismittel wäre jedoch das Rechtsstaatsprinzip verletzt. Ansonsten besteht Umgehungsgefahr.

2. Argument
Es besteht grundsätzlich eine staatliche Verpflichtung zum Schutze elementarer Rechte des Einzelnen, die auch gegenüber Angriffen von Privaten im Zusammenhang mit der Strafverfolgung gilt.

III. Grundsätzlicher Vorrang des staatlichen Aufklärungsinteresses

Es kommt entscheidend auf eine Einzelfallabwägung an, wobei von einem Vorrang des staatlichen Aufklärungsinteresses und des Strafanspruchs gegenüber dem Beschuldigteninteresse an der Nichtverwertung des Beweismittels auszugehen ist.

Vertreten von:
Haffke GA 1973, 65 (82 f.).

Argument
Privatpersonen können nicht gegen Beweiserhebungsverbote verstoßen, da sie die StPO nicht entsprechend bindet, womit die Verstöße weniger verwerflich sind.

Im Beispielsfall:

Bei einer grundsätzlichen Verwertbarkeit muss hinterfragt werden, ob im Quälen des T eine Verletzung der Menschenwürde zu sehen ist. Dies ist laut Sachverhalt der Fall, weshalb hier von einem Verwertungsverbot ausgegangen wird. Wendet man § 136a III 2 StPO analog an, gelangt man ebenfalls zum Ergebnis der Unverwertbarkeit. Wägt man mit einem grundsätzlichen Vorrang des Strafverfolgungsinteresses im konkreten Fall ab, muss der erhebliche Eingriff in die körperliche Integrität des T dem Interesse des Staates an der Verfolgung einer einfachen Körperverletzung gegenübergestellt werden. Letzteres ist nicht per se gegeben, was sich schon aus § 230 StGB ergibt. Hinweise für ein besonderes öffentliches Interesse sind dem Sachverhalt nicht zu entnehmen, sodass auch hier die Abwägung zugunsten des Schutzes des T ausfällt. Alle Ansichten kommen zum gleichen Ergebnis, ein Streitentscheid ist entbehrlich. **Das Geständnis des T ist nicht verwertbar.**

Achtung! Der EGMR macht jedoch deutlich, dass eine Umgehung namentlich des Art. 8 EMRK (Recht auf Achtung des Privat- und Familienlebens) durch Einschaltung von Privatpersonen in die Strafverfolgung verboten ist (EGMR StV 2004, 1 – M. M ./. Niederlande). Dies soll immer dann gelten, sobald die Strafverfolgungsbehörden der Vertragsstaaten einen maßgeblichen Beitrag zum Vorgehen der Privaten leisten. Dies entspricht der nationalen Ansicht, dass Privatpersonen nicht zur Umgehung staatlicher Pflichten eingesetzt werden dürfen.

Hinweis: Im Fall der Liechtensteiner Steueraffäre (sog. »Steuer-CDs«), in der sich Mitarbeiter des BND heimlich illegal kopierte Kontodaten der Liechtensteiner Treuhand AG gegen Zahlung eines Millionenbetrages verschafft hatten, um Steuerhinterziehungen aufzuklären, wurde kein Beweisverwertungsverbot im Strafprozess angenommen, da die nachträgliche Entgegennahme der illegal kopierten Daten nicht einer vorherigen Beauftragung durch den Staat entspricht (BVerfG NJW 2011, 2417), vgl. zum Ganzen Meyer-Goßner/Schmitt/*Schmitt* StPO § 136a Rn. 3a.

Zusatzfrage: Verwertbarkeit eines durch Folter ausländischer Strafverfolgungsorgane erlangten Geständnisses?

Hinweis: Nach BGHSt 55, 314 (317 ff.) = NJW 2011, 1523 (1524 f.) ist ein Gespräch zwischen einem Konsularbeamten und einem in ausländischer Haft befindlichen deutschen Beschuldigten keine Vernehmung iSd § 136a I StPO.

Das OLG Hamburg machte im Fall El Motassadeq (einer der Mitglieder in der Hamburger Gruppe um den Attentäter vom 11.9.2001 Mohammed Atta) deutlich, dass Art. 15 UNCAT innerstaatlich unmittelbar geltendes Recht sei und in Strafverfahren die gerichtliche Verwertung von unter Folter herbeigeführten Aussagen verbiete, wobei sowohl Foltermaßnahmen innerstaatlicher als auch außerstaatlicher Behörden erfasst sein sollen (OLG Hamburg NJW 2005, 2326). § 136a StPO erfasst nach dieser Entscheidung unmittelbar nur unzulässige Vernehmungsmethoden von Strafverfolgungsbehörden der Bundesrepublik Deutschland, wobei aber § 136a StPO bei besonders krassen Verstößen ausländischer Strafverfolgungsorgane gegen die Menschenwürde entsprechend anwendbar sein soll.

Der Nachweis eines Beweisverbotes wegen Folter muss allerdings auch bei schwieriger Beweislage in vollem Umfang erfolgen. Dies war im Fall El Motassadeq (Folter von Al-Qaida-Mitgliedern durch US-Behörden) nicht gelungen, weshalb nicht von einem Beweisverwertungsverbot ausgegangen wurde. Dieses Nachweisproblem war Gegenstand der Entscheidung des EGMR, Urt. v. 25.9.2012 – 649/08 (El Haski./.Belgien) (bei *Heine* NStZ 2013, 680, 681 f.), in der der EGMR festlegte, unter welchen Umständen ein Strafgericht der Vertragsstaaten im Rahmen einer freien, von Amts wegen geführten Beweiswürdigung von einer unter Verstoß gegen das Folterverbot erfolgten Vernehmung auszugehen hat. Der EGMR schraubt bei schweren Verfahrensverstößen wie der Folter die Anforderungen an den Nachweis deutlich zurück. Ähnlich der Systematik bei Abschiebungsfragen kommt es dem EGMR darauf an, wie rechtsstaatlich die Strafrechtspflege im Vernehmungsstaat ausgestaltet ist. Danach sollen sich die Anforderungen an die Überzeugungsbildung richten. Wurde bisher ein Verwertungsverbot nur angenommen, wenn der Verfahrensverstoß (also die Folter) bewiesen wurde, so soll das Erfordernis des vollen Beweises nur noch dann gelten, wenn die Strafrechtspflege des ausländischen Staates die Gewähr für eine effiziente und unparteiische Verfolgung solcher Verstöße gegen das Folterverbot bereithält. Ist dies nicht der Fall – wie hier für die pakistanische Strafrechtspflege angenommen – so genügt es, dass das tatsächliche Risiko für eine Folter dargelegt wird und nicht widerlegt werden kann, um ein Beweisverwertungsverbot zu bejahen (vgl. dazu *Heine* NStZ 2013, 680 [682 f.]).

23. Problem: Verwertbarkeit »persönlicher« Erkenntnisse – Tagebuch, Kernbereich, Zufallsfunde und fehlerhafte Durchsuchungsanordnung

Beispielsfall:

A wird des Mordes an seiner Ehefrau verdächtigt (§§ 211, 212 StGB). In dem aufgrund einer Durchsuchungs- und Beschlagnahmeanordnung rechtmäßig beschlagnahmten Tagebuch des A findet sich eine genaue und detaillierte Darstellung aller von A begangenen Taten. Zudem finden die Ermittler einen Stapel Zeitschriften kinderpornographischen Inhalts, die ebenfalls mitgenommen werden. Am 3.10. hören die ermittelnden Beamten aufgrund einer rechtmäßig angeordneten Wohnraumüberwachung gem. § 100c StPO ein Selbstgespräch des A in seiner Wohnung ab, in dem er immer wieder lautstark vor sich hinredete: »Ich habe sie umgebracht! Ich bin ein Mörder! Ich habe meine Frau umgebracht!« Am 14.10. hören die Beamten ein Telefonat ab, bei dem A einem Freund den Mord an seiner Frau detailliert schildert. Am Morgen des 14.10. hatte die Staatsanwaltschaft bei Gericht eine Verlängerung der Telefonüberwachung für weitere zwei Wochen beantragt, daher gingen die Beamten davon aus, die Überwachung könne fortgesetzt werden. Über die Anordnung war zum Zeitpunkt des abgehörten Gesprächs noch nicht abschließend entschieden. Die Anordnung der Telefonüberwachung für einen weiteren Monat wäre jedoch noch am 14.10. erlassen worden. Sind die aufgefundenen Beweismittel in einem Strafverfahren gegen A verwertbar? Wie ist die Verwertbarkeit des Tagebucheintrages zu beurteilen, wenn der Polizeibeamte P die Durchsuchung angeordnet hätte, weil es ihm zu anstrengend war wegen der Durchsuchungsanordnung den Ermittlungsrichter anzurufen?

Ausgangspunkt I:

Vorliegen eines selbstständigen Beweisverwertungsverbotes hinsichtlich des Tagebucheintrages?

Die Beweiserhebung erfolgte gem. §§ 110 I, 94 StPO rechtmäßig, sodass ein **unselbstständiges Beweisverwertungsverbot** nicht vorliegt. **Fraglich** ist aber, ob Tagebucheinträge im Strafverfahren verwertet werden dürfen, oder ob der Verwertung ein aus dem Grundgesetz abzuleitendes, **selbstständiges Beweisverwertungsverbot** entgegensteht. Ein Tagebuch und dessen Einträge sind grundsätzlich nicht für fremde Augen und erst recht nicht für die Augen der Strafverfolgungsbehörden bestimmt. Es ist **umstritten**, ob hier ein Eingriff in das Persönlichkeitsrecht des A (Art. 2 I GG iVm Art. 1 I GG) vorliegt und dieser zu einem Beweiserhebungsverbot führt.

Lösungsansätze zur Verwertbarkeit von Tagebucheinträgen:

I. Abwägung nach den unterschiedlichen Sphären des Persönlichkeitsrechts

Das BVerfG orientiert sich für die Frage der Verwertbarkeit von Beweisen, die durch einen Eingriff in das allgemeine Persönlichkeitsrecht erlangt wurden, an **drei unterschiedlichen Sphären** (»Drei-Sphären-Theorie«).

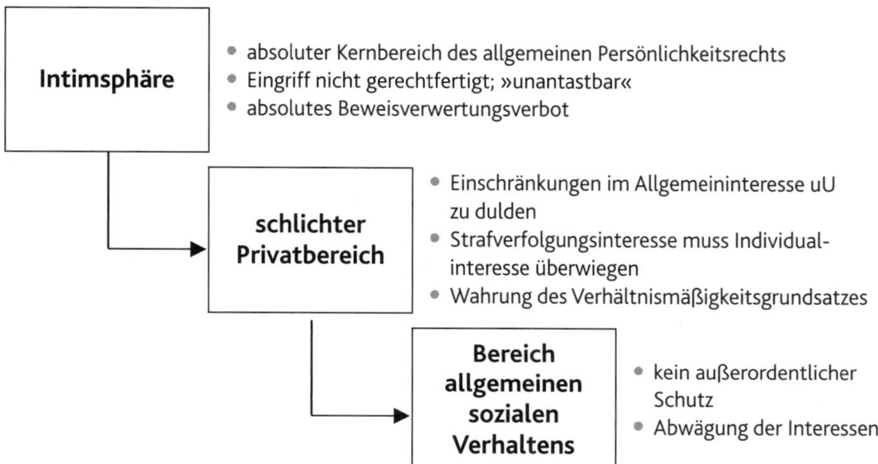

Allerdings ist das BVerfG nicht konsequent hinsichtlich der Verwertung von Tagebuchaufzeichnungen. Denn dem Charakter als »innere, persönliche Auseinandersetzung des Verfassers mit seinen Gedanken und seiner Gefühlswelt« entsprechend müssten Tagebuchaufzeichnungen einen Teil der unantastbaren Intimsphäre darstellen. **Ausnahmen** werden berechtigterweise für den Fall gemacht, dass der Betroffene auf eine Geheimhaltung des Lebenssachverhalts gar keinen Wert legt, da in diesen Fällen idR schon der Kernbereich nicht berührt ist (BVerfGE 80, 367 [374] = BeckRS 9998, 165394). Allerdings ist die Aufnahme von Informationen in ein Tagebuch nicht schlechthin Grund dafür, diese Informationen dem staatlichen Zugriff zu verwehren. Es kommt vielmehr auf Charakter und Bedeutung des Inhalts an. Bei einem unmittelbaren Bezug zu konkreten Straftaten sollen solche Aufzeichnungen nicht zum unantastbaren Bereich privater Lebensgestaltung gehören (BVerfGE 80, 367 [374] = BeckRS 9998, 165394). Die Verwertung dieser Aufzeichnungen bedarf aber der Rechtfertigung durch ein überwiegendes Interesse der Allgemeinheit, wobei eine **»funktionstüchtige Strafrechtspflege«** (BVerfG NJW 2010, 592 [593]; dazu auch *Landau* NStZ 2008, 1) einen ähnlich hohen Rang genießt wie das allgemeine Persönlichkeitsrecht des Beschuldigten. Maßgeblich für eine Abwägung ist insbesondere die außerordentliche Schwere der Straftat (Mord, § 211 StGB); vgl. nicht bei geheimdienstlicher Agententätigkeit, BGH NJW 1994, 1970.

Hinweis: Diese Entscheidung des BVerfG wurde nur von vier der acht Richter getragen, weshalb eine Feststellung der Verfassungswidrigkeit der Verwertung nicht getroffen werden konnte (vgl. § 15 IV 3 BVerfGG). Vier Richter **waren anderer Auffassung**: Sie rechneten die Tagebuchaufzeichnungen zum absolut geschützten Bereich privater Lebensgestaltung und sahen sie jeglichen staatlichen Zugriffs entzogen (vgl. BVerfGE 80, 363 [380 ff.] = BeckRS 1989, 06945). Nur weil Aufschlüsse über Motive einer Straftat gegeben werden, berühren sie nicht die Sphäre anderer und werden dadurch verwertbar. Folgt man dieser Auffassung, so muss wohl bereits oben die Möglichkeit der Mitnahme des Tagebuchs zur Durchsicht (§ 110 I StPO → **Zusatzfall 2**) verneint werden.

Auch der BGH sah eine Zuordnung zur absolut geschützten Intimsphäre nicht vor, wenn ein Straftäter Aufzeichnungen über Verbrechen oder seine Opfer gemacht hat (BGHSt 19, 331 = NJW 1964, 1139 [1143]: »Die Entfaltung, nicht der Verfall der Persönlichkeit wird durch die Grundrechte geschützt.«). Das BVerfG hat aber auch für eine Straftat nach § 176 I StGB im Hinblick auf das Schutzgut der ungestörten sexuellen Entwicklung eines Kindes diese Komponente in die Abwägung eingestellt und angemerkt, dass sich eine Beurteilung ausschließlich an der Höchststrafe (§ 176 I StGB stellt kein Verbrechen dar!) der infrage kommenden Straftat verbiete (BVerfGK 14, 20 [25 f.]).

Vertreten von:
BVerfGE 34, 238 (247) = NJW 1973, 891 (892); BVerfG StraFo 2008, 421 (421); BVerfG StV 1994, 434 (435); *Beulke/Swoboda* StrafProzR Rn. 470 ff.; *Hellmann* StrafProzR Rn. 530; HK-StPO/*Gercke/Temming* Einl. Rn. 39; Meyer-Goßner/Schmitt/*Schmitt* StPO Einl. Rn. 56a; *Ranft* StrafProzR Rn. 1601 ff.; *Roxin/Schünemann* StrafVerfR § 24 Rn. 55 ff.

1. Argument
Die Intimsphäre ist vor staatlichen Zugriffen zu schützen (freie Entfaltung der Persönlichkeit der Bürger; Selbstbestimmung).

2. Argument
Ein abgestufter Schutz wird dem Bedürfnis der Funktionsfähigkeit der Strafrechtspflege gerecht. Je stärker die Interessen des Bürgers aus der Intimsphäre betroffen sind, desto mehr tritt das Strafverfolgungsinteresse zurück. Je weiter die Interessen des Bürgers von der Intimsphäre entfernt sind, desto mehr tritt das Strafverfolgungsinteresse in den Vordergrund. Durch freiwillige Entäußerung oder nachhaltige Berührung von Belangen der Allgemeinheit verlieren Tagebuchaufzeichnungen ihren Intimcharakter.

II. Absoluter Schutz der Menschenwürde

Aufzeichnungen höchstpersönlichen Inhalts dürfen nicht verwertet werden, da die Menschenwürde aus Art. 2 I GG iVm Art. 1 I GG keiner Abwägung zugänglich ist und somit das Strafverfolgungsinteresse nicht überwiegen kann. Tagebuchaufzeichnungen über den Ablauf begangener Straften sind damit nicht verwertbar.

Vertreten von:
Otto, FS Kleinknecht, 1985, 328; *Wolter,* GS Meyer, 1990, 493 (506 ff.).

Argument
Es gibt kein Grundrecht der Bevölkerung »auf Sicherheit«, das dem Kernbereich des Persönlichkeitsrechts des Beschuldigten gegenübergestellt werden könnte.

III. Lösung über Art. 4 I GG

Ein Verwertungsverbot liegt nur vor, wenn und soweit die Aufzeichnung Ausdruck eines Gewissenskonflikts (Art. 4 I GG) ist. Ansonsten sind Tagebücher wie jedes Schriftstück zu verwerten.

Vertreten von:
Amelung NJW 1988, 1002 (1004); *Amelung* NJW 1990, 1753 (1754 f.); *Lorenz* JR 1994, 430 (432 f.).

1. Argument
Die Intimsphäre wird zu eng gezogen, wenn man sie der Abwägung mit anderen Gütern anheim gibt.

2. Argument
Entscheidend ist das Vorliegen eines Gewissenskonflikts. Die Aufzeichnung muss Verkörperung des inneren Ringens mit Verhaltensanforderungen sein, um einem Verwertungsverbot zu unterfallen.

Im Beispielsfall:

Mit der Ansicht des BVerfG und des BGH ist eine Abwägung zwischen der Funktionstüchtigkeit der Strafrechtspflege und dem allgemeinen Persönlichkeitsrecht des A herzustellen, da Tagebuchaufzeichnungen nicht *per se* als der Intimsphäre angehörend unverwertbar sind. Maßgeblich ist insbesondere die Schwere der Tat, die sich allerdings nicht ausschließlich an der vorgesehenen Höchststrafe, sondern auch an dem Schutzgut des jeweiligen Tatbestandes orientiert. Hier ist das Leben Schutzgut. In Anbetracht des Eingriffs in die Privatsphäre scheint die Aufklärung einer Straftat gegen das Leben die Anforderungen an eine abwägungsrelevante, schwere Straftat zu erfüllen. Geht man von einem absoluten Schutz der Menschenwürde aus, so kann die Tagebuchaufzeichnung nicht verwertet werden. Ob die Aufzeichnungen Ausdruck eines Gewissenskonflikts sind, kann aufgrund der im Sachverhalt fehlenden weiteren Angaben nicht festgestellt werden. Diese Ansicht überzeugt aber auch nicht, da sie die Problematik schlichtweg von einem Schutzbereich in den nächsten – nämlich des Art. 4 GG – schiebt. Dort muss sich dann nicht mit der Kernbereichsrelevanz der Aufzeichnung, sondern mit der Frage des in ihr zum Ausdruck kommenden Gewissenskonflikts auseinandergesetzt werden, sodass diese Ansicht kein befriedigenderes Ergebnis bringt. Ein absoluter Schutz von Tagebuchaufzeichnungen vor Zugriff durch die Strafverfolgungsbehörden verkennt unter Missachtung der materiellen Wahrheit die Funktion des Strafverfahrens innerhalb der Gesellschaft. Das Strafverfahren ist stets von der Spannung zwischen Individualrechten und der Allgemeinheit geprägt und an keiner Stelle kategorisch in eine Richtung zu entscheiden. Vielmehr bedarf es eben einer Abwägung, die auch zu berücksichtigen hat, dass Beweisverwertungsverbote eine Ausnahme vom Grundsatz der materiellen Wahrheit darstellen. Hier allerdings fällt die Abwägung aufgrund der Schwere der Straftat (Mord als die schwerste Straftat des StGB) zugunsten des Strafverfolgungsinteresses aus, sodass der Inhalt des Tagesbuchs verwertbar ist (aA vertretbar).

Ausgangspunkt II:

Vorliegen eines unselbstständigen Beweisverwertungsverbotes hinsichtlich des Tagebucheintrages bei Anordnung der Durchsuchung durch den Polizeibeamten P?

Eine Wohnungsdurchsuchung greift schwerwiegend in die durch Art. 13 I GG geschützte Unverletzlichkeit der Wohnung ein. Durch dieses Grundrecht wird dem

Einzelnen im Hinblick auf seine Menschenwürde und im Interesse der freien Entfaltung der Persönlichkeit ein elementarer Lebensraum gewährleistet, der ihm das Recht gibt in seinen Wohnräumen in Ruhe gelassen zu werden (BVerfGE 42, 212 [219] = NJW 1976, 1735; BVerfGE 51, 97 [107] = NJW 1979, 1539). Dieser Grundrechtsrelevanz des Eingriffes wird dadurch Rechnung getragen, dass Art. 13 II GG die Durchsuchungsanordnung grundsätzlich dem Richter vorbehält (BVerfGE 103, 142 [151] = NStZ 2001, 382; zuletzt BVerfG NJW 2015, 2787 [2788]). **Fraglich** ist also zunächst, ob die Anordnung durch Ermittlungspersonen **rechtmäßig** erfolgte. Grundsätzlich besteht zwischen der richterlichen und der nichtrichterlichen Anordnung des § 105 I StPO als einfachgesetzliche Ausprägung des Art. 13 II GG ein **Regel-Ausnahme-Verhältnis** (BVerfGE 103, 142 [153] = NStZ 2001, 382 [383]; zuletzt BVerfG NJW 2015, 2787 [2789]; vgl. BGH NStZ 2017, 369). Nur bei »Gefahr im Verzug« (vgl. § 98 StPO) darf die Anordnung ausnahmsweise durch die Staatsanwaltschaft oder ihre Ermittlungsbeamten erfolgen. **Problematisch** ist das Vorliegen von »Gefahr im Verzug« (vgl. BVerfGE 103, 142 [155] = NStZ 2001, 382 [384]; BGHSt 51, 285 [288] = NStZ 2007, 601).

Hinweis 1: Zu der Frage der Eilkompetenz im Rahmen des § 105 I StPO existiert eine Reihe verfassungsrechtlicher und höchstrichterlicher Rechtsprechung der letzten Jahre. Im Folgenden soll ein knapper Überblick über die Hauptaugenmerke dieser Entscheidungen gegeben werden. Dreh- und Angelpunkt ist hierfür die Entscheidung BVerfGE 103, 142 = NStZ 2001, 382, die sehr lesenswert ist.

Grundsätzlich muss zunächst versucht werden eine richterliche Anordnung zu erhalten. Würde die durch diesen Versuch bedingte zeitliche Verzögerung zu **Beweismittelverlusten** führen, können Staatsanwaltschaft und Polizei die Durchsuchung anordnen. Die Behörden entscheiden also selbst über die Voraussetzungen ihrer Zuständigkeit. Maßgeblich ist der Zeitpunkt, zu dem Staatsanwaltschaft und Polizei die Durchsuchung für erforderlich halten (BGH NStZ 2012, 104). **Gefahr im Verzug** muss sich ergeben aus (BVerfGE 103, 142 [155] = NStZ 2001, 382 [384]):

Einzelfallbezogenen Tatsachen, wobei reine Spekulationen und hypothetische Erwägungen keine Rolle spielen dürfen; auch auf kriminalistische Alltagserfahrungen gestützte, ganz vom Fall unabhängige Vermutungen müssen außer Betracht bleiben und die bloße Möglichkeit des Beweismittelverlustes ist nicht ausreichend.

Hinweis 2: Das Vorliegen von Gefahr im Verzug sowie die tatsächlichen Umstände, aus denen sich eine solche ergibt, sind in den Ermittlungsakten zu dokumentieren (BVerfGE 103, 142 [160] = NStZ 2001, 382), denn nur so erscheint eine wirksame gerichtliche Nachprüfung entsprechend § 98 II 2 StPO möglich.

Die Ermittlungsbehörden dürfen die Regelzuständigkeit des Richters auch nicht dadurch unterlaufen, dass sie mit der Stellung des Antrags auf Durchsuchungsanordnung beim Ermittlungsrichter so lange warten, bis die begründete Gefahr des Beweismittelverlustes eingetreten ist (BVerfGE 103, 142 [155] = NStZ 2001, 382 [384]; BVerfG NJW 2005, 1637 [1638]; BGH NStZ 2012, 104 [104 f.]). Die Berufung auf den abstrakten Hinweis, dass eine richterliche Entscheidung für gewöhnlich zu einem bestimmten Zeitpunkt sowieso nicht zu erlangen ist, genügt nicht zur Begründung von Gefahr im Verzug (BVerfGE 103, 142 [156] = NStZ 2001, 382 [384]; BVerfG NJW 2005, 1637 [1638]). Damit korrespondiert die verfassungsrechtliche Verpflichtung der Gerichte, die Erreichbarkeit des Ermittlungsrichters, auch durch Einrichtung eines Eil- und Notdienstes, zu sichern (BVerfGE 103, 142 [156] = NStZ 2001,

382 [384]). Es bleibt Aufgabe der Gerichtsorganisation sicherzustellen, dass die richterliche Regelzuständigkeit gewahrt bleibt. Dazu gehört auch die uneingeschränkte Erreichbarkeit des Ermittlungsrichters tagsüber auch außerhalb der Dienstzeiten und zur Nachtzeit, falls hierfür ein über den Ausnahmefall hinausgehender Bedarf besteht (BVerfG NJW 2007, 1444).

Hinweis 3: Der 3. Strafsenat des OLG Hamm folgert aus dieser verfassungsrechtlichen Verpflichtung zur Errichtung eines nächtlichen Bereitschaftsdienstes beim Fehlen eines solchen sogar ein Beweisverwertungsverbot (OLG Hamm (3. StS) NJW 2009, 3109 [3111]). Allerdings widersprechen dem der 4. Strafsenat desselben Gerichts mit Zustimmung der anderen drei Strafsenate sowie die hM in der Literatur. Der BGH hat sich diesbezüglich noch nicht geäußert, vgl. zum Ganzen: Meyer-Goßner/Schmitt/*Schmitt* StPO § 105 Rn. 20.

Zudem ist die sachliche, personelle und funktionale Ausstattung der Gerichte sicherzustellen (zuletzt BVerfG NJW 2015, 2787 [2789]). Aus dem **Regel-Ausnahme-Verhältnis** der richterlichen und nichtrichterlichen Anordnung folgert das BVerfG auch, dass eine Eilzuständigkeit immer nachrangig ist und demnach entfällt, falls der Ermittlungsrichter mit der Entscheidung über die Durchsuchungsanordnung befasst ist (BVerfG NJW 2015, 2787 [2791 f.]; BGH NStZ 2017, 369). Eine Neubegründung der Eilkompetenz ist dann nur möglich, wenn nach richterlicher Befassung tatsächliche Umstände eintreten oder bekannt werden, die sich nicht aus dem Prüfungs- bzw. Entscheidungsprozess des Richters über den Antrag ergeben und dadurch die begründete Gefahr eines Beweismittelverlustes bestünde (zB Wohnungsinhaber beginnt nach Befassung des Ermittlungsrichters mit der Verbrennung beweisrelevanter Dokumente in seiner Wohnung).

Im Beispielsfall:

P entschied über die Durchsuchungsanordnung selbst, weil es ihm zu anstrengend war den Ermittlungsrichter E anzurufen. **Damit liegt kein Fall von Gefahr im Verzug, sondern ein Verstoß gegen § 105 I StPO vor.**

Fraglich ist in einem zweiten Schritt, ob aus diesem Verstoß ein **unselbstständiges** Beweisverwertungsverbot resultiert. **Grundsätzlich** (BGHSt 51, 285 = NStZ 2007, 601) hindert eine rechtsfehlerhafte Durchsuchung die Beschlagnahme der dabei aufgefundenen Gegenstände nicht. Eine Abwägung zwischen den widerstreitenden Interessen erfolgt zumeist insbesondere zugunsten einer funktionstüchtigen Strafrechtspflege und der Wahrheitserforschung vor Gericht (BVerfG NStZ 2011, 103 [104]; BVerfG NJW 2009, 3225 [3326]). Es kommt maßgeblich darauf an, ob die Durchsuchungsanordnung hätte rechtlich erlassen werden dürfen (»**hypothetisch rechtmäßige Vorgehensweise**«; vgl. auch den Rechtsgedanken in §§ 497 II 1, 161 III 1 StPO). Eine **Ausnahme** (BGHSt 51, 285 = NStZ 2007, 601; zuletzt BGH NStZ 2017, 367 [369]) stellen schwerwiegende, bewusst willkürliche Verstöße dar, die die grundrechtlichen Sicherungen bewusst, planmäßig und systematisch außer Acht lassen, insbesondere bei grober Verkennung oder Missachtung des Richtervorbehalts. P hat den Richtervorbehalt des § 105 I StPO grob verkannt und bewusst willkürlich missachtet. **Aus dem Verstoß folgt deshalb ausnahmsweise ein Beweisverwertungsverbot.**

Hinweis 4: Auch in dem bewusst langen Zuwarten mit der Benachrichtigung des Ermittlungsrichters, um Gefahr im Verzug zu begründen, sah der BGH ein Beweisverwertungsverbot (BGH NStZ 2012, 104 [105]).

Achtung! Nach einem Urteil des 2. Strafsenats (Urt. v. 6.10.2016 – 2 StR 46/15), welches von der Zulässigkeit einer auf ein Verwertungsverbot im Rahmen einer Durchsuchung gerichteten Verfahrensrüge auch ohne einen, auf den Zeitpunkt des § 257 I StPO befristeten, Widerspruch ausgeht, sprach sich der 5. Strafsenat zuletzt in seiner Entscheidung (Urt. v. 9.5.2018 – 5 StR 17/18) für eine solche Rügepräklusion aus. Danach geht das Recht, sich auf das Verwertungsverbot zu berufen, dann verloren, wenn der verteidigte (oder entsprechend belehrte) Angeklagte in der tatrichterlichen Verhandlung der Verwertung und der ihr vorangehenden Beweiserhebung nicht widersprochen hat. Damit wird die Rechtsprechung hinsichtlich des Widerspruchserfordernisses innerhalb unselbstständiger Beweisverwertungsverbote angeglichen und vereinheitlicht (→ **Problem 17**).

Ausgangspunkt III:

Verwertbarkeit des Selbstgespräches des A?

§ 100a StPO erfasst das Selbstgespräch nicht, da keine Telekommunikation mehr vorliegt.

Hinweis 1: Gleiches gilt auch für Selbstgespräche, die der Beschuldigte führt, die aber nur aufgezeichnet werden, weil er bei einem vorherigen Telefonat nicht richtig aufgelegt hat (sog. Raumgespräche). Soll hier über eine Verwertung nachgedacht werden, muss dies nach den Voraussetzungen des § 100c StPO geschehen, der in der Regel aber nicht mit angeordnet wurde (vgl. BGHSt 31, 296 [298] = NJW 1983, 1569). Andererseits werden sog. Hintergrundgespräche, die der Beschuldigte während des Telefonates mit anderen, im Raum anwesenden Personen führt, von § 100a StPO erfasst (BGH NStZ 2003, 688 [689 f.]).

Ein unselbstständiges Beweisverwertungsverbot scheidet aus, da § 100c StPO ordnungsgemäß angeordnet wurde. **Fraglich ist**, ob sich ein Verwertungsverbot ergibt, da eine Kernbereichsäußerung gem. § 100d II StPO vorliegt.

Hinweis 2: Verkennt das Gericht bereits bei der Kernbereichsprognose unter erkennbarerer und damit rechtsfehlerhafter Überschreitung seines Beurteilungsspielraums, dass die Wahrscheinlichkeit **kernbereichsrelevanter Äußerungen** besteht, so liegt bereits ein Beweiserhebungsverbot vor (§ 100d IV 1 StPO). Aus diesem folgt ein umfassendes Beweisverwertungsverbot auch hinsichtlich sämtlicher Spurenansätze (vgl. dazu: Meyer-Goßner/Schmitt/*Schmitt* StPO § 100d Rn. 7). § 100d II StPO regelt die Folgen eines Kernbereichseingriffs während des Abhörens, also eines Kernbereichseingriffs, der trotz negativer Kernbereichsprognose entsteht. Zunächst muss das Abhören des Wohnraums unverzüglich unterbrochen werden, soweit sich Anhaltspunkte ergeben, dass Kernbereichsäußerungen erfasst werden (§ 100d IV 2 StPO). Sollten schon Aufzeichnungen über solche Äußerungen erfolgt sein, sind diese unverzüglich zu löschen (§ 100d II 2 StPO). Jede Verwertung dieser kernbereichsrelevanten Äußerungen ist ausgeschlossen, wenn sie durch eine Kernbereichsverletzung erzielt wurden (§ 100d II 1 StPO). Sollten die tatsächlichen Anhaltspunkte für das Erfassen kernbereichsrelevanter Äußerungen nicht mehr vorliegen, so kann das Abhören und Aufzeichnen fortgeführt werden (§ 100d IV 3, 4 StPO). Soweit ein Verwertungsverbot nach § 100d II StPO in Betracht kommt, hat die Staatsanwaltschaft unverzüglich die Entscheidung des anordnenden Gerichts über die Verwertbarkeit der erlangten Erkenntnisse herbeizuführen (§ 100d IV 5 StPO) (vgl. dazu Meyer-Goßner/Schmitt/*Schmitt* StPO § 100d Rn. 6 ff.).

Dazu müsste ein Selbstgespräch Kernbereichscharakter aufweisen. Ein Selbstgespräch betrifft einen der letzten »Rückzugsräume« des Menschen, um sich mit dem eigenen Ich zu befassen, ohne Angst vor staatlicher Überwachung haben zu müssen (BGHSt 57, 71 [75] = NJW 2012, 945). Die Zuordnung zum Kernbereich erfolgt durch eine **Gesamtbewertung aller Umstände** des Einzelfalls (BGHSt 57, 71 [74] = NJW 2012,

945). Geprägt wird ein Selbstgespräch durch die Eindimensionalität, die Nichtöffentlichkeit, die mögliche Unbewusstheit der Äußerung, sowie die Identität des Gesprächs mit den inneren Gedanken und der »Flüchtigkeit des gesprochenen Wortes« (BGHSt 57, 71 [74] = NJW 2012, 945). Indizien für einen Kernbereichsbezug können die Art des Raumes sein, in dem ein Selbstgespräch geführt wird (Privatwohnung), der fehlende Charakter als »Zwiegespräch« und damit jeglichen Sozialbezugs (BGHSt 50, 206 [212] = NStZ 2005, 700). Selbstgespräche sind nichts anderes als ein Ausdruck »inneren Sprechens«; das Denken als Existenzbedingung des Menschen steht unter dem Schutz des Kernbereichs (BGHSt 57, 71 [75] = NJW 2012, 945).

Aus der Tagebuchentscheidung (BVerfGE 80, 367 = NStZ 1990, 89) – die ja stimmengleich ausging – ist herauszulesen, dass gerade die Verschriftlichung der Gedanken Grund für die vier Richter war, von einer Verwertbarkeit auszugehen. Für den Fall der bloßen Gedankenäußerung fehlt es an diesem Merkmal (BGHSt 50, 206 [212] = NStZ 2005, 700). Auf den Inhalt des Selbstgesprächs kommt es aus oben genannten Gründen gerade nicht an. Anders als in der Tagebuchentscheidung ist beim Selbstgespräch die Flüchtigkeit des gesprochenen Wortes maßgeblich (BGHSt 57, 71 [76] = NJW 2012, 945 [946]). Im konkreten Fall liegt ein **Kernbereichsbezug des Selbstgespräches des A** vor.

Fraglich ist, ob daraus ein **Verwertungsverbot** gem. § 100d II 1 StPO resultiert. Dieser dient dem Schutz des unantastbaren Kernbereichs des allgemeinen Persönlichkeitsrechts iSd Art. 13 I GG iVm Art. 2 I GG iVm Art. 1 I GG. Daraus folgt ein **absolutes Verwertungsverbot**, das keiner Abwägung zugänglich ist (BGHSt 50, 206 [210] = NStZ 2005, 700) – nicht einmal zur Aufklärung schwerster Straftaten. § 100d II 1 StPO steht der **Verwertbarkeit des Selbstgesprächs des A entgegen**.

Hinweis 3: In der BGHSt 50, 206 = NStZ 2005, 700 zugrundeliegenden Entscheidung ging es um das Aushorchen eines Krankenzimmers, in der BGHSt 57, 71 = NJW 2012, 945 zugrundliegenden Entscheidung um das Abhören eines Selbstgesprächs in einem Pkw. Im letzten Fall war nicht § 100c StPO, sondern § 100f StPO (sog. kleiner Lauschangriff) einschlägig. Da dieser kein § 100d II 1 StPO entsprechendes Beweisverwertungsverbot vorsieht, folgt das Beweisverwertungsverbot hier direkt aus Art. 2 I GG iVm Art. 1 I GG.

Ausgangspunkt IV:

Verwertung des Geständnisses des A gegenüber einem Freund während des Telefonats vom 13.10.?

Möglicherweise liegt ein **unselbstständiges** Beweisverwertungsverbot, wegen eines Verstoßes gegen **§ 100e V 1 StPO** vor. Dieser sieht die Pflicht zur unverzüglichen Beendigung der Maßnahme für den Fall vor, dass die Anordnungsvoraussetzungen nicht mehr vorliegen. Die Anordnung vom 28.9. galt für zwei Wochen. Somit begann die 2-Wochen-Frist am 29.9. Das Fristende war also 13.10. 24:00 Uhr (§ 43 I StPO). Die Anordnungsvoraussetzungen waren am 14.10. nicht mehr gegeben. **Fraglich** ist, ob sich durch die Antragstellung der Staatsanwaltschaft etwas ändert. Allerdings treten auch Verlängerungen der Anordnung einer Telekommunikationsüberwachung erst mit der Anordnung selbst in Kraft. Es kann also nicht auf den Moment der Antragstellung abgestellt werden, da damit die richterliche Anordnung umgangen würde. Aus diesem Grund liegt ein **Verstoß gegen § 100e V 1 StPO** vor. **Fraglich ist allerdings**, ob aus diesem Verstoß auch ein **Beweisverwertungsverbot** folgt. Ein Verstoß gegen § 100e V 1 StPO führt nicht zwingend zu einem Beweisverwertungsverbot. Vielmehr ist eine **Einzelfallabwägung** der für und gegen eine Verwertung sprechenden Umstände vorzunehmen. Gegeneinander abzuwägen sind das Schutzinteresse des Beschuldigten und das staatliche Aufklärungsinteresse. Auf der Seite des Schutzinteresses des Beschuldigten sind das Gewicht des Rechtsverstoßes, der Schutzzweck der verletzten Norm sowie die Schutzbedürftigkeit des Beschuldigten in die Abwägung einzustellen. Auf der Seite des staatlichen Aufklärungsinteresses ist die Schwere der Straftat, die Verfügbarkeit weiterer Beweismittel sowie die Intensität des Tatverdachts zu berücksichtigen.

Im Beispielsfall:

Argumente für ein Schutzinteresse des Beschuldigten A:

1. Argument
Der Verstoß gegen § 100d V 1 StPO führt dazu, dass die Maßnahme durchgeführt wird, ohne dass sie richterlich angeordnet wurde. Ein Vergleich zum Verstoß gegen den Richtervorbehalt des § 100e I StPO liegt daher nahe. Bei einem solchen wird hinsichtlich der Verwertungsfrage maßgeblich darauf abgestellt, ob der Verstoß willkürlich oder unter grober Missachtung der gesetzlich vorgeschriebenen Vorgehensweise zustande gekommen ist. Im konkreten Fall handelte es sich um einen Irrtum der Beamten hinsichtlich des Ausreichens des durch die Staatsanwaltschaft gestellten Antrags auf Anordnung der Telekommunikationsüberwachung. Eine grobe Missachtung des Erfordernisses der richterlichen Anordnung bzw. des Abbruchs der Maßnahme kann darin nicht gesehen werden.

2. Argument
Zum anderen dient § 100e V 1 StPO dazu, die Voraussetzungen der Telekommunikationsüberwachung in gewissen Zeitabständen erneut zu überprüfen und zu verhindern, dass eine in Art. 10 I GG eingreifende Maßnahme über die erforderliche Dauer hinaus fortgesetzt wird (ähnlich einer gesetzlichen Haftprüfung). Diesem Schutzzweck ist aber dann genüge getan, wenn die Anordnung zur weiteren Telekommunikationsüberwachung hätte erlassen werden dürfen (Berücksichtigung hypothetischer Ermittlungsverläufe). Im konkreten Fall wäre die Anordnung im Laufe des 14.10. sowieso erlassen worden, sodass der Schutzzweck der Norm nicht verletzt wurde. A ist deshalb auch nicht besonders schutzbedürftig.

Argumente für das Überwiegen des staatlichen Aufklärungsinteresses:

1. Argument
Der Verdacht, der gegen A besteht, bezieht sich auf eine schwere Straftat (§§ 211, 212 StGB).

2. Argument
Weitere Beweismittel wurden bislang in verwertbarem Umfang nicht erlangt.

Alles in allem erfolgt die Abwägung der entgegenstehenden Interessen insbesondere wegen der hypothetischen Zulässigkeit der Maßnahme und der fehlenden Schutzbedürftigkeit des A zugunsten des staatlichen Aufklärungsinteresses, sodass **die Aussage des A verwertbar** ist (aA vertretbar).

Ausgangspunkt V:

Wirksame Beschlagnahme gem. § 108 I 1 StPO?

Bei den Zeitschriften handelt es sich um einen sog. Zufallsfund (→ **Zusatzfall 2).** Die Beschlagnahme durch den Polizeibeamten ist möglich, da eine vorläufige Beschlagnahme auch ohne das Vorliegen von Gefahr im Verzug durch Ermittlungspersonen möglich ist (vgl. BGHSt 19, 374 [376]). Die ursprüngliche Durchsuchungsanordnung war rechtmäßig, sodass eine **wirksame Beschlagnahme** aufgrund rechtmäßiger Durchsuchungsanordnung vorliegt und damit **kein unselbstständiges Beweisverwertungsverbot** besteht.

Anders stellt sich die Situation dar, wenn der Polizeibeamte P die Durchsuchung angeordnet hat. Dann erfolgte **keine wirksame Beschlagnahme** aufgrund fehlerhafter Durchsuchungsanordnung, die im konkreten Fall der Willkür auch zum **Vorliegen eines unselbstständigen Beweisverwertungsverbots führt** (s. oben). **Fraglich ist hier** die Auswirkung auf die Verwertbarkeit der Zufallsfunde. Der Verstoß betrifft hier die Durchsuchungsanordnung an sich. Die Rechtsfehlerhaftigkeit der Durchsuchungsanordnung und der Beschlagnahme entsteht also nicht speziell in Bezug auf die ursprünglich zu finden gedachten Gegenstände, sondern ergibt sich in Bezug auf das »Ob« der Durchsuchung. Die grobe Missachtung des Richtervorbehalts durch den Polizeibeamten P, die die Unverwertbarkeit der beschlagnahmten Daten zur Folge hätte, muss sich im Sinne eines Erst-Recht-Schlusses auch auf die in diesem Zusammenhang beschlagnahmten Zeitschriften beziehen. Deshalb können auch die **Zufallsfunde nicht verwertet werden.**

Zum Zufallsfund und etwaige Verwendungs- und Verwertungsprobleme siehe *Reinbacher/Werkmeister* ZStW 130 (2018), 1104.

Hinweis: Wie in §§ 479 II 1, 161 III 1 StPO ist wohl davon auszugehen, dass sich ein Verwertungsverbot bei Zufallsfunden nach § 108 StPO lediglich auf die Verwertung zu Beweiszwecken bezieht. Einer Verwendung als sog. **Spurenansatz** steht dieses wohl nicht entgegen, sodass die aufgrund weiterer Ermittlungen gefundenen Erkenntnisse verwertbar bleiben. Im Hinblick auf den bewusst willkürlichen Verstoß könnte man hier aber auch über eine mögliche Fernwirkung diskutieren.

24. Problem: Verwertbarkeit von Erkenntnissen, die durch eine sog. »Hörfalle« erlangt wurden

Beispielsfall:

A ist verdächtig an diversen Brandanschlägen beteiligt gewesen zu sein. Die ermittelnden Beamten überreden seine Freundin zu einem Telefonat mit A, bei dem sie ihm ein Geständnis hinsichtlich der Brandanschläge entlocken sollte. Die Beamten hörten das Gespräch über einen Zweitanschluss mit. Seiner Freundin gegenüber vertraute A zunächst sehr private und intime Informationen über das Verhältnis zu seiner (Noch-)Ehefrau an, die auf eine Misshandlung durch A hindeuteten. Auf geschickte Nachfrage der Freundin gab er danach preis, dass jedes Feuer bei den Brandanschlägen seine Berechtigung hatte und er stolz darauf sei »aktiv dabei gewesen zu sein«. Sind die Erkenntnisse aus diesem Gespräch in einem Strafverfahren verwertbar?

Ausgangspunkt I:

Verwertbarkeit der Aussage »Ich war dabei«?

Hinweis: Die Verwertung der Aussage des A erfolgt über die Vernehmung der Freundin als Zeugin!

In Betracht kommt ein **unselbstständiges** Verwertungsverbot aus § 100d II 1 StPO. **Fraglich** ist, ob die Maßnahme überhaupt unter § 100a StPO fällt, denn geschützt ist durch Art. 10 I GG und damit auch durch § 100a StPO die Telekommunikation, also der Vorgang der Nachrichtenübermittlung durch Telekommunikationsanbieter. Grundsätzlich endet der Schutzbereich aber am Endgerät des Teilnehmers.

Die sog. »**Hörfalle**« fällt – nicht in jedem Falle unumstritten – nicht unter § 100a StPO, denn wenn einer der am Telekommunikationsvorgang Beteiligten das Mithören und die Aufzeichnung des Gesprächs durch Ermittlungsbehörden ermöglicht, ist die von Art. 10 I GG geschützte Geheimnissphäre auf den Herrschaftsbereich des Vermittlers (= Netzbetreiber) beschränkt und endet grundsätzlich am Endgerät des Teilnehmers, wenn ein bereits bestehender Zweitanschluss zum Abhören genutzt wird. Art. 10 I GG schützt nur die Vertraulichkeit der Nachrichtenübermittlung, nicht das personengebundene **Vertrauen in den Gesprächspartner** (BVerfGE 106, 28 [38] = NJW 2002, 3619 [3621]). Geschützt ist also die Vertraulichkeit der Nutzung des zur technischen Übermittlung eingesetzten technischen Mediums. Risiken, die in Umständen aus dem Einfluss- und Verantwortungsbereich des Kommunizierenden stammen, werden nicht erfasst, also zB auch nicht, wenn ein Teilnehmer einen Dritten über den Inhalt der Kommunikation informiert (BVerfGE 106, 28 [37] = NJW 2002, 3619 [3620]; BVerfGE 85, 386 [399]). Durch die Genehmigung der Freundin des A, das Gespräch mitzuhören, scheidet daher ein Beweisverwertungsverbot aus.

Hinweis: Anderes kann wie oben bereits dargestellt gelten, wenn ein Abhörgerät am Endgerät angebracht wird und dadurch das Telefonat mitgehört wird, BVerfGE 106, 28 (38) = NJW 2002, 3619 (3621).

Es könnte sich aber ein Beweisverwertungsverbot **aus anderen Gründen** ergeben. Durch die sog. **»Hörfalle«** werden § 136a StPO und das *Nemo-tenetur*-Prinzip berührt, da die Strafverfolgungsbehörden eine Privatperson bewusst und gezielt einsetzen und damit das Verhalten der Privatperson (hier der Freundin) den Strafverfolgungsbehörden zuzurechnen ist. § 136a StPO kann allerdings nur entsprechend gelten, liegt doch eine Vernehmung iSd § 136a StPO gerade nicht vor (vgl. zum Vernehmungsbegriff → **1. Problem**). **Fraglich ist also**, ob ein selbstständiges Beweisverwertungsverbot besteht.

Hinweis: Ginge man von einer Vernehmung aus, so läge bereits ein Verstoß gegen die Belehrungspflicht gem. § 136 I 2 StPO vor, dem sich (bei Widerspruch gegen die Verwertung) ein Verwertungsverbot anschließt.

Lösungsansätze:

I. Recht auf Aussagefreiheit (§ 136 StPO analog)

Die Hörfalle verstößt gegen den *Nemo-tenetur*-Grundsatz und das Recht auf informationelle Selbstbestimmung (Art. 2 I GG iVm Art. 1 I GG). Eine fehlende Belehrung über die Aussagefreiheit führt analog § 136 StPO zur Unverwertbarkeit der Aussage.

Vertreten von:
BGH NStZ 1995, 410 (Anfragebeschluss des 5. Strafsenats); BGH NStZ 1996, 502 (Vorlagebeschluss des 5. Strafsenats); *Beulke/Swoboda* StrafProzR Rn. 481g; *Eisenberg* Beweisrecht StPO Rn. 571a; *Joecks* Einl. Rn. 226; *Roxin* NStZ 1995, 465; *Roxin* NStZ 1997, 18.

1. Argument
Die Hörfalle veranlasst den Beschuldigten ohne sein Wissen an der eigenen Überführung mitzuwirken. Der *Nemo-tenetur*-Grundsatz schützt aber vor jeder Form staatlich manipulierter Selbstbelastung. Den Schuldnachweis zu führen obliegt allein den Strafverfolgungsbehörden.

2. Argument
Das Verbot, eine Aussage vom Beschuldigten zu erzwingen, wäre wirkungslos, wenn es durch eine Veranlassung der selbstbelastenden Aussage durch staatliche »Täuschung« umgangen werden könnte.

3. Argument
Durch das Arrangieren scheinbarer Privatgespräche wird dem Beschuldigten auch sein Recht auf Verteidigerkonsultation aus § 136 I Alt. 2 StPO entzogen, das ebenfalls seinem Schutz vor Selbstbelastung dient.

4. Argument
Das »Hereinlegen« des Beschuldigten ist rechtsstaatlich »noch bedenklicher« als der direkte Anwendungsfall des § 136 StPO (unterlassene Belehrung).

5. Argument
Das heimliche Vorgehen bei der Hörfalle greift die Stellung des Beschuldigten als Subjekt des Strafverfahrens an und macht ihn gewissermaßen zum unwissenden Objekt staatlicher Ausforschung.

6. Argument
Die Hörfalle greift in das Recht auf informationelle Selbstbestimmung ein und bedürfte einer gesetzlichen Ermächtigungsgrundlage, die nicht existiert.

II. Entsprechende Anwendung des § 136a StPO

Einigkeit innerhalb dieser Ansicht besteht dahingehend, dass die Zulässigkeit der Hörfalle an einer entsprechenden Anwendung des § 136a StPO zu messen ist.

1. Argument
Eine analoge Anwendung von § 136 I StPO kommt nicht in Betracht, da Sinn und Zweck der Vorschrift gerade nicht sind, dem Beschuldigten durch Belehrung zu verdeutlichen, dass er vor einer Amtsperson oder einer durch eine Amtsperson veranlasste Privatperson aussagt, denn sonst bedürfte es bei Aussagen vor uniformierten Beamten oder vor Gericht niemals einer Belehrung (BGHSt [GrS] 42, 139 [147] = NStZ 1996, 502).

2. Argument
§ 136 I StPO soll vielmehr die Aussagefreiheit gerade auch vor Amtspersonen hervorheben und unterstreichen und einer irrigen Annahme einer Aussagepflicht vor Amtspersonen entgegenwirken (BGHSt [GrS] 42, 139 [147] [GrS] = NStZ 1996, 502). Bei Aussagen gegenüber Privatpersonen besteht diese Gefahr nicht, sodass kein »Gegengewicht« in Form einer Belehrung zum Ausgleich erforderlich ist (BGHSt [GrS] 42, 139 [148] = NStZ 1996, 502 [503]).

Das Verhalten ist jedoch an § 136a StPO entsprechend zu messen.

Allerdings wird die Frage, **ob die »Hörfalle«** unter das Täuschungsverbot des § 136a StPO in entsprechender Anwendung fällt, unterschiedlich beantwortet.

1. Verstoß gegen das Täuschungsverbot
Die Grenze des § 136a StPO wird bereits dadurch überschritten, dass dem Beschuldigten das Mithören des Telefonats verheimlicht wird.

Vertreten von:
Beulke/Swoboda StrafProzR Rn. 138; KK-StPO/*Diemer* § 136a Rn. 6; *Eisenberg* Beweisrecht StPO Rn. 638; *Volk/Engländer* GK StPO § 9 Rn. 19 ff.; *Wolter* GA 1999, 158 (177); auf unerlaubten Zwang gestütztes Verwertungsverbot bereits BGHSt 34, 362 (364) = NJW 1987, 2525 (2526) – Gespräch mit Mitgefangenem in der U-Haft.

1. Argument
Das Verwickeln in ein scheinbares Privatgespräch und das amtliche Aushorchen eines solchen geht über ein Verschweigen von Tatsachen und das unerlaubte Unterhalten

eines Irrtums weit hinaus und stellt damit erst recht eine Täuschung dar. Es handelt sich um eine Irreführung über die vorausgesetzte Privatheit des Gesprächs durch positives Tun.

2. Argument
Zudem handelt es sich um eine Täuschung über den Sinn und Zweck der Kommunikation und die Bedeutung der vom Beschuldigten abgegebenen Erklärung, wodurch dem Beschuldigten von Beginn an die Grundlage seiner freien Entscheidung genommen wird.

2. Kein Verstoß gegen das Täuschungsverbot
Die Grenze des § 136a StPO wird durch das heimliche Mithören des Telefonats grundsätzlich noch nicht überschritten. Allerdings ist das Verhalten der Behörden am Verhältnismäßigkeitsgrundsatz zu messen.

Vertreten von:
BGHSt 39, 335 (348) = NStZ 1994, 292 (294); BGHSt 40, 66 (72) = NStZ 1994, 295 (296); BGHSt (GrS) 42, 139 (149 ff.) = NStZ 1996, 502 (503 ff.).

1. Argument
Der Täuschungsbegriff des § 136a StPO ist zu weit gefasst und bedarf einer einschränkenden Auslegung. Insbesondere ist der Bezug der Täuschung hinsichtlich der Freiheit der Willensbetätigung und -entschließung sowie der Vergleich mit den anderen verbotenen Methoden des § 136a StPO zu berücksichtigen (BGHSt [GrS] 42, 139 [149] = NStZ 1996, 502 [503]).

2. Argument
Es existiert kein allgemeines Prinzip, nach dem Ermittlungsmaßnahmen generell und Befragungen des Beschuldigten im Besonderen nicht heimlich erfolgen dürfen.

3. Argument
§ 136a StPO dient auch der Sicherstellung der Zuverlässigkeit der Aussage, da unter Anwendung verbotener Vernehmungsmethoden zustande gekommene Aussagen fehleranfällig sind. Eine Täuschung erfordert daher ein Verhalten, das geeignet erscheint, den Inhalt der Aussage zu manipulieren. Dies ist bei der Hörfalle nicht der Fall.

4. Argument
Der Beschuldigte muss genauso damit rechnen, dass sein Gesprächspartner nach dem Telefonat das anvertraute Wissen den Strafverfolgungsbehörden weitergibt. Ein unmittelbares Mithören im Einverständnis des Gesprächspartners entspricht dieser Situation.

III. Selbstständiges Verwertungsverbot

Aus der Verletzung des *Nemo-tenetur*-Grundsatzes, aus der Verletzung des Rechts auf informationelle Selbstbestimmung (Art. 2 I GG iVm Art. 1 I GG) bzw. des *Fair-trial*-Grundsatzes (Art. 6 I EMRK) folgt ein selbstständiges Verwertungsverbot.

Vertreten von:
Roxin/Schünemann StrafVerfR § 24 Rn. 41 (»*fair trial*(-Grundsatz) verletzende[r] Vertrauensmissbrauch«); *Roxin*, FS Geppert, 2011, 549 (563); *Roxin* StV 2012, 131 (133); ähnlich SK-StPO/*Rogall* § 136a Rn. 69 (Einschlägigkeit des »Gesetzlichkeitsprinzips«); vgl. auch EGMR BeckRS 2003, 05512 = StV 2003, 257 – Allan ./. Vereinigtes Königreich; für das beharrliche Drängen zur Aussage durch einen Verdeckten Ermittler auch BGHSt 52, 11 (18) = NStZ 2007, 714 (715) (Verstoß gegen den *Nemo-tenetur*-Grundsatz).

1. Argument
Der *Nemo-tenetur*-Grundsatz schützt auch die Freiheit vor Irrtum.

2. Argument
Es handelt sich um einen sog. »Informationseingriff«.

Im Beispielsfall:

Folgt man der Ansicht, dass das Recht auf Aussagefreiheit maßgeblich ist, und geht von einer analogen Anwendung des § 136 I StPO aus, liegt hier ein Verstoß und, in der Folge bei Widerspruch des A, ein Verwertungsverbot vor. Wendet man § 136a StPO entsprechend an, so kommt man mit der Ansicht, die in der Hörfallensituation eine Täuschung sieht, entsprechend § 136a III 2 StPO zu einem Verwertungsverbot hinsichtlich der Aussage des A. Mit der Ansicht, die in der Hörfalle keine Täuschung iSd § 136a StPO sieht, muss von einer Verwertbarkeit der Aussage des A ausgegangen werden.

Die Ansichten führen zu unterschiedlichen Ergebnissen, weshalb der Streit zu entscheiden ist. Eine analoge Anwendung des § 136 StPO erscheint weder hinsichtlich des Sinn und Zwecks der Vorschrift noch hinsichtlich seines Umfangs geboten, da mittelbare Befragungen vom Anwendungsbereich der Norm *per se* ausgeschlossen sind. Eine Verletzung des *Nemo-tenetur*-Grundsatzes liegt hier gerade nicht vor, da A frei darüber befinden kann, ob und in welchem Umfang er sich in dem Gespräch offenbaren wollte. Eine Ausdehnung des *Nemo-tenetur*-Grundsatzes auf die Freiheit von Irrtum über den Anlass des Gesprächs widerspricht Sinn und Zweck und der Rechtstradition dieses Grundsatzes (BGHSt [GrS] 42, 139 [153] = NStZ 1996, 502 [504]). Die informationelle Selbstbestimmung wiederum ist nicht verletzt, muss doch heute jeder damit rechnen, dass sein Telefonat Dritten unmittelbar zugänglich gemacht wird. Der umgrenzte, geschützte Bereich wird durch das Mithören nicht tangiert (BGHSt [GrS] 42, 139 [154] = NStZ 1996, 502 [504]). Die Anwendung von § 136a StPO wiederum gewährleistet ein rechtsstaatliches Mindestmaß auch bei mittelbaren Befragungen durch Privatpersonen im Auftrag der Strafverfolgungsbehörden. Bei der Hörfalle allerdings muss die restriktive Auslegung des Täuschungsbegriffs beachtet werden, um Ermittlungsmethoden nicht völlig lahmzulegen. Zudem muss der Verstoß in seinem Gewicht mit den anderen Verstößen in § 136a I StPO vergleichbar sein. Bei der Hörfalle ist diese Grenze grundsätzlich noch nicht erreicht. Mit Blick auf den Verhältnismäßigkeitsgrundsatz ist der Einsatz der Hörfalle jedenfalls nicht zu beanstanden, wenn es sich bei der den Gegenstand der Verfolgung bildenden Tat um eine Straftat von erheblicher Bedeutung handelt und wenn der Einsatz anderer Ermittlungsmethoden – für deren Auswahl untereinander wiederum der

Grundsatz der Verhältnismäßigkeit gilt – erheblich weniger erfolgversprechend oder wesentlich erschwert wäre. Für die Beantwortung der Frage, wann eine Straftat von erheblicher Bedeutung vorliegt, vermitteln die – nicht abschließenden – Kataloge in §§ 98a, 100a, 110a StPO Hinweise (BGHSt [GrS] 42, 139 [157] = NStZ 1996, 502 [505]). Hier handelt es sich um den Verdacht einer Straftat nach §§ 306 ff. StGB und andere Ermittlungsmethoden waren wenig erfolgversprechend. Die Aussage des A kann grundsätzlich verwertet werden (aA vertretbar).

Hinweis: Der Große Senat für Strafsachen selbst lässt in seiner Entscheidung aber erkennen, dass dies nicht ausnahmslos gelten soll. Für sog. »Romeo-Fälle«, in denen eine von amtlicher Seite beauftragte Privatperson ein Liebesverhältnis mit dem Beschuldigten anbahnt, um dieses zur Informationsgewinnung auszunutzen, soll ein Verstoß gegen den Verhältnismäßigkeitsgrundsatz vorliegen (BGHSt [GrS] 42, 139 [155] = NStZ 1996, 502 [504]).
Für den Fall, dass ein Beschuldigter bereits ausdrücklich erklärt hat, er wolle zur Sache nicht aussagen, ist der Einsatz der Hörfalle grundsätzlich ebenfalls unverhältnismäßig (BGHSt [GrS] 42, 139 [155] = NStZ 1996, 502 [504]; EGMR BeckRS 2003, 05512 = StV 2003, 257 – Allan./.Vereinigtes Königreich; so bereits BGHSt 39, 335 [348] = NStZ 1994, 292 [294]; BGHSt 40, 66 [72] = NStZ 1994, 295 [296]).
Zum Fall eines verdeckten Verhörs unter Nötigung vgl. BGHSt 55, 138 = NStZ 2010, 527.

Ausblick: Es erscheint fraglich, ob die restriktive Auffassung des Großen Senats für Strafsachen hinsichtlich der Verletzung des *Nemo-tenetur*-Prinzips aufrecht erhalten bleibt. Laut EGMR dienen das Recht zu schweigen und der Schutz vor Selbstbelastung *prinzipiell* der Freiheit einer verdächtigen Person, zu entscheiden, ob sie aussagen oder schweigen will (EGMR BeckRS 2003, 05512 = StV 2003, 257 – Allan ./. Vereinigtes Königreich). Danach ist es naheliegend, dass in derart gelagerten Fällen eine mit Art. 6 EMRK unvereinbare »Selbstbelastungsprovokation« vorliegt. Der BGH selbst griff diese Entscheidung auf und festigte die Bedenken hinsichtlich der restriktiven Auslegung des *Nemo-tenetur*-Grundsatzes (BGHSt 52, 11 [18] = NStZ 2007, 714 [715]):
»Diese Erwägungen des Europäischen Gerichtshofs für Menschenrechte könnten mit Blick auf andere Fallgestaltungen Anlass zur Prüfung geben, ob an der – anscheinend restriktiveren – Bestimmung der Reichweite des *Nemo-tenetur*-Prinzips durch den Großen Senat für Strafsachen festgehalten werden kann und welche Konsequenzen sich insbesondere für Fälle der Art ergeben, wie sie in dem damaligen Ausgangsverfahren zur Beurteilung anstanden.«

Ausgangspunkt II:

Verwertbarkeit der Angaben des A hinsichtlich der Misshandlungen seiner Ehefrau im Gespräch in einem späteren, anderen Ermittlungsverfahren?

Bei den Erkenntnissen, die A hinsichtlich der Misshandlungen seiner Ehefrau preisgab handelt es sich um **Zufallsfunde**. Es stellt sich die Frage, ob solche im Rahmen eines späteren Ermittlungsverfahrens verwertet werden dürfen. Zufallsfunde sind nicht grundsätzlich in der StPO geregelt. § 108 StPO trifft eine Regelung für die Durchsuchung (→ **Zusatzfall 2**). § 100e VI Nr. 1 StPO trifft eine Reglung für die akustische Wohnraumüberwachung gem. § 100c StPO. Aber auch bei anderen Überwachungsmaßnahmen, zB dem Einsatz eines V-Manns, können Zufallsfunde erlangt werden. Dieser Umstand wird von §§ 479 II 1, 161 III 1 StPO erfasst. Liegen Zufallsfunde durch eine Maßnahme, die nach der StPO nur bei Verdacht bestimmter Straftaten zulässig ist (zB § 100a II StPO), vor, so dürfen diese ohne Einwilligung des Betroffenen in anderen Strafverfahren (gegen den Beschuldigten und gegen Dritte) nur zur Aufklärung solcher Straftaten verwendet werden, zu deren Aufklärung die Maßnahme auch hätte angeordnet werden dürfen. Ferner gibt es in Sonderfällen weitere Möglichkeiten einer Verwertung, so zB gem. § 479 II 2 Nrn. 1–4 , 3 StPO. Der Regelung liegt der Gedanke des hypothetischen Ersatzeingriffs zugrunde. Die Verwertung von personenbezogenen Daten in einem anderen Strafverfahren soll nur dann zulässig sein, wenn die Maßnahme, die die Erkenntnisse herbeigeführt hat, auch in diesem Verfahren zulässig wäre. **Fraglich ist allerdings**, aufgrund welcher Maßnahme die Zufallserkenntnisse gewonnen wurden. Die Hörfalle fällt in diesem Fall nicht unter § 100a StPO. Die §§ 161, 163 StPO erlauben als Ermittlungsgeneralklausel Eingriffe, die »weniger intensiv eingreifen« (BGHSt 51, 211 [218] = NJW 2007, 930 [932]). In der zugrundeliegenden Hörfallenentscheidung stützte der Generalbundesanwalt den Eingriff »jedenfalls« auf § 161 StPO (BGHSt [GrS] 42, 139 [144]). Auch der Große Senat für Strafsachen schloss sich dieser Auffassung an (BGHSt 42, 139 [149] = NStZ 1996, 502 [503]). Damit wäre ein solcher Eingriff auch in einem Verfahren gegen A wegen Körperverletzung zulässig gewesen. Allerdings muss § 479 II 1 StPO wohl in diesem Falle modifiziert werden. Denn Eingriffe nach §§ 161, 163 StPO sind stets zulässig. Statt also nach den Anordnungsvoraussetzungen zu fragen, sollte man die Frage dahingehend abändern, ob der Zufallsfund auch hätte **verwertet** werden dürfen, wenn die Hörfalle genau zur Erlangung eines solchen Fundes angeordnet gewesen wäre. Legt man diesbezüglich die Rechtsprechung des Großen Senats für Strafsachen hinsichtlich der Verhältnismäßigkeit der Verwertung zugrunde, so stellt sich die Frage, ob Misshandlungen eine Verwertung rechtfertigen. Orientiert man sich an §§ 98a, 100a, 110a StPO scheidet eine Verwertung zur Aufklärung einfacher Körperverletzungen eher aus. Vieles spricht gegen eine Verwertbarkeit der durch die Hörfalle erlangten Zusatzerkenntnisse hinsichtlich der Misshandlungen.

Vertiefung: Im Hinblick auf den Eingriff in die informationelle Selbstbestimmung durch die Hörfalle und die Nähe zu § 100a StPO kann man daran zweifeln, ob hier wirklich ein Eingriff vorliegt, der »weniger intensiv eingreift«. Auch die verfassungsgerichtliche Rechtsprechung lässt daran zweifeln, dass für einen Eingriff in die informationelle Selbstbestimmung – den zwar der Große Senat für Strafsachen verneint, der aber im Hinblick auf die Rechtsprechung des BVerfG gegeben ist – die Ermittlungsgeneralklausel als Ermächtigungsgrundlage ausreichend ist, vgl. dazu MAH Strafverteidigung/*Eschelbach* § 30 Rn. 127 f. mwN. Da nach gesetzgeberischem Willen für eine längerfristige Observation des Beschuldigten, eine Durchsuchung oder eine Beschlagnahme eine Einzeleingriffsermächtigung vorgegeben ist, können nur solche Grundrechtseingriffe als von §§ 161 I, 163 I StPO gedeckt angesehen werden, die in ihrer verfassungsrechtlichen und strafprozessualen Bedeutung unterhalb der Schwelle derartiger Ermittlungshandlungen liegen. Greifen §§ 161, 163 StPO nicht als Ermächtigungsgrundlage, so erfolgt die Hörfalle ohne gesetzliche Eingriffsgrundlage. Die Abwägungslehre des BGH hinsichtlich des Vorliegens eines ungeschriebenen, selbstständigen Beweisverbotes führt jedoch dazu, dass selbst aus dem Fehlen der Eingriffsgrundlage im ersten Schritt nicht zwingend ein Verwertungsverbot im zweiten Schritt zu folgen hat. Auch hier hat eine Abwägung im Einzelfall zu erfolgen, in die wiederum die Schwere der Straftat und die Schwere des »Verstoßes« (hier: Handeln ohne Eingriffsgrundlage) einzustellen ist. Welches Gewicht dann wiederum dem Handeln ohne Ermächtigungsgrundlage beizumessen ist, bleibt fraglich. Möglich wäre eine Art indizielle Bedeutung hinsichtlich eines Verwertungsverbotes, die allerdings im Rahmen der Abwägung auch in den Hintergrund treten kann (besondere Schwere der Straftat).

Hinweis 1: Ob ganz generell eine »Heilung« der unzutreffenden Bejahung der materiellen Voraussetzungen eines Zwangseingriffs seitens der Strafverfolgungsorgane durch den Grundsatz des hypothetischen Ersatzeingriffs erfolgen kann, ist strittig. Teilweise wird dies vom BGH angenommen (vgl. BGH StV 2017, 498). Die Rechtsprechung verwirft diese hypothetischen Erwägungen erst dann, wenn die Strafverfolgungsorgane willkürlich handeln oder wenn sie einen Zuständigkeitsvorbehalt in grober Verkennung des Rechts missachten (zuletzt BGH NStZ 2017, 367).

Hinweis 2: Die sog. **Stimmfalle**, bei der der Beschuldigte durch Täuschung zum Sprechen gebracht wird, um ihn mittels eines Stimmenvergleichs zu überführen, gilt grundsätzlich als unzulässig (BGHSt 34, 39 = NJW 1986, 2261). Erfolgt der Stimmenvergleich initiativ durch den Zeugen, so fehlt es auch hier an einem dem Staat zurechenbaren Verhalten, sodass keine vom § 136a StPO erfasste Täuschung angenommen werden kann (*Beulke/Swoboda* StrafProzR Rn. 138).

10. Kapitel: Rechtsmittel

25. Problem: *reformatio in peius* im Strafbefehlsverfahren

Beispielsfall:

Durch einen Strafbefehl wurde A wegen Hausfriedensbruchs (§ 123 StGB) zu einer Geldstrafe von 20 Tagessätzen zu je 20 EUR verurteilt. Hiergegen legt A Einspruch ein. In der sich daran anschließenden Hauptverhandlung kommt das Gericht zur Überzeugung, dass die Schuld des A doch höher wiegt als bei Erlass des Strafbefehls angenommen. A soll zu 30 Tagessätzen à 20 EUR verurteilt werden. Ist dies möglich?

Ausgangspunkt:

Einspruch gegen einen Strafbefehl: § 410 StPO und Verschlechterungsverbot.

Überblick XIX: Das Strafbefehlsverfahren

Das Strafbefehlsverfahren (§§ 407 ff. StPO) erlaubt als Ausnahme vom Mündlichkeitsprinzip eine Verhängung von Geldstrafe oder Freiheitsstrafe von bis zu einem Jahr ausgesetzt zur Bewährung (beim verteidigten Angeklagten, § 407 II 2 StPO) oder Verwarnung mit Strafvorbehalt, Fahrverbot, Einziehung, Vernichtung, Unbrauchbarmachung, Bekanntgabe der Verurteilung sowie Entziehung der Fahrerlaubnis mit Sperre von nicht mehr als zwei Jahren **ohne mündliche Hauptverhandlung** durch Erlass eines Strafbefehls. Es dient der schnellen und ökonomischen Sanktionsfindung in einfach gelagerten Fällen leichter bis mittlerer Kriminalität.
Den Antrag auf Erlass eines Strafbefehls stellt die Staatsanwaltschaft beim für die Eröffnung des Hauptverfahrens zuständigen Gericht, wenn sie eine Hauptverhandlung nicht für nötig erachtet (§ 407 I 2 StPO). Durch diesen Antrag wird öffentliche Klage erhoben (§ 407 I 4 StPO). **Er entspricht also der Anklageerhebung**. Das zuständige Gericht verfährt hinsichtlich des Strafbefehlsantrags wie im Zwischenverfahren und entscheidet, ob der Antrag auf Erlass abzulehnen (§ 408 II StPO) oder ob ihm zu entsprechen ist (§ 408 III StPO). Die Entscheidung erfolgt durch eine summarische Prüfung nach Aktenlage. Stehen dem Erlass eines Strafbefehls keine Bedenken entgegen (§ 408 III 1 StPO) ist der Strafbefehl zu erlassen, wobei das Gericht inhaltlich nicht vom Antrag der Staatsanwaltschaft abweichen darf. Der Strafbefehl wird dem Angeklagten dann mit dem Inhalt des § 409 StPO zugestellt. Gegen einen Strafbefehl kann der Angeklagte innerhalb von zwei Wochen nach Zustellung bei dem Gericht, das den Strafbefehl erlassen hat, **Einspruch** schriftlich oder zu Protokoll der Geschäftsstelle einlegen (§ 410 I StPO). Wird gegen einen Strafbefehl **nicht rechtzeitig** Einspruch erhoben, steht er einem **rechtskräftigen Urteil** gleich (§ 410 III StPO). Wird der Einspruch nicht als verspätet eingelegt oder unzulässig verworfen (§ 411 I 1 StPO) so wird durch das Gericht Termin zur Hauptverhandlung anberaumt (§ 411 I 2 StPO). Die Möglichkeit des Einspruchs und dadurch der Herbeiführung einer mündlichen Hauptverhandlung dient der Gewährung des rechtlichen Gehörs. Sollte der Angeklagte seinen Einspruch lediglich auf die Höhe der bei einer Geldstrafe festgesetzten Tagessätze beziehen, so kann das Gericht mit Zustimmung des Angeklagten, dessen Verteidigers und der Staatsanwaltschaft ohne Hauptverhandlung durch Beschluss entscheiden, wobei hierbei nicht von der Festsetzung im Strafbefehl zum Nachteil des Angeklagten abgewichen werden darf (§ 411 I 3 StPO).

Exkurs XXI: Rechtsbehelfe im Strafverfahrensrecht

Rechtsbehelfe werden unterteilt in ordentliche und außerordentliche Rechtsbehelfe. **Ordentliche** Rechtsbehelfe sind in das übliche Strafverfahren bis zur abschließenden rechtskräftigen Entscheidung integriert und ihre zulässige Inanspruchnahme hemmt den Eintritt der Rechtskraft. **Ordentliche Rechtsbehelfe** sind in erster Linie Berufung (§§ 312 ff. StPO), Revision (§§ 333 ff. StPO) und Beschwerde (§§ 304 ff. StPO), die auch als Rechtsmittel bezeichnet werden (§§ 296 ff. StPO) und durch einen Suspensiv- und Devolutiveffekt gekennzeichnet sind, dh der Eintritt der Rechtskraft wird durch deren Einlegung gehemmt (»suspendiert«) (Ausnahme: Beschwerde) und das Verfahren wird in die nächste Instanz gehoben. **Die Berufung** richtet sich gegen erstinstanzliche Urteile des Amtsgerichts und überprüft diese in tatsächlicher und rechtlicher Hinsicht soweit sie angefochten wurden (§ 318 StPO). Die Berufung stellt eine zweite Tatsacheninstanz zur Verfügung, vor der eine komplett neue Verhandlung stattfindet und neue Tatsachen und Beweismittel uneingeschränkt vorgetragen werden können (§ 323 III StPO). **Die Revision** wendet sich sowohl gegen erst- als auch zweitinstanzliche Urteile des Landgerichts, überprüft diese aber ausschließlich in rechtlicher Hinsicht. Tatsachenfeststellungen im vorangegangenen Verfahren oder neue Tatsachen sind von der Überprüfung ausgeschlossen. Eine sog. **Sprungrevision** gegen erstinstanzliche Urteile ist möglich, vgl. § 335 StPO. **Die Beschwerde** dient der Überprüfung von Beschlüssen und Verfügungen in rechtlicher und tatsächlicher Hinsicht. **Außerordentliche Rechtsbehelfe** weisen weder einen Suspensiv- noch einen Devolutiveffekt auf, sondern Durchbrechen bei erfolgreicher Einlegung die Rechtskraft. Sie stehen außerhalb des üblichen Verfahrensgangs und eröffnen die Möglichkeit einer Abänderung eines rechtskräftigen Urteils. Außerordentliche Rechtsbehelfe sind die Wiedereinsetzung in den vorherigen Stand (§§ 44 ff. StPO), Wiederaufnahme des Verfahrens (§§ 359 ff. StPO), die Verfassungsbeschwerde (Art. 93 I Nr. 4a GG, §§ 90 ff. BVerfGG) sowie die Menschenrechtsbeschwerde vor dem EGMR (Art. 34 ff. EMRK, Art. 34 VerfO).

A legte hier Einspruch gegen den Strafbefehl ein und es kam zu einer Hauptverhandlung. Nach dieser erkannte das Gericht auf eine höhere (Tagessatzanzahl) als die im Strafbefehl ausgesprochene Strafe. Bei der Berufung (§ 331 StPO) und der Revision (§ 358 II StPO) gilt das sog. **Verschlechterungsverbot** (Verbot der *reformatio in peius*). Das bedeutet, dass nachteilige Änderungen in Art und Höhe der Rechtsfolgen ausgeschlossen sind, was im Umkehrschluss eine Verschärfung des Tenors nicht ausschließt (BGHSt 21, 256 [260] = NJW 1967, 1972). **Fraglich** ist, mangels ausdrücklicher gesetzlicher Regelung, ob dieses Verschlechterungsverbot auch für den Einspruch gegen den Strafbefehl gilt. Der Einspruch gegen den Strafbefehl ist zwar kein Rechtsmittel, aber trotzdem ein ordentlicher Rechtsbehelf innerhalb des Strafverfahrens. **§ 411 IV StPO** normiert allerdings gerade entgegen eines Verbotes der reformatio in peius, dass das Gericht bei der Urteilsfällung im Einspruchsverfahren **nicht an den im Strafbefehl enthaltenen Ausspruch gebunden** ist. Es **herrscht allerdings Streit** über die Reichweite des § 411 IV StPO, insbesondere, ob er sich sowohl auf den Schuldausspruch als auch auf das Strafmaß bezieht.

Lösungsansätze:

I. Umfassende Verschlechterungsmöglichkeit (kein Verbot der *reformatio in peius*)

Im Strafbefehlsverfahren gilt das Verbot der *reformatio in peius* nicht. Das Strafmaß kann nach Einspruch jederzeit höher ausfallen als im Strafbefehl.

Vertreten von:
OLG Stuttgart StV 2007, 232; *Meyer-Goßner*, FS Kleinknecht, 1985, 287 (291); Meyer-Goßner/Schmitt/*Meyer-Goßner* StPO § 411 Rn. 11; *Schlüchter* Strafverfahren 233, 245 f.; BeckOK StPO/*Temming* § 411 Rn. 10; *Volk/Engländer* GK StPO § 33 Rn. 8.

1. Argument
Der Wortlaut des § 411 IV StPO bezieht sich auch auf das Strafmaß (keine Bindung an den »im Strafbefehl enthaltenen Ausspruch«).

2. Argument
Der Einspruch ist kein ordentlicher Rechtsbehelf, sondern lediglich eine Beseitigung der »aufschiebend bedingten Verurteilung« im Strafbefehl und die Erzwingung der Hauptverhandlung. Er ist kein Rechtmittel, weshalb eine Analogie zu §§ 331, 358 II StPO wegen fehlender Rechtsähnlichkeit gar nicht denkbar ist.

3. Argument
Die Vorschriften des Verbots der *reformatio in peius* stellen eine Ausnahme vom Grundsatz des Unrechts und der Schuld dar. Sie sind daher eng auszulegen und grundsätzlich nicht analogiefähig.

4. Argument
Der Angeklagte, dem ein Angebot zur schonenden Erledigung des Strafverfahrens gemacht wird, darf nicht besser stehen als der Angeklagte, gegen den sogleich Anklage erhoben wird.

II. Eingeschränkte Verschlechterungsmöglichkeit

Das Verbot der *reformatio in peius* gilt im Strafbefehlsverfahren grundsätzlich nicht. Eine Ausnahme besteht für den Fall, dass nicht der Angeklagte, sondern sein gesetzlicher Vertreter Einspruch einlegt (§§ 410 I 2, 298 I StPO).

Vertreten von:
Beulke/Swoboda StrafProzR Rn. 528; KK-StPO/*Maur* § 411 Rn. 34 und § 410 Rn. 2.

1. Argument
Der Verweis auf § 298 I StPO in § 410 I 2 StPO lässt erkennen, dass der Einspruch des gesetzlichen Vertreters beim Strafbefehl in vollem Umfang wie ein Rechtsmittel behandelt wird, also auch hinsichtlich des Verbots der *reformatio in peius*.

2. Argument
Der Angeklagte muss durch das Verbot der *reformatio in peius* in diesem Fall vor einem ihm übelwollenden gesetzlichen Vertreter geschützt werden.

III. Verschlechterungsmöglichkeit bei veränderter Tatsachengrundlage

Im Strafbefehlsverfahren gilt grundsätzlich das Verbot der *reformatio in peius*. Die Strafe kann allerdings dann erhöht werden, wenn sich in der Hauptverhandlung im Vergleich zu dem im Strafbefehl angenommenen Sachverhalt materielle Unrechts- oder Schuldsteigerungen ergeben.

Vertreten von:
Esser StV 2007, 235 (238); *Ostler* NJW 1968, 468; *Roxin/Schünemann* StrafVerfR § 68 Rn. 12.

1. Argument
Der Einspruch ist ein ordentlicher Rechtsbehelf, weshalb grundsätzlich das Verbot der *reformatio in peius* gilt. Einschränkungen aufgrund des summarischen Verfahrens bestehen dahingehend, dass dies nur gelten soll, wenn dem Strafbefehl der richtige Sachverhalt zugrunde gelegt wurde.

2. Argument
Das Urteil nach der Hauptverhandlung ergeht vor dem gleichen Gericht, das den ursprünglichen Strafbefehl erlassen hat. Die Möglichkeit einer unterschiedlichen Rechtsfolge bei gleicher Tatsachengrundlage, könnte als »willkürliche Bestrafung« hinsichtlich der Einlegung des Einspruchs empfunden werden.

Im Beispielsfall:

Mit der ersten und zweiten Ansicht konnte das Gericht den A nach Einspruch auch zu 30 Tagessätzen verurteilen. Nur nach der dritten Ansicht greift hier das Verbot der *reformatio in peius*, da keine neuen Tatsachen ersichtlich sind, auf die sich die neue Strafe stützt, sondern lediglich das Gericht die erhöhte Strafe für schuldangemessener hält.

Da die Ansichten zu unterschiedlichen Ergebnissen gelangen, ist der Streit zu entscheiden. Die letzte Ansicht erscheint zwar auf den ersten Blick »angeklagtenfreundlich«, will sie doch Missbrauch verhindern. Letztlich ist die Missbrauchsgefahr aber lediglich eine Vermutung oder Verdächtigung, die nicht weiter verifiziert ist. Damit lässt sich eine Abweichung vom doch eindeutigen Gesetzeswortlaut des § 411 IV StPO gerade nicht rechtfertigen. Der Einspruch gegen den Strafbefehl ist mit der Berufung bzw. der Revision gerade nicht vergleichbar (weder Devolutiv- noch Suspensiveffekt) und dient auch gar nicht der Überprüfung des Strafbefehls, sondern primär der Gewährleistung des rechtlichen Gehörs durch Durchführung einer Hauptverhandlung. Auch wegen dieser unterschiedlichen Zwecksetzung verbietet sich eine Analogie zu §§ 331, 358 II StPO entgegen des eindeutigen Wortlauts des § 411 IV StPO. **Es liegt also kein Verschlechterungsverbot vor. A konnte auch zu 30 Tagessätzen verurteilt werden.**

Überblick XX: Der Instanzenzug und weitere Maßnahmen gegen das Urteil im Strafverfahren

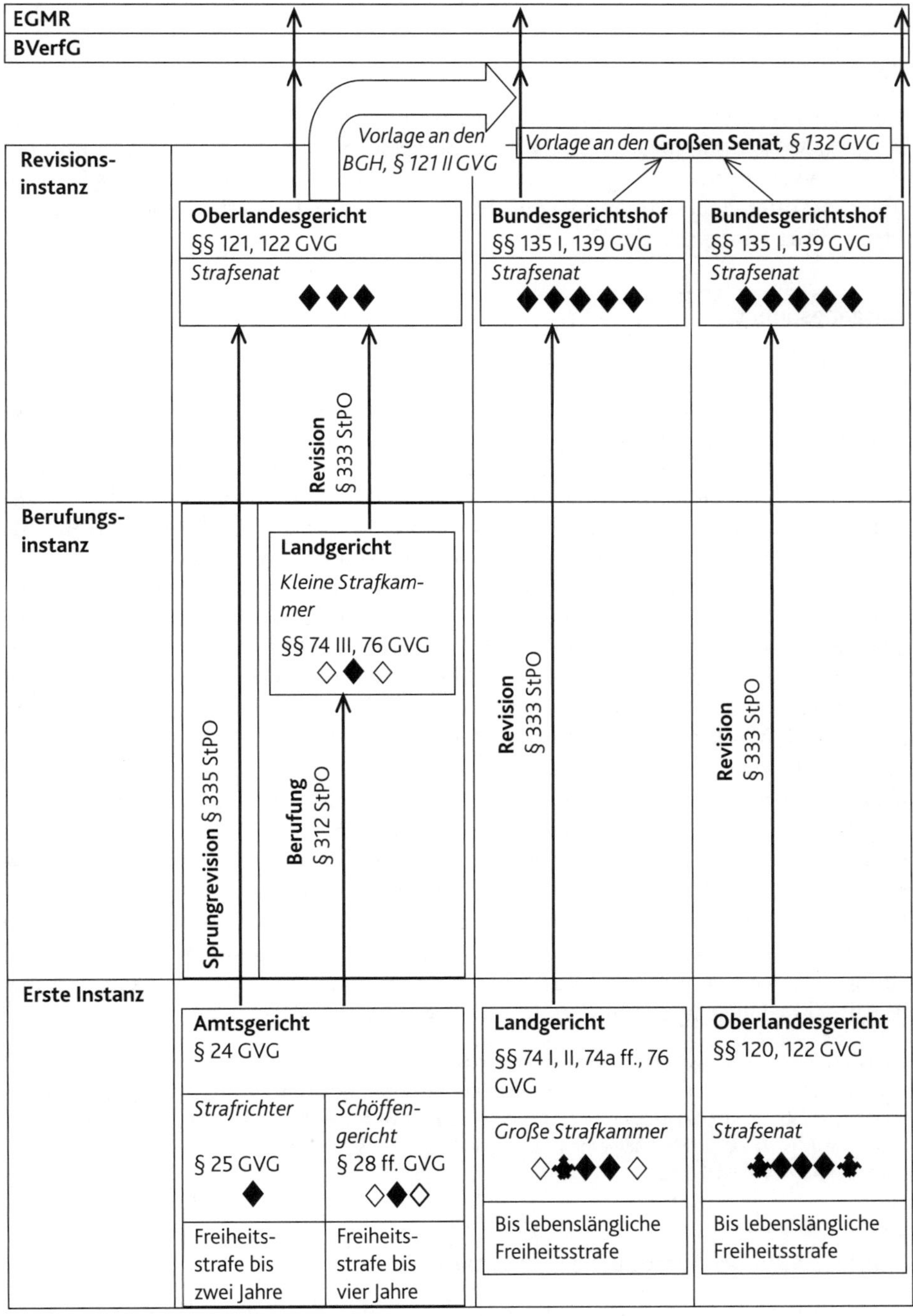

◆ Berufsrichter
✦ Berufsrichter; nur in Ausnahmefällen hinzuzuziehen (§§ 76 II 3, 122 II 2 GVG)
◇ Schöffe

26. Problem: Zulässigkeit einer Fernsehübertragung aus dem Gerichtssaal

Beispielsfall:

Im NSU-Prozess vor dem OLG München kommt es entsprechend dem Medieninteresse im Vorfeld zu großem Andrang zu Prozessbeginn. Das Fassungsvermögen der Räumlichkeiten ist allerdings begrenzt. Wie wäre es zu beurteilen, wenn das Gericht, um dem öffentlichen Interesse gerecht zu werden, eine Fernsehübertragung der Hauptverhandlung anordnet?

Ausgangspunkt:

Öffentlichkeitsgrundsatz, § 169 GVG.

Der Öffentlichkeitsgrundsatz ist eine der Prozessmaximen und Bestandteil des Rechtsstaatsprinzips (BVerfG NJW 2012, 1863). Dieser Grundsatz wird auch durch Art. 6 I 2 EMRK sowie Art. 14 I 2 IPBPR abgesichert und steht in direkter Wechselwirkung mit den Grundsätzen der Mündlichkeit und der Unmittelbarkeit des Verfahrens. Er dient zum einen dem Informationsinteresse und zum anderen der Kontrolle der Justiz als Schutz vor staatlicher Willkür. Es soll nicht der Anschein entstehen, Strafprozesse fänden »hinter verschlossenen Türen« statt (»Kontrollfunktion der Öffentlichkeit«). Der Strafzweck der Generalprävention entfaltet sich darüber hinaus am wirksamsten durch Teilhabe und Information der Öffentlichkeit. Dabei meint Öffentlichkeit die Möglichkeit der Teilnahme an Gerichtsverhandlungen als Zuhörer und Zuschauer im Rahmen der zur Verfügung stehenden Raumkapazitäten (BGHSt 27, 13 = NJW 1977, 157; BGHSt 36, 119 = NJW 1989, 1741). Auch innerhalb begrenzter Raumkapazitäten ist aber erforderlich, dass beliebige Zuhörer die Möglichkeit des Zutritts haben, wenn auch in begrenzter Zahl (BGHSt 5, 75 = NJW 1954, 281). Grundsätzlich gilt das »wer zuerst kommt, mahlt zuerst«-Prinzip (sog. Prioritätsgrundsatz), sodass der Einlass nach Reihenfolge der Ankunft erfolgt. Der Grundsatz der Öffentlichkeit gilt für sämtliche Hauptverhandlungen eines erkennenden Gerichts, dh auch für das Revisionsgericht (§ 351 StPO), nicht jedoch für gerichtliche (Ver)Handlungen, die außerhalb der Hauptverhandlung vorgenommen werden. Eine »Sitzplatzreservierung« ist grundsätzlich nicht zulässig. Die Öffentlichkeit darf nur in Ausnahmefällen ausgeschlossen werden (§§ 171a ff. GVG).

Hinweis: Ausnahmen gelten für Pressevertreter. Für diese im Hinblick auf die gesteigerte Bedeutung der Multiplikatorfunktion von Medien eine bestimmte Anzahl von können Sitzplätzen reserviert werden (BGH NJW 2006, 1220). Zur Akkreditierung und Auswahl der Pressevertreter im NSU-Verfahren vgl. BVerfG NJW 2013, 1293; allgemein zur Auswahl der Pressevertreter EGMR NJW 2013, 521 – Axel Springer AG ./. Deutschland.

Exkurs XXII: Der Ausschluss der Öffentlichkeit

Der Ausschluss der Öffentlichkeit erfolgt für die Hauptverhandlung oder einen Teil davon. Die Urteilsverkündung hat allerdings grundsätzlich öffentlich zu erfolgen (§ 173 I GVG), wobei auch hiervon Ausnahmen möglich sind (§ 173 II GVG).

§ 171a GVG	Möglichkeit des Ausschlusses der Öffentlichkeit in Unterbringungssachen
§ 171b GVG	Möglichkeit des Ausschlusses der Öffentlichkeit zum Schutz der Privatsphäre (Abs. 1 »kann«) Möglichkeit des Ausschlusses der Öffentlichkeit in bestimmten Verfahren, in denen ein Zeuge unter 18 vernommen wird (Abs. 2 »soll«) Zwingender Ausschluss der Öffentlichkeit bei Vorliegen der Voraussetzungen des Abs. 1 oder 2 **und** Antrag der Person, deren Lebensbereich betroffen ist (Abs. 3 »ist«)
§ 172 GVG	Möglichkeit des Ausschlusses der Öffentlichkeit für die Verhandlung oder einen Teil davon bei • Gefährdung der Staatssicherheit, der öffentlichen Ordnung oder der Sittlichkeit (Nr. 1) • Gefährdung des Lebens, des Leibes oder der Freiheit eines Zeugen oder einer anderen Person (Nr. 1a) • Zur-Sprache-Kommen eines wichtigen Geschäfts-, Betriebs-, Erfindungs- oder Steuergeheimnisses, durch dessen öffentliche Erläuterung überwiegende schutzwürdige Interessen verletzt werden würden (Nr. 2) • Erörterung eines privaten Geheimnisses, dessen unbefugte Offenbarung durch den Zeugen oder Sachverständigen mit Strafe bedroht ist (Nr. 3) • Vernehmung einer Person unter 18 Jahren (Nr. 4)
§ 175 GVG	Versagung des Zutritts (Ausschließung einzelner Personen) wegen einer der Würde des Gerichts nicht entsprechenden Erscheinung oder »unerwachsener« Personen
§§ 48, 109 I 4 JGG	Nicht-Öffentlichkeit von Strafsachen vor dem Jugendgericht
Art. 38 II ZA-NTS	Ausschluss der Öffentlichkeit nach dem NATO-Truppenstatut-Zusatzabkommen bei der Gefahr der Preisgabe von Amtsgeheimnissen beteiligter Staaten (§§ 172–175 GVG gelten entsprechend)

Ein unrechtmäßiger Ausschluss der Öffentlichkeit stellt einen **absoluten Revisionsgrund** dar (§ 338 Nr. 6 StPO). Jedoch wird als ungeschriebenes Tatbestandsmerkmal ein Verschulden des Gerichts (oder zumindest des Vorsitzenden) vorausgesetzt, denn durch eine dem Gericht nicht erkennbare Beschränkung der Öffentlichkeit sei das Vertrauen der Allgemeinheit oder des Einzelnen in die Objektivität der Rechtspflege nicht gefährdet (s. dazu BGH NStZ-RR 2016, 245 [246]). Offengelassen wurde bislang, ob der Verstoß gegen das Öffentlichkeitsprinzip das Recht auf ein faires Strafverfahren verletzt (BVerfG NJW 2012, 1863 [1864]).

Überblick XXI: Die Revision (§§ 333 ff. StPO)

Vgl. dazu *Beulke/Swoboda* StrafProzR Rn. 559 ff.

Die Revision dient der **Überprüfung des Urteils auf Verfahrensfehler**. Es wird – auf jeweilige Rüge hin – überprüft, ob das Urteil verfahrensrechtlich ordnungsgemäß zustande gekommen ist und/oder, ob das sachliche Recht richtig angewandt wurde. Eine weitere Tatsacheninstanz stellt die Revision nicht dar.

Statthaftigkeit (§ 333 StPO)	Gegen erstinstanzliche Urteile des LG oder OLG. Gegen amtsgerichtliche Urteile im Wege der Sprungrevision (§ 335 StPO) sowie gegen alle Berufungsurteile der kleinen Strafkammer des LG (zum Instanzenzug → **Problem 25**).
Zuständigkeit	Für Revisionen gegen amtsgerichtliche Urteile, Berufungsurteile der kleinen Strafkammer sowie erstinstanzliche landgerichtliche Urteile, bei denen ausschließlich die Verletzung von in Landesgesetzen enthaltenen Normen gerügt wird, ist das **Oberlandesgericht** zuständig (§ 121 I Nr. 1 GVG). In Bayern ist das BayObLG zuständig (§ 121 III 1 GVG i.V.m. Art. 12 Nr. 1 BayAGGVG). Für Revisionen gegen alle anderen erstinstanzlichen Entscheidungen des Landgerichts oder des Oberlandesgerichts der Bundesgerichtshof (§ 135 I GVG).
Einlegung der Revision (§ 341 StPO)	Einlegung beim *iudex a quo*, schriftlich oder zu Protokoll der Geschäftsstelle binnen einer Woche nach Urteilsverkündung (§ 341 I StPO: **Einlegungsfrist**). **Achtung!** Nach § 341 II StPO ist nicht die Verkündung, sondern die Zustellung des Urteils für die Einlegungsfrist maßgeblich, wenn die Urteilsverkündung in Abwesenheit des Angeklagten stattgefunden hat. Hiervon macht § 341 II StPO allerdings eine Rückausnahme soweit die Verkündung in bestimmten Fällen (insbesondere wichtig § 411 II StPO: Entscheidung über den Einspruch beim Strafbefehl) in Anwesenheit des schriftlich bevollmächtigten Verteidigers stattfand! Mit der Einlegung der Revision wird die Rechtskraft des Urteils gehemmt (§ 343 I StPO), sog. **Suspensiveffekt**.
Revisionsbegründung (§§ 344, 345 StPO)	Die Revision muss sog. **Revisionsanträge** enthalten (§ 344 I StPO). Damit ist die Erklärung gemeint, inwieweit das Urteil angefochten und dessen Aufhebung beantragt wird (Umfang der Revision). Diese Anträge sind zu **begründen** (§ 344 I StPO aE), wobei aus der Begründung hervorzugehen hat, ob das Urteil wegen der Verletzung einer Rechtsnorm über das Verfahren (sog. **Verfahrensrüge**) oder wegen der Verletzung einer anderen **Rechtsnorm** (sog. **Sachrüge**) angefochten wird (§ 344 II 1 StPO). Im Falle einer Verfahrensrüge sind die den Mangel enthaltenden Tatsachen anzugeben (§ 344 II 1 StPO). Die Revisionsanträge und ihre Begründung sind spätestens **binnen eines Monats** nach Ablauf der Einlegungsfrist schriftlich durch eine vom Verteidiger unterzeichnete Schrift oder zu Protokoll der Geschäftsstelle einzureichen (§ 345 I, II StPO: **Begründungsfrist**).

Da die Revision nur auf die Verletzung des Gesetzes gestützt werden kann, auf der das Urteil beruht (§ 337 StPO), sind lediglich Rechtsfragen reversibel, also Fragen darüber, ob eine Rechtsnorm des Verfahrensrechts oder des sachlichen Rechts nicht oder nicht richtig angewandt wurde. Die **Sachrüge** bedarf lediglich einer Rüge der Verletzung sachlichen Rechts, da dem Urteil entnommen werden kann, ob es auf dieser falschen Rechtsauffassung beruht. Bei der **Verfahrensrüge** sind die Anforderungen an die Begründung höher. Sie rügt die prozessrechtswidrige Art und Weise des Zustandekommens des Urteils. Ein solcher Verfahrensmangel kann aber nicht schlichtweg behauptet, sondern muss bewiesen werden. Dazu dient hinsichtlich der wesentlichen Förmlichkeiten das Hauptverhandlungsprotokoll (§ 274 StPO). *In dubio pro reo* gilt hier nicht, dh im Zweifel ist von einem ordnungsgemäßen Verfahren auszugehen. Hinzukommt, dass das Urteil auf dem Verfahrensverstoß **beruhen** muss (§ 337 StPO aE). Dieser ursächliche Zusammenhang zwischen festgestelltem Verfahrensverstoß und Urteil ist nach der Rspr. des BGH bereits gegeben, wenn *nicht auszuschließen* ist, dass das Urteil auf dem Verfahrensfehler beruht, wobei die *Möglichkeit* genügt, dass das Urteil bei richtiger Gesetzesanwendung *anders ausgefallen* wäre (BGHSt 22, 278 [280] = NJW 1969, 473 [474]). Das Gesetz selbst regelt aber in § 338 StPO sog. **absolute Revisionsgründe**, bei denen das Gesetz aufgrund der Schwere des Verstoßes grundsätzlich ein Beruhen unwiderlegbar vermutet, sodass eine gesonderte Beruhensprüfung lediglich bei außerhalb § 338 StPO liegenden Verstößen erforderlich sein soll (sog. **relative Revisionsgründe**).

Hier soll die Verhandlung **entgegen § 169 I 2 GVG** im Fernsehen übertragen werden. § 169 I 2 GVG verbietet Ton- und Fernseh-/Rundfunkaufnahmen sowie Ton- und Filmaufnahmen zum Zwecke der öffentlichen Vorführung oder Veröffentlichung ihres Inhalts. Öffentlichkeit meint nicht die Verbreitung des gesprochenen Wortes oder des Gebarens der Beteiligten durch den Rundfunk an eine unbestimmte Vielzahl von Menschen (so Meyer-Goßner/Schmitt/*Schmitt* GVG § 169 Rn. 8). Eine Fernsehübertragung der gesamten Hauptverhandlung verstößt also gegen § 169 I 2 GVG.

Hinweis: In der Geschichte des § 169 GVG sind drei wesentliche gesetzliche Schritte zu verzeichnen: das Verbot jeglicher Medienöffentlichkeit durch § 169 S. 2 GVG aF, die bereichsbeschränkte Lockerung dieses Verbots durch § 17a BVerfGG und die weitergehende Lockerung des Verbots durch das am 18.4.2018 in Kraft getretene Gesetz zur Erweiterung der Medienöffentlichkeit in Gerichtsverfahren (EMöGG), vgl. dazu *Trentmann* MMR 2018, 441.
Ausgangspunkt der Neufassung des § 169 GVG war der NSU-Prozess, der schon vor seinem offiziellen Beginn unter enormer medialer Beobachtung und im Fokus der Öffentlichkeit stand, was die Raumkapazitäten des Sitzungssaales sprengte. Im Zuge dessen beantragte die SPD-Bundestagsfraktion im Juni 2013 einen Gesetzesentwurf hinsichtlich einer Videoübertragung öffentlicher Gerichtsverhandlungen in einen Nebenraum, um dem medialen Interesse gerecht zu werden. Die Große Strafrechtskommission, die sich intensiv mit dieser Frage beschäftigte, sah in ihrer Bewertung das seit 1964 bestehende Verbot von Bild- und Tonübertragungen aus Gerichtssälen als noch zeitgemäß an. Sie sah die Persönlichkeitsrechte der Verfahrensbeteiligten, die Wahrheitsfindung sowie die Gewährleistung eines ungestörten Verfahrensverlaufes als unbedingt schützenswert an, gerade auch in einer Zeit der Informationsflut durch Massenmedien. Dennoch wurde der Entwicklungen der heutigen Medienlandschaft insofern Rechnung getragen, als dass bei sehr großem medialen Interesse eine Tonübertragung in einen lediglich für Medienvertreter vorgesehen Raum nun zulässig ist. Als Folge eines Arbeitsberichtes einer Bund-Länder-Arbeitsgruppe zur zeitgemäßen Neufassung des § 169 GVG entschieden die Justizminister, dass das umfassende Verbot des § 169 S. 2 GVG aF dem aktuellen Informationsbedürfnis der Allgemeinheit an der Tätigkeit der Justiz vor dem Hintergrund der Veränderung der Medienlandschaft nicht mehr gerecht werde. Der Referentenentwurf des BMJV hinsichtlich eines Gesetzes zur Medienöffentlichkeit aus dem Jahre 2016 verfügte das Verbot von Ton- und Fernseh-Rundfunkaufnahmen zum Zwecke der Veröffentlichung zu lockern. Die Gewichtung, die den Massenmedien heutzutage zuteil wird, steht einem generellen Verbot unzeitgemäß entgegen. Als sich auch der 71. Deutsche Juristentag im September 2016 mit dieser Thematik beschäftigte, folgte die Veröffentlichung des Gesetzesentwurfes der Bundesregierung zum EMöGG, welcher als BT-Drs. 18/10144 in den Bundestag eingebracht wurde. Dieser basierte mehrheitlich auf dem Referentenentwurf des BMJV, mit dem Ziel, der veränderten und fortschrittlichen Medienlandschaft, sowie dem stetig wachsenden Informationsbedürfnis der Allgemeinheit – und somit dem Demokratieprinzip –

Rechnung zu tragen. Die Annahme des Gesetzesentwurfes zum EMöGG folgte im Juni 2017: am 19.4.2018 ist es in Kraft getreten. Somit gilt seit diesem Tage in neu anlaufenden Prozessen nicht mehr das seit 1964 bestehende Verbot von Bild- und Tonaufnahmen. Als Paradebeispiel für die vom Ermessen des Gerichts abhängige Tonaufnahmen-Erlaubnis sei hier der NSU-Prozess genannt.
Die Verbreitung an eine unbestimmte Vielzahl von Personen durch Bild- und/oder Tonaufnahmen während der Verhandlung schließt § 169 I 2 GVG nF – wortidentisch zur aF – ausdrücklich aus, um auf diese Weise den potentiellen Einfluss akut-multimedialer Wahrnehmung auf das Prozess- und Aussageverhalten sämtlicher Beteiligter bereits von vornherein zu unterbinden.
Grundsätzlich gilt das Verbot des § 169 I 2 GVG auch für Ton- und Bildaufnahmen, die nicht für den Rundfunk bestimmt sind und damit ohne Veröffentlichungszweck angefertigt werden, da nahezu nie ausgeschlossen werden kann, dass solche Aufnahmen nicht der Öffentlichkeit zugänglich gemacht werden. Streitig war jedoch, ob § 169 I 2 GVG auch einer »Vergrößerung der Öffentlichkeit« entgegensteht, indem die Hauptverhandlung vom Sitzungssaal per Video wegen des starken Zuschauerinteresses zeitgleich in einen weiteren Raum übertragen wird (virtuelle Vergrößerung der Räumlichkeiten), bejahend *Kühne* StV 2013, 417 (419); zweifelnd *Hassemer* ZRP 2013, 149 (151); vgl. auch Meyer-Goßner/Schmitt/*Schmitt* GVG § 169 Rn. 9.
Die Neufassung des § 169 I 3 GVG mit ihrer eingeschränkten Übertragungsbefugnis bestätigt allerdings in gesetzessystematischer Weise die Auffassung, dass auf diese Weise nicht die zugelassene Saalöffentlichkeit vergrößert, sondern vielmehr ein Aliud geschaffen wird. Bei der Tonübertragung nach § 169 I 3–5 GVG handelt es sich also um eine gerichtsinterne Übertragung, die jedoch gerade nicht zur Erweiterung des Sitzungssaales dienen, sondern die Arbeitsbedigungen der Medienvertreter erleichtern soll (vgl. Meyer-Goßner/Schmitt/*Schmitt* GVG § 169, Rn. 21).
Zum Ganzen: *Wick*, Demokratische Legitimation von Strafverfahren, Berlin 2018.

Fraglich ist aber, ob dieser Verstoß einen absoluten Revisionsgrund iSd § 338 Nr. 6 StPO darstellt, oder, ob lediglich ein relativer Revisionsgrund vorliegt, bei dem das Beruhen darzulegen ist (§ 337 StPO), da § 338 Nr. 6 StPO nur für unzulässige Beschränkungen der Öffentlichkeit im Rahmen von § 169 I 1 GVG gilt, während im konkreten Fall die Öffentlichkeit über § 169 I 2 GVG hinaus in unzulässiger Weise erweitert wurde.

Lösungsansätze:

I. Relativer Revisionsgrund bei unzulässiger Erweiterung

Die unzulässige Erweiterung der Öffentlichkeit ist nicht von § 338 Nr. 6 StPO erfasst, sodass eine Beruhensprüfung im Rahmen des § 337 StPO erforderlich ist.

Vertreten von:
BGHSt 10, 202 (206) = NJW 1957, 881; BGHSt 23, 82 (85) = NJW 1969, 2107 (2108); BGHSt 36, 119 = NJW 1989, 1741 (speziell hinsichtlich der Rüge der Verletzung des § 169 S. 2 GVG aF); SK-StPO/*Frisch* § 338 Rn. 129; *Fromm* NJOZ 2015, 1193 (1196); KK-StPO/*Gericke* § 338 Rn. 84; Meyer-Goßner/Schmitt/*Schmitt* StPO § 338 Rn. 47; *Pfeiffer* StPO § 338 Rn. 22; BeckOK StPO/*Wiedner* § 338 Rn. 142.

1. Argument
Weder Art. 1, 2 GG noch Art. 6 I 2 EMRK geben dem Angeklagten einen Anspruch auf Ausschluss der Öffentlichkeit. Unzulässige Erweiterung der Öffentlichkeit kann also nur gerügt werden, wenn das Urteil bei Beachtung der Öffentlichkeit anders ausgefallen wäre.

2. Argument
§ 338 StPO ist auf den Schutz grundlegender Verfahrensprinzipien gerichtet und erfasst besonders schwere Verfahrensverstöße, weshalb nur das Öffentlichkeitsprinzip in seiner Funktion als Garant öffentlicher Kontrolle der Justiz den Schutz des § 338 StPO genießen soll.

3. Argument
Im Rahmen des § 338 StPO müssen § 169 I 1 und § 169 I 2 GVG unterschiedlich beurteilt werden, da die normativen Bezugspunkte der Vorschriften anders sind. Während S. 1 die Rechtsstaatlichkeit des Verfahrens gewährleisten soll und unter Umständen deshalb auch die Beeinträchtigung der Wahrheitsfindung durch die Öffentlichkeit in Kauf nimmt, soll S. 2 gerade solche Beeinträchtigungen verhindern.

4. Argument
Bei einer Erweiterung der Öffentlichkeit ist nicht notwendigerweise von einem Beruhen des Urteils auf dieser Erweiterung auszugehen.

II. Absoluter Revisionsgrund bei unzulässiger Erweiterung

Die unzulässige Erweiterung der Öffentlichkeit als Verstoß gegen § 169 I 2 StPO stellt einen absoluten Revisionsgrund dar.

Vertreten von:
Beulke/Swoboda StrafProzR Rn. 576; *Ranft* JURA 1995, 573 (579); *Roxin* NStZ 1989, 376; *Roxin/Schünemann* StrafVerfR § 47 Rn. 26; tendenziell wohl auch KMR-StPO/*Momsen* StPO § 338 Rn. 73 f.

1. Argument
Dem Wortlaut des § 338 Nr. 6 StPO lässt sich kein ausschließlicher Bezug auf die Beschränkung der Öffentlichkeit entnehmen.

2. Argument
Jede Beeinträchtigung der Öffentlichkeit sollte über § 338 Nr. 6 StPO revisionsrechtlich überprüft werden können, so der Wille des historischen Gesetzgebers.

3. Argument
Normativer Bezugspunkt von § 169 I 1 und § 169 I 2 GVG ist jeweils, dass die Normen einer Beeinflussung des Gerichts durch staatliche Organe oder Massenmedien verhindern wollen.

4. Argument
Ein Beruhen des Urteils auf der Erweiterung der Öffentlichkeit ist im Hinblick auf die auch unterbewusste Beeinflussung des Gerichts nicht denknotwendig ausgeschlossen.

Hinweis: Die absoluten Revisionsgründe wurden – entgegen des Wortlauts des § 338 StPO – zum Teil durch den BGH dahingehend relativiert, dass bestimmte Einschränkungen hinsichtlich der »Absolutheit« vorgenommen wurden. Am deutlichsten wird dies am Beispiel des § 338 Nr. 8 StPO (Beschränkung der Verteidigung), der im Grunde vom BGH wie ein relativer Revisionsgrund behandelt wird, da aus der Beschränkung in einem für die Entscheidung wesentlichen Punkt ein Beruhen iSd § 337 StPO gefolgert wird (vgl. BGHSt 44, 82 = NJW 1998, 2296).

Im Beispielsfall:

Folgt man der ersten Ansicht, so müsste das Beruhen des Urteils auf der Erweiterung der Öffentlichkeit gem. § 337 StPO festgestellt werden. Da für ein **Beruhen** keine Anhaltspunkte im Sachverhalt vorliegen, läge hier kein Revisionsgrund vor. Mit der letzten Ansicht läge ein absoluter Revisionsgrund gem. § 338 Nr. 6 StPO vor.

Da beide Ansichten zu unterschiedlichen Ergebnissen gelangen, ist der Streit zu entscheiden. Die letzte Ansicht kann den Wortlaut des § 338 Nr. 6 StPO für sich verbuchen, allerdings sprechen Sinn und Zweck des Öffentlichkeitsgrundsatzes – also die **Kontrollfunktion der Öffentlichkeit** – dafür, unter Verletzungen des Öffentlichkeitsgrundsatzes nur Beschränkungen der Öffentlichkeit zu subsumieren und im Falle der anderen, die Öffentlichkeit flankierenden Normen, ein »Beruhen« gesondert feststellen zu müssen. Dies entspricht auch der Intention des Gesetzgebers, nicht aus jedem Verfahrensverstoß einen absoluten Revisionsgrund zu machen, sondern § 338 Nr. 6 StPO auf besonders schwerwiegende Verstöße zu beschränken. Mit der ersten Ansicht ist also lediglich ein relativer Revisionsgrund anzunehmen. Mangels Angaben hinsichtlich des Beruhens, hat eine Revision im konkreten Fall keine Aussicht auf Erfolg (aA vertretbar).

Exkurs XXIII: Die Entscheidung des Revisionsgerichts

vgl. *Beulke/Swoboda* StrafProzR Rn. 568 ff.

Geht die Revision beim *iudex a quo* ein, kann bereits dieser die Revision **durch Beschluss als unzulässig verwerfen**, wenn Form oder Frist nicht eingehalten wurden (§ 346 I StPO).

Das **Revisionsgericht** prüft erneut die Zulässigkeitsvoraussetzung der Revision nach Aktenlage und kann die Revision **durch Beschluss als unzulässig verwerfen**, wenn die Zulässigkeitsvoraussetzungen nicht vorliegen (§ 349 I StPO). Eine **offenkundig unbegründete** Revision kann das **Revisionsgericht durch Beschluss verwerfen**, wenn diese **einstimmig** für offenkundig unbegründet gehalten wird (sog. »OU-Beschluss« nach § 349 II StPO). Bei einer **offenkundig begründeten** Revision kann das **Revisionsgericht durch Beschluss das Urteil aufheben**, wenn die Revision **einstimmig** für offenkundig begründet gehalten wird (§ 349 IV StPO).

Achtung! In den Fällen des § 349 I, II, IV StPO kann das Revisionsgericht auch durch Urteil in der Hauptverhandlung entscheiden (§ 349 V StPO).

Auch das Revisionsgericht kann gem. §§ 153 II, 154 III, 154a III StPO das Verfahren aus Opportunitätsgründen durch Beschluss einstellen (**Achtung!** § 153a II StPO gilt nur für das Tatgericht!).

Erfolgt keine Entscheidung durch Beschluss, so kommt es zur **Hauptverhandlung vor dem Revisionsgericht** gem. §§ 350, 351 StPO. Die **Entscheidung** des Revisionsgerichts ergeht dann **durch Urteil**.

Das **Revisionsgericht verwirft die Revision durch Urteil als unzulässig,** wenn die Zulässigkeitsvoraussetzungen fehlen. Das **Revisionsgericht stellt das Verfahren durch Urteil gem. § 260 III StPO ein,** wenn Prozessvoraussetzungen fehlen bzw. Verfahrenshindernisse entgegenstehen. Das **Revisionsgericht verwirft die Revision durch Urteil als unbegründet,** wenn das Urteil rechtsfehlerfrei ergangen ist.

Soweit sich ein festgestellter Revisionsgrund auswirken konnte, **hebt das Revisionsgericht das Urteil auf** (§ 353 I StPO). Zusätzlich **hebt es die zugrunde liegenden tatsächlichen Feststellungen durch das Urteil auf, soweit** diese durch die Gesetzesverletzung betroffen werden (§ 353 II StPO). Zudem verweist das Revisionsgericht grundsätzlich die **Sache durch das Urteil zur erneuten Entscheidung an die Vorinstanz zurück** (§ 354 II StPO), wobei die rechtliche Beurteilung des Revisionsgerichts insoweit bindend ist, als sie der Urteilsaufhebung zugrunde liegt (§ 358 I StPO). **Nur in Ausnahmefällen entscheidet das Revisionsgericht selbst durch Urteil** (§ 354 I StPO), namentlich bei Urteilsaufhebungen wegen sachlich-rechtlicher Mängel oder des Vorliegens eines Verfahrenshindernisses, bei Erkennung auf Freispruch oder auf eine absolut bestimmte Strafe bzw. Einstellung, ohne weitere tatsächliche Erörterung, Übereinstimmung mit dem Antrag der Staatsanwaltschaft auf die gesetzlich niedrigste Strafe oder ein Absehen von Strafe. In entsprechender Anwendung des § 354 I StPO soll das Revisionsgericht nach hM auch bei einer Schuldspruchberichtigung selbst durch Urteil entscheiden dürfen.

27. Problem: Freispruch »zweiter Klasse«

Beispielsfall:

A wurde vom Vorwurf der Vergewaltigung (§ 177 StGB) freigesprochen. Der Freispruch erfolgte ausweislich der Urteilsgründe wegen der Nichtnachweisbarkeit der Tat, also aus Mangel an Beweisen. A beteuert seine Unschuld und fühlt sich daher durch das Urteil belastet. Kann A eine Abänderung der Urteilsgründe verlangen?

Ausgangspunkt:

Beschwer des Angeklagten als allgemeine Rechtsmittelvoraussetzung?

Jede Einlegung eines Rechtsmittels setzt ein Rechtsschutzbedürfnis voraus, das darin besteht, dass als allgemeine Zulässigkeitsvoraussetzung eines Rechtsmittels eine Beschwer desjenigen verlangt wird, zu dessen Gunsten das Rechtsmittel eingelegt wird.

Überblick XXII: Allgemeine Rechtsmittelvoraussetzungen

Die §§ 296 ff. StPO regeln allgemeine Grundsätze und Voraussetzungen, die allen Rechtsmitteln gemein sind. Daneben gibt es noch einige weitere Gemeinsamkeiten der Rechtsmittel.	
Anfechtungs-/Rechtmittelberechtigung (§ 296 StPO)	Staatsanwaltschaft, sowohl zugunsten als auch zulasten des Angeklagten (§ 296 I, II StPO) Beschuldigter (§ 296 I StPO) Verteidiger, jedoch nicht gegen den ausdrücklichen Willen des Beschuldigten (§ 297 StPO) Gesetzlicher Vertreter, auch gegen den Willen des Beschuldigten (§ 298 StPO) Privatkläger bei einem Vorgehen im Privatklageweg (§ 390 I StPO) Nebenkläger, soweit er durch die Entscheidung in seiner Stellung als Nebenkläger beschwert ist (§§ 395 IV 2, 400, 401 I 1 StPO)
Irrtümliche Bezeichnung (§ 300 StPO)	Unschädlichkeit einer fehlenden/falschen Bezeichnung des Rechtsmittels, wenn nur ein bestimmtes Rechtsmittel statthaft und offensichtlich die Einlegung dieses Rechtsmittels bezweckt ist. Bei mehreren statthaften Rechtsmitteln ist die Auslegung der Erklärung maßgeblich (vgl. Meyer-Goßner/Schmitt/*Schmitt* StPO § 300 Rn. 2 f.).
Rechtsmittel der Staatsanwaltschaft (§ 301 StPO)	Rechtsmittel der Staatsanwaltschaft haben auch die Wirkung, dass die Entscheidung zugunsten des Angeklagten abgeändert oder aufgehoben werden kann.
Rechtsmittelrücknahme und -verzicht (§ 302 f. StPO)	Die Zurücknahme des Rechtsmittels sowie der Verzicht auf die Einlegung des Rechtsmittels können bereits vor Ablauf der Einlegungsfrist wirksam erklärt werden (§ 302 I 1 StPO). Der Verzicht ist allerdings bei vorausgegangener Verständigung unwirksam (§ 302 I 2 StPO) (→ **Problem 12**). Die Staatsanwaltschaft kann ein zugunsten des Beschuldigten eingelegtes Rechtsmittel ohne dessen Zustimmung nicht mehr zurücknehmen (§ 302 I 3 StPO). Eine Rücknahme durch den Verteidiger bedarf der ausdrücklichen Ermächtigung des Beschuldigten (§ 302 II StPO).

Beschwer als Zulässigkeitsvoraussetzung	Beschwer des Beschuldigten, wenn die Entscheidung zu seinem Nachteil ergangen ist. Wegen § 296 I, II StPO ist die Staatsanwaltschaft immer beschwert, wenn sie die Unrichtigkeit der Entscheidung geltend macht.
Rechtsmitteleinlegung (§§ 306 I, 314, 34 StPO)	Alle Rechtsmittel sind beim *iudex a quo* schriftlich oder zu Protokoll der Geschäftsstelle einzulegen. Eine Begründungspflicht besteht hingegen nur bei Einlegung einer Revision, § 344 StPO.

Grundsätzlich ergibt sich die Beschwer des Angeklagten aus der eigentlichen Urteilsformel, dem sog. **Tenor** (»Grundsatz der Tenorbeschwer«, BGHSt 16, 374 = NJW 1962, 404; zuletzt BGH NJW 2016, 728). Der Angeklagte ist durch das Urteil immer dann beschwert, wenn seine Verurteilung zu Unrecht erfolgte oder eine zu harte Rechtsfolge verhängt wurde. Seine Beschwer kann sich auch daraus ergeben, dass gem. § 60 StGB von Strafe abgesehen wurde, da in diesem Fall trotzdem ein Schuldspruch ergangen ist. Ist die Täterschaft des Angeklagten nicht erwiesen und das Verfahren wird statt eines Freispruchs (aus tatsächlichen Gründen) eingestellt (§ 260 III StPO), ist der Angeklagte darin beschwert. Im konkreten Fall wurde A aber freigesprochen. Der Tenor lautet also: *»Der Angeklagte wird freigesprochen.«* Dass der Freispruch aus tatsächlichen Gründen nicht wegen erwiesener Unschuld, sondern aus Mangel an Beweisen erfolgte, ist aus dem Tenor nicht ersichtlich. Dies ist lediglich in den Urteilsgründen erkennbar. **Fraglich ist**, ob sich eine Beschwer bei einem freisprechenden Urteilstenor auch aus den Urteilsgründen ergeben kann, eben weil der Freispruch aufgrund von Nichtnachweisbarkeit oder auch Schuldunfähigkeit gem. § 20 StGB erfolgte. Denn ein Freispruch wegen erwiesener Unschuld belastet den Angeklagten zumindest in seinem sozialen Umfeld deutlich weniger als ein Freispruch wegen Schuldunfähigkeit oder aus Mangel an Beweisen.

Hinweis: Die Diskussion um einen »Freispruch erster Klasse« wegen erwiesener Unschuld statt aus Mangel an Beweisen beherrschte auch die Berichterstattung nach Verkündung des Urteils im Fall Kachelmann (2011). Im Fall Mollath (2016) setzte man sich erneut mit dieser Thematik auseinander.

Lösungsansätze:

I. Rechtsmittelfestigkeit der Urteilsgründe bei Freispruch

Die Beschwer richtet sich immer allein nach dem Urteilstenor. Bei einer Beschwer allein durch die Urteilsgründe kommt die Einlegung eines Rechtsmittels für den Angeklagten nicht in Betracht.

Vertreten von:
BGHSt 7, 153 ff. = NJW 1955, 639 f.; BGHSt 16, 374 = NJW 1962, 404; BGHSt 34, 11 (12) = NJW 1986, 1820; BGH BeckRS 2015, 15764; OLG Frankfurt a.M. NStZ-RR 2010, 345; KG BeckRS 2014, 17549; *Beulke/Swoboda* StrafProzR Rn. 537; KK-StPO/*Gericke* § 337 Rn. 41; Meyer-Goßner/Schmitt/*Schmitt* StPO Vor § 296 Rn. 11; KMR-StPO/*Albrecht* StPO Vor § 296 Rn. 14.

1. Argument
Die rechtliche Beschwer ist nur die unmittelbare Rechts- und Interessenbeeinträchtigung, die sich im Urteilstenor findet. Bei einem Freispruch fehlt eine solche Beschwer.

2. Argument
Die Rechtsmittel dienen der Überprüfung der Schuld und nicht der Rehabilitation des Angeklagten.

3. Argument
Eine Zulassung von Rechtsmitteln bei Freisprüchen gegen bloße Feststellungen und Wertungen in den Urteilsgründen würde die Gerichte überlasten.

4. Argument
Andernfalls würde der Freispruch aus Mangel an Beweisen, der auf dem *in dubio pro reo* Grundsatz beruht, entwertet. Es gibt keinen Freispruch unterschiedlicher Klassen.

5. Argument
Bei einem nicht hinreichenden Tatverdacht wird das Hauptverfahren nicht eröffnet (§ 203 StPO), selbst wenn der Angeschuldigte das Interesse haben sollte, sich öffentlich von den gegen ihn erhobenen Vorwürfen zu reinigen.

II. Bedingte Überprüfbarkeit der Urteilsgründe bei Freispruch

Rechtsmittel gegen einen Freispruch aus den Urteilsgründen sind nur bei einem Freispruch wegen Schuldunfähigkeit iSd § 20 StGB zulässig.

Vertreten von:
Bloy JuS 1986, 585 (586 f.); SK-StPO/*Frisch* Vor §§ 296 ff. Rn. 160; KK-StPO/*Kuckein* § 337 Rn. 41.

1. Argument
Die faktische Verurteilung durch die Feststellung einer tatbestandsmäßigen, rechtswidrigen, aber schuldlosen Tat stellt eine Beschwer des Angeklagten dar.

2. Argument
Freisprüche wegen Schuldunfähigkeit sind gem. § 11 BZRG dem Bundeszentralregister zu melden und werden eingetragen, worin eine Beschwer zu sehen ist.

III. Beschwer durch Grundrechtsverletzung bzw. Verletzung der Unschuldsvermutung des Art. 6 II EMRK

Die Gründe eines freisprechenden Urteils können eine Grundrechtsverletzung insbesondere des Art. 1 GG und des Art. 2 GG enthalten. Durch diese Verletzung liegt eine mit Rechtsmitteln angreifbare Beschwer vor.

Vertreten von:
BVerfGE 6, 7 = NJW 1956, 1833; BVerfGE 28, 151 = BeckRS 2016, 40259; BGH NJW 2016, 728 (»Fall Mollath«) vgl. auch EGMR StV 2016, 1 – Cleve ./. Deutschland (Verletzung der Unschuldsvermutung Art. 6 II EMRK); anerkannt in BGH NJW 2016, 728; *Pfeiffer* StPO Vor §§ 296 ff. Rn. 3.

1. Argument
Auch ein freisprechendes Urteil hat dem durch das Grundgesetz abgesicherten Grundsatz zu folgen, dass staatliche Gewalt die Grundrechte zu achten und zu schützen hat.

2. Argument
Art. 2 I GG ist immer dann verletzt, wenn trotz des freisprechenden Urteils der Verdacht bleibt, der immerhin zur Hauptverhandlung geführt hat. Dieser Eindruck bleibt auch in der Öffentlichkeit bestehen.

Im Beispielsfall:

Mit der ersten Ansicht ist eine Beschwer des A zu verneinen und A kann die Abänderung der Urteilsgründe nicht verlangen, da der Tenor des Freispruchs A nicht belastet. Mit der zweiten Ansicht liegt ebenfalls keine Beschwer vor, da A nicht wegen Schuldunfähigkeit freigesprochen wurde. Auch nach der dritten Ansicht ist A im konkreten Fall nicht beschwert. Zwar besteht laut BVerfG grundsätzlich die Möglichkeit einer Beschwer durch speziell die grundrechtsverletzende Art der Urteilsgründe (BVerfGE 6, 7 = NJW 1956, 1833), allerdings liegen solche Ausführungen, die die Menschenwürde oder die freie Entfaltung der Persönlichkeit des A beeinträchtigen, nicht vor, auch wenn die Ausführungen den Angeklagten belasten mögen (vgl. im Ergebnis auch BVerfGE 6, 7 = NJW 1956, 1833). Alle drei Ansichten kommen hier zum Ergebnis, dass eine Beschwer des A nicht vorliegt. Der Streit muss nicht entschieden werden. A kann **mit einem Rechtsmittel keine Abänderung der Urteilsgründe** verlangen.

11. Kapitel: Rechtskraft

28. Problem: Strafklageverbrauch und grob verkannter Unwert der Tat

Beispielsfall:

A wird wegen Jagdwilderei gem. § 292 StGB verurteilt, weil er mit seinem Gewehr – für das er einen Waffenschein besitzt – auf einen Rehbock gezielt haben soll. Nach der Verurteilung stellt sich heraus, dass A mit dem Schuss eigentlich den verhassten P töten wollte, der im Wald Pilze sammelte. Staatsanwalt S will nun gegen A Anklage wegen versuchten Mordes gem. §§ 211 I, II, 22, 23 I StGB erheben. Ist dies möglich?

Ausgangspunkt:

Die Rechtskraft eines Urteils.

Die Rechtskraft dient der Umsetzung des Ziels des Strafverfahrens Rechtsfrieden zu stiften. Ein Urteil muss irgendwann – auch wenn es unrichtig ist – unanfechtbar und verbindlich werden, um diesen Rechtsfrieden zu garantieren. Diese Garantie gibt die **Rechtskraft.**

Überblick XXIII: Rechtskraft eines Strafurteils

Zu unterscheiden sind die **formelle und die materielle Rechtskraft** eines Urteils.

Formelle Rechtskraft	**Materielle Rechtskraft**
= Urteil kann im Verfahren mit ordentlichen Rechtsbehelfen nicht mehr angefochten werden, weil von allen Beteiligten wirksam auf die Einlegung von Rechtsmitteln verzichtet wurde (§ 302 I Alt. 2 StPO). die Rechtsmittelfrist erfolglos abgelaufen ist. das eingelegte Rechtsmittel zurückgenommen wurde (§ 302 I Alt. 1 StPO). das Revisionsgericht abschließend entschieden hat (§ 354 I StPO). **Wirkung der formellen Rechtskraft** Abschluss Erkenntnisverfahren (dh Abschluss der Aufnahme sämtlicher entscheidungserheblicher Tatsachen) | Materielle Rechtskraft	= Rechtskraft hinsichtlich des Inhalts der Entscheidung und damit Sperrwirkung hinsichtlich der verhandelten Tat im prozessualen Sinne (Art. 103 III GG, § 264 I StPO) **Tat im prozessualen Sinne =** von der Anklageschrift betroffener Vorgang einschließlich aller damit zusammenhängenden und darauf bezüglichen Vorkommnisse und tatsächlichen Umstände, die geeignet sind, das in diesen Bereich fallende Tun des Angeklagten unter irgendeinem rechtlichen Gesichtspunkt als strafbar erscheinen zu lassen. Gemeint ist das gesamte Verhalten des Angeklagten, soweit es mit dem durch die Anklageschrift bezeichneten geschichtlichen Vorkommnis nach der Auffassung des Lebens einen einheitlichen Vorgang bildet, ohne Rücksicht darauf, ob sich bei der rechtlichen Beurteilung eine oder mehrere strafbare Handlungen statt oder neben der in der Anklageschrift bezeichneten Straftat ergeben

und damit Vollstreckbarkeit des Urteils (§ 449 StPO).		(BGHSt 23, 141 [145] = NJW 1970, 255 (256); BGHSt 45, 211 [212 f.] = NJW 2000, 226).
		Das damit umfasste Geschehen kann nicht erneut zum Gegenstand eines Strafverfahrens und eines Sachurteils gemacht werden (**Strafklageverbrauch** – *ne bis in idem*, **Art. 103 III GG**).

Achtung! Der Begriff der Tat im prozessualen Sinne entspricht nicht dem Begriff der Tat im materiellen Sinne. Zwar ist bei Idealkonkurrenz iSd § 52 StGB schon aufgrund der einheitlichen Handlung grundsätzlich (umstrittene Ausnahmen: Organisationsdelikte, §§ 99, 129, 129a StGB, § 20 I Nr. 1 VereinsG, vgl. BGHSt 29, 288 = NStZ 1981, 72; einzelne Morde bei Völkermord gem. § 6 VStGB, vgl. BGHSt 48, 153 = NStZ 2003, 678; Dauerstraftaten) auch von einer prozessualen Tat auszugehen und bei Realkonkurrenz iSd § 53 StGB häufig auch von verschiedenen prozessualen Taten auszugehen. Zwingend ist diese Annahme aber nicht, zB wenn der weitere prozessuale Tatbegriff eine einheitliche Tat signalisiert, obwohl der eher dogmatische materielle Tatbegriff eine Realkonkurrenz annimmt (zB bei der Zäsurwirkung des Unfalls bei einer Trunkenheitsfahrt mit anschließendem unerlaubten Entfernen vom Unfallort, §§ 142, 315c, 53 StGB).

Im konkreten Fall stellt sich die Frage nach dem materiellen Tatbegriff gar nicht, da keine kumulativ verwirklichten Tatbestände infrage stehen. Problematisch ist, dass der Schuss mit dem Gewehr (Lebenssachverhalt) bereits gem. § 292 StGB abgeurteilt wurde. **Fraglich ist** also, ob dieser Schuss Anknüpfungspunkt für eine Anklage wegen versuchten Mordes gem. §§ 211, 22, 23 I StGB sein kann, oder ob dem Art. 103 III GG entgegensteht.

Hinweis: Der Strafklageverbrauch ist eine (negative) Prozessvoraussetzung im Strafprozess und erfährt wesentliche Bedeutung bei der Bestimmung des Umfangs der Rechtskraft eines Urteils. Der Strafklageverbrauch eines vollständig abgeschlossenen Verfahrens stellt hinsichtlich eines neuen Verfahrens wegen derselben Tat im prozessualen Sinne ein **Verfahrenshindernis** dar. Das neue Verfahren wäre also bei Strafklageverbrauch durch die Staatsanwaltschaft (§ 170 II StPO) oder das Gericht (§ 260 III StPO) einzustellen. Ist das Verfahren noch nicht abgeschlossen, fehlt es an der materiellen Rechtskraft als Voraussetzung für den Strafklageverbrauch. Einer erneuten Anklage wegen derselben prozessualen Tat steht dann das Verfahrenshindernis der Rechtshängigkeit entgegen (vgl. dazu Meyer-Goßner/Schmitt/*Schmitt* StPO Einl. Rn. 171).
Daher kann der materiellen Rechtskraft eine Doppelwirkung zugeschrieben werden: Sie schafft ein Verfahrenshindernis, gewährleistet aber auch ein subjektives verfassungsmäßiges Recht, nicht wegen derselben Tat mehrfach bestraft zu werden.

Lösungsansätze:

I. Umfassender Strafklageverbrauch

Ein einheitlicher geschichtlicher Vorgang wird bei der Aburteilung unter jedem rechtlichen Gesichtspunkt von der Rechtskraft umfasst. Auch bei grober normativer Unwertverkennung ist keine erneute Anklage einer bereits rechtskräftig abgeurteilten Tat möglich.

Vertreten von:
Roxin/Schünemann StrafVerfR § 52 Rn. 16; KMR-StPO/*Stuckenberg* StPO § 264 Rn. 13; SK-StPO/*Velten* § 264 Rn. 18 f.; vgl. weitere Nachweise in der Vorauflage.

1. Argument
Bei einem Geschehen in einem engen zeitlichen und räumlichen Zusammenhang ist von einem einheitlichen geschichtlichen Vorgang auszugehen, wobei für diese Beurteilung lediglich rein tatsächliche Aspekte eine Rolle spielen, normative Wertungen jedoch außer Betracht bleiben.

2. Argument
Eine neue Anklage nur aufgrund normativer Wertungen zuzulassen widerspricht dem Gesetz. §§ 359 ff. StPO regeln mit dem Institut der Wiederaufnahme des Verfahrens die Durchbrechung der Rechtskraft zuungunsten des Angeklagten aufgrund neuer Tatsachen oder Beweismittel abschließend. Diese Wertung darf nicht durch einen rein normativ geprägten Tatbegriff umgangen werden.

II. Strafklageverbrauch nur bei wesentlich gleichem Unwertgehalt

Ein Strafklageverbrauch und damit die Sperrwirkung einer vorangegangenen rechtskräftigen Entscheidung tritt dann nicht ein, wenn der zugrunde liegende Lebenssachverhalt in seinem Unwertgehalt hinter der neu zu bewertenden Tat wesentlich zurückbleibt. Dabei ist der Begriff der prozessualen Tat normativ geprägt.

Vertreten von:
Beulke/Swoboda StrafProzR Rn. 518 ff.; *Hruschka* JZ 1966, 700 (703); *Otto* JR 1988, 27 (29 f.).

1. Argument
Allein tatsächliche Gesichtspunkte können den Begriff der prozessualen Tat nicht bestimmen. Auch wenn dem engen zeitlich-räumlichen Zusammenhang eine große Bedeutung bei der Bestimmung der prozessualen Tat zukommt, muss zur Präzisierung des Begriffes der normativ orientierte Angriff auf das Rechtsgut in die Betrachtung einfließen.

2. Argument
Trotz zeitlicher Identität können zwei im Unwert völlig unterschiedliche Angriffe auf verschiedene Rechtsgüter mit einer natürlichen Auffassung als verschiedene Taten im prozessualen Sinne verstanden werden.

3. Argument
Für Art. 103 III GG muss die Tat im prozessualen Kontext entsprechend ihrer Angriffsrichtung rechtlich gewürdigt worden sein.

4. Argument
Die Aufweichung der Regel, dass Idealkonkurrenz aufgrund normativer Aspekte automatisch zu einer prozessualen Tat führt, findet auch bei Dauerstraftaten und Organisationsdelikten statt, wobei hier zT auch darauf abgestellt wird, dass das Unrecht der tateinheitlich begangenen Straftat das des Dauerdeliktes übersteigt (Mitgliedschaft in einer terroristischen Vereinigung, § 129a StGB und tateinheitlich begangenes Tötungsdelikt).

Im Beispielsfall:

Ausgehend von einem umfassenden Strafklageverbrauch, stünde *ne bis in idem* und damit Art. 103 III GG einer Anklage des A wegen versuchten Mordes entgegen, da es sich nach dem Kriterium des räumlich-zeitlichen Zusammenhangs um eine Tat im prozessualen Sinne handelt (§ 264 I StPO). Geht man davon aus, dass ein Strafklageverbrauch dann nicht eintritt, wenn der Unwertgehalt des der ersten Verurteilung zugrunde liegenden Lebenssachverhalts hinter der neu zu bewertenden Tat erheblich zurückbleibt, bestimmt man den Begriff der prozessualen Tat normativ und muss neben dem tatsächlichen räumlich-zeitlichen Zusammenhang auch normativ den Angriff auf das Rechtsgut in die Beurteilung der Tat mit einfließen lassen. Nach dieser normativen Betrachtung handelt es sich gerade nicht um eine Tat im prozessualen Sinne, bleibt doch der Angriff auf eine Sache und der Angriff auf ein menschliches Leben im Unwertgehalt erheblich divergierend.

Da beide Ansichten zu unterschiedlichen Ergebnissen führen, ist der Streit zu entscheiden. Der letzten Ansicht ist zuzugeben, dass sie zu einem nach dem Rechtsgefühl der Allgemeinheit »billigeren« Ergebnis führt und durch die normative Auslegung des Begriffs der prozessualen Tat versucht, den Umfang des Strafklageverbrauchs zu minimieren. Allerdings führt diese Ansicht auch zu einer Auflösung des strikt tatsächlich orientierten Begriffs der prozessualen Tat und damit auch zu einer gewissen Konturlosigkeit des Strafklageverbrauchs. Letzterer stellt aber ein durch das Justizgrundrecht des Art. 103 III GG abgesichertes Grundprinzip des Strafverfahrens dar, weshalb auch dessen »unschöne« Konsequenzen zu akzeptieren sind. Allerdings kann mit dem Kriterium der Angriffsrichtung hinsichtlich des Rechtsguts ein relativ eindeutiges normatives Kriterium herangezogen werden, sodass eine wirkliche »Auflösung« des Tatbegriffs und damit des Prinzips des Strafklageverbrauchs nicht zu befürchten ist. Zudem soll nicht jede neue Tatsache die Angriffsrichtung des Tatgeschehens ändern, sondern vielmehr nur dann eine andere Angriffsrichtung vorliegen, wenn der Tat ein völlig neues Gepräge gegeben wird. Ist also der Unwertgehalt des neu bekannt gewordenen Sachverhalts wesentlich höher als der abgeurteilte Sachverhalt, kann von zwei Taten im prozessualen Sinne ausgegangen werden (vgl. *Roxin/Schünemann* StrafVerfR § 20 Rn. 12). Somit kann von zwei verschiedenen Taten im prozessualen Sinn ausgegangen werden. **S könnte demnach wegen versuchten Mordes anklagen** (aA vertretbar).

Exkurs XXIV: Strafklageverbrauch bei Urteilen ausländischer Gerichte

vgl. Meyer-Goßner/Schmitt/*Schmitt* StPO Einl. Rn. 177 ff.

Grundsätzlich führen Urteile ausländischer Gerichte nicht zu einem Strafklageverbrauch iSd Art. 103 III GG (BVerfG NJW 2012, 1202), da es einen allgemeinen zwischenstaatlichen *Ne-bis-in-idem*-Grundsatz als allgemeine Regel des Völkerrechts nicht gibt (BVerfG StraFo 2008, 151 [152]). Allerdings besteht die Möglichkeit zwischenstaatlicher oder supranationaler Vereinbarungen hinsichtlich dieses Grundsatzes. Dies ist für den Schengenraum gem. **Art. 54 SDÜ** (Schengener Durchführungsübereinkommen) geschehen. Es besteht ein Verbot der Verfolgung wegen »derselben Tat«, die durch eine andere Vertragspartei abgeurteilt wurde. Unter »derselben Tat« ist ein Komplex von Tatsachen zu verstehen, die zeitlich und räumlich sowie nach dem Zweck unlösbar untereinander verbunden sind (EuGH NJW 2006, 1781 – Van Esbroeck), wobei dies nicht an dem Begriff des § 264 StPO der prozessualen Tat festzumachen ist (BGHSt 52, 275 [279] = NStZ 2009, 457 [458]). Art. 54 SDÜ setzt allerdings bei einer Verurteilung voraus, dass die Sanktion bereits vollstreckt worden ist, gerade vollstreckt wird oder nach dem Recht des Urteilsstaats nicht mehr vollstreckt werden kann. In Art. 55 SDÜ sind Einschränkungen des Doppelbestrafungsverbots genannt, die die Mitgliedstaaten bei Ratifizierung machen können. Art. 54 SDÜ umfasst auch rechtskräftige Freisprüche (EuGH NJW 2006, 3403 – Gasparini; EuGH NStZ 2007, 410 (Ls.) – Van Straaten), gerichtliche Einstellungen (EuGH NJW 2014, 3010), staatsanwaltschaftliche Einstellungen bei Erfüllung einer Auflage (EuGH NStZ 2003, 1173 – Götzütok und Brügge hinsichtlich § 153a StPO und einer vergleichbaren Regelung nach belgischem Recht), jedoch nicht Einstellungen der Staatsanwaltschaft gem. einer § 170 II StPO oder § 154 I StPO entsprechenden Regelung im Ermittlungsverfahren (EuGH NStZ-RR 2009, 109). Auch werden keine Einstellungen des Verfahrens erfasst, die im Ausland als Kompensation dortiger überlanger Verfahrensdauer, ohne Prüfung der Tatvorwürfe in der Sache, erfolgen (BGH NStZ 2017, 174). Entscheidend ist, dass die Entscheidung im jeweiligen Mitgliedstaat in Rechtskraft erwächst.

Im Unterschied zu Art. 54 SDÜ verzichtet Art. 50 GRCh gerade auf die zusätzliche Voraussetzung einer Vollstreckung und bindet alle EU-Mitgliedstaaten, wohingegen Art. 54 SDÜ für alle Schengen-Staaten gilt (vgl. *Schramm* IntStrafR 141. **Art. 50 GRCh** normiert das Verbot der erneuten Verfolgung oder Bestrafung wegen einer Straftat derentwegen der Täter bereits in der Union nach dem Gesetz rechtskräftig verurteilt oder freigesprochen wurde. Zwar enthält Art. 50 GRCh keine Regelung hinsichtlich der Vollstreckung der Strafe, jedoch wird die Vollstreckungsklausel des Art. 54 SDÜ auch hier angewandt (EuGH NJW 2014, 3007; BVerfG NJW 2012, 1205; BGHSt 56, 11 [14 f.]). Lange Zeit war umstritten, ob Art. 50 GRCh Vorrang gegenüber Art. 54 SDÜ entfaltet. Einer Mindermeinung nach soll Art. 54 SDÜ nur noch für die assoziierten Staaten und sog. Opt-out-Staaten gelten (*Reichling* StV 2010, 238), da Art. 50 GRCh ein neu definiertes, teileuropäisches Doppelstrafverbot darstelle. Als Argument wird aufgeführt, dass aufgrund der Möglichkeit des **Europäischen Haftbefehls** kein Bedürfnis für das Vollstreckungselement mehr bestehe. Auch der Wortlaut des Art. 50 GRCh spreche mit seiner fehlenden Vollstreckungsklausel für diese Ansicht. Jedoch ist es mittlerweile hM, dass Art. 54 SDÜ eine grundrechtskonkretisierende Schrankenbestimmung des Art. 50 GRCh darstellt. Innerhalb des Art. 50 GRCh ist daher das Vollstreckungselement nicht entbehrlich. Der transnationale *Ne-bis-in-idem*-Grundsatz bestimmt sich innerhalb der EU weiterhin nach Art. 54 SDÜ. Dies gilt jedenfalls solange, wie keine unionsweiten Maßnahmen vorhanden sind, die eine Vollstreckung gewährleisten (vgl. *Schramm* IntStrafR 141 f.).

Als Voraussetzungen des Doppelstrafverbots nach Art. 50 GRCh sind deshalb eine rechtskräftige Verurteilung, dieselbe Tat und ein Vollstreckungselement (str.) nötig.

Vgl. zu diesem Komplex *Safferling* IntStrafR § 12 Rn. 77–108. Zur Frage eines unionsrechtlichen Tatbegriffes vgl. *Radtke* NStZ 2012, 479 (484).

Exkurs XXV: Reichweite und Grenzen des Strafklageverbrauchs

vgl. BGH, Beschluss vom 18.12.2018 – StB 52/18, NJW 2019, 1470.

Im Dezember 2018 hatte sich der BGH mit folgender Fragestellung auseinanderzusetzen: Dem Angeklagten wurde durch den Generalbundesanwalt (GBA) Mord (§ 211 StGB) innerhalb einer terroristischen Vereinigung (§129a StGB) in drei Fällen in Tateinheit (§ 52 StGB) mit Kriegsverbrechen gegen die Person (§ 8 VStGB) zur Last gelegt. In einem vorangegangenen Verfahren war der Angeklagte durch Urteil vom OLG Düsseldorf (III-6 StS 5/15) wegen Bildung terroristischer Vereinigungen zu einer Freiheitsstrafe von vier Jahren und sechs Monaten verurteilt worden. Das OLG Düsseldorf hat die Eröffnung des Hauptverfahrens zunächst mit der Begründung abgelehnt, die Durchführung stehe dem Verbot der Doppelbestrafung aus Art. 103 III GG entgegen. Insbesondere aufgrund der schwierigen Beweislage erfülle die Anklage nicht die Anforderungen an eine ausreichende Konkretisierung, da sich das historische Ereignis nicht hinreichend umgrenzen lasse, um sich von anderen strafbaren Handlungen des Angeklagten zu unterscheiden. Es könnte deshalb nicht sicher ausgeschlossen werden, dass es sich bei der erneuten Anklage und der vorangegangenen Verurteilung um eine einheitliche prozessuale Tat handle und gegen den Grundsatz *ne bis in idem* verstoßen werde.

Auf sofortige Beschwerde des GBA entschied der BGH, dass der Beschluss des OLG aufzuheben sei, soweit er die Eröffnung des Hauptverfahrens ablehne. Als Begründung wurde ausgeführt, der Strafklageverbrauch bestimme sich anhand des Umfangs der materiellen Rechtskraft und damit anhand der abgeurteilten prozessualen Tat, dh ein geschichtlicher und zeitlich wie auch sachverhaltlich begrenzter Vorgang, der sich in Anklage und Eröffnungsbeschluss niederschlägt und innerhalb dessen der Angeklagte als Täter oder Teilnehmer einen Straftatbestand verwirklicht haben soll. Dabei steht der prozessuale Tatbegriff jedoch in Beziehung zum materiell-rechtlichen; die Tateinheit (§ 52 StGB) stelle ebenfalls auf einen einheitlichen, prozessualen Tatbegriff ab, und bei Tatmehrheit (§ 53 StGB) liegen grundsätzlich auch mehrere Taten im prozessualen Sinne vor. In diesem Zusammenhang sind die Besonderheiten der abgeurteilten Delikte zu berücksichtigen, wie auch der Umstand, dass ein weites Verständnis des prozessualen Tatbegriffs die Kognitionspflicht (= Pflicht, den dargelegten Sachverhalt vollständig zur Kenntnis zu nehmen und ggf. weiter aufzuklären) des Tatgerichts ausdehnen und dessen Leistungsfähigkeit möglicherweise überschritten werden könnte.

Der Strafklageverbrauch erstreckt sich daher nur auf selbstständige Taten, wenn sie in dem früheren Verfahren tatsächlich Gegenstand der Anklage und Urteilsfindung waren, ohne dass es tatsächlich darauf ankommt, ob sie auch rechtlich als mitgliedschaftlicher Beteiligungsakt gewertet wurden. Ein Angeklagter kann erst dann darauf vertrauen, dass mit seiner rechtskräftigen Aburteilung auch eine zuvor nicht berücksichtigte, in Tateinheit mit einem Betätigungsakt als Mitglied begangene Straftat erledigt ist, wenn diese in ihrer konkreten Ausgestaltung festgestellt worden ist.

29. Problem: Strafklageverbrauch und Spätfolgen der Tat

Beispielsfall:

A wird wegen gefährlicher Körperverletzung gem. § 224 I Nr. 2 StGB verurteilt, weil er B mit einem Stahlkappenschuh gegen den Kopf getreten hat. Zwei Wochen nach Eintritt der Rechtskraft des Urteils stirbt B an einer Hirnblutung, die eine Spätfolge des Trittes darstellt. Kann Staatsanwalt S nun A wegen Körperverletzung mit Todesfolge gem. § 227 StGB anklagen?

Ausgangspunkt:

Materielle Rechtskraft und Strafklageverbrauch.

Grundsätzlich besteht ein Verfahrenshindernis durch Strafklageverbrauch hinsichtlich der prozessualen Tat iSd Art. 103 III GG, § 264 I StPO. Eine Ausnahme ist gegeben bei anderer Angriffsrichtung und dadurch völlig neuem rechtlichen Gepräge der »neuen« Tat (→ **Problem 28**). **Problematisch** ist, dass sich hier die eingetretene Tatfolge nach der letzten Tatsachenverhandlung ändert und die Tat deshalb rechtlich anderes zu qualifizieren ist.

Hinweis: Ändert sich die rechtliche Qualifizierung der Tat während der laufenden Hauptverhandlung, so ist, falls es sich um eine Tat im prozessualen Sinne handelt, ein richterlicher Hinweis gem. § 265 I, II StPO zu geben. Handelt es sich um eine andere prozessuale Tat, so ist gem. § 266 StPO Nachtragsanklage zu erheben.

Lösungsansätze:

I. Möglichkeit einer sog. Vervollständigungsklage

Es besteht kein Strafklageverbrauch bei Spätfolgen einer bereits abgeurteilten Tat. Daher gibt es die Möglichkeit einer Vervollständigungsklage durch die Staatsanwaltschaft.

Vertreten von:
Roxin, Strafverfahrensrecht, 25. Aufl. 1998, § 50 Rn. 17; Löwe/Rosenberg/*Schäfer,* 23. Aufl. 1976, StPO, Einl. Kap. 12 Rn. 32 [Fn. 6]; für weitere Nachweise vgl. Vorauflage.

1. Argument
Das Gerechtigkeitsprinzip verbietet den Angeklagten durch den bloßen Zufall der später eintretenden Spätfolge zu privilegieren.

2. Argument
Die Strafverfolgungsbehörden können den Umstand der Spätfolge gar nicht berücksichtigen, weshalb er auch nicht in Rechtskraft erwächst.

II. Vollständiger Strafklageverbrauch

Es tritt auch bei Spätfolgen einer bereits abgeurteilten Tat Strafklageverbrauch ein. Eine Vervollständigungsklage ist für diese Fälle gesetzlich nicht vorgesehen.

Vertreten von:
BVerfGE 56, 22 (31); 65, 377 (381 aE); *Achenbach* ZStW 87 (1975), 74; Meyer-Goßner/Schmitt/*Schmitt* StPO Einl. Rn. 171 aE; *Roxin/Schünemann* StrafVerfR § 53 Rn. 15; *Schnarr* NStZ 1984, 326 (327); KMR-StPO/*Stuckenberg* StPO § 264 Rn. 35; SK-StPO/*Velten* § 264 Rn. 57; *Volk/Engländer* GK StPO § 32 Rn. 9.

1. Argument
Art. 103 III GG gestattet nur in einem engen Maße Rechtskraftdurchbrechungen bei völlig unerträglichen und schwerwiegenden Fehlurteilen.

2. Argument
Spätfolgen gehören zu ein und derselben Tat iSd §§ 264, 265 StPO, sodass die Rechtssicherheit bei nach Rechtskraft eintretenden Spätfolgen Vorrang genießt.

Im Beispielsfall:

Folgt man der ersten Ansicht, wäre eine erneute Anklage des A wegen Körperverletzung mit Todesfolge gem. § 227 StGB als sog. Vervollständigungsklage möglich. Mit der letzten Ansicht steht einer erneuten Anklage des A wegen Körperverletzung mit Todesfolge das Verfahrenshindernis des Strafklageverbrauchs entgegen.

Da beide Ansichten zu unterschiedlichen Ergebnissen führen, ist der Streit zu entscheiden. Die erste Ansicht hat für sich, dass sie dem **Gerechtigkeitsempfinden** entspricht und die Abhängigkeit der Verurteilung vom Zufall des Eintritts der Spätfolge verhindert. Allerdings widerspricht die erste Ansicht dem Grundsatz »ne bis in idem«, der gerade nicht gestattet, jedes Verfahren wegen neu eingetretener Tatsachen oder Umstände erneut zu verhandeln. Eine gesetzlich nicht vorgesehene Vervollständigungsklage stünde einem Eintritt des Rechtsfriedens durch rechtskräftige Entscheidung entgegen. Die Ausnahmen, die Art. 103 III GG zulassen kann, sind sehr eng zu halten, um den Grundsatz *»ne bis in idem«* nicht *ad absurdum* zu führen. Die Wirkung der materiellen Rechtskraft – der Verbrauch der Strafklage – muss in den meisten Fällen als gewünschte Folge der Herstellung des Rechtsfriedens, auch unter Einbußen im Rahmen der materiellen Gerechtigkeit, hingenommen werden. Aus diesem Grund ist der letzten Ansicht zu folgen. **S kann nicht erneut wegen Körperverletzung mit Todesfolge gem. § 227 StGB anklagen.**

30. Problem: Rechtskrafterstreckung einer Einstellung nach § 153 StPO

Beispielsfall:

Gegen A wird wegen uneidlicher Falschaussage (§ 153 StGB) ermittelt.

a) Die Staatsanwaltschaft sieht mit Zustimmung des Gerichts wegen geringer Schuld und mangelndem öffentlichen Interesse von der Verfolgung der Tat ab (§ 153 I StPO).
b) Das Gericht stellt mit Zustimmung der Staatsanwaltschaft nach Erhebung der Anklage das Verfahren wegen geringer Schuld und mangelndem öffentlichen Interesse ein (§ 153 II StPO).

Später stellt sich heraus, dass A bereits zum wiederholten Male falsch vor Gericht ausgesagt hatte, weil er sich mit falschen Zeugenaussagen gegen Bezahlung eine Nebenerwerbsquelle geschaffen hat. A ist demgemäß bereits einschlägig vorbestraft, was der Staatsanwaltschaft und dem Gericht wegen einer Namensverwechslung im Bundeszentralregisterauszug durch die Registerbehörde nicht bekannt war. Kann die Staatsanwaltschaft in Konstellation a) und b) erneut Anklage erheben?

Ausgangspunkt a):

Materielle Rechtskraft und Strafklageverbrauch bei einer Einstellung aus Opportunitätsgründen gem. § 153 I StPO?

Vorliegend ist eine Einstellung gem. § 153 I StPO durch die Staatsanwaltschaft mit Zustimmung des Gerichts ohne Rechtsfolge wegen geringer Schuld und mangelndem öffentlichen Interesse ohne Rechtsfolge gegeben (vgl. zur Einstellung aus Opportunitätsgründen → **Problem 2**).

Hinweis: Wird ein Verfahren aus Opportunitätsgründen eingestellt (§§ 153, 153a StPO), findet gerade keine der Urteilsfindung entsprechende sorgfältige, umfassende und abschließende Prüfung des Tatgeschehens statt. Bei § 153 I StPO genügt ein Ermittlungsstand, der die Wahrscheinlichkeit eines Vergehens begründet, um bei potenziell geringer Schuld und mangelndem öffentlichen Interesse einzustellen. Bei § 153a StPO darf die Schwere der wahrscheinlichen Schuld einer Einstellung nicht entgegenstehen.

Fraglich ist, ob eine solche Einstellung in materieller Rechtskraft erwächst und damit Strafklageverbrauch eingetreten ist. Art. 103 III GG gilt ausweislich seines Wortlautes nur bei einer erneuten »Bestrafung«. Bei den §§ 153, 153a StPO handelt es sich aber nicht um eine Kriminalstrafe, sondern um eine Einstellung aus Opportunitätsgründen. § 153a I 5 StPO regelt daher eine sog. **beschränkte Rechtskraft** nach Erfüllung der Auflagen und Weisungen (§ 153a I Nr. 1–6 StPO) dahingehend, dass die Tat nicht mehr als Vergehen verfolgt werden kann. Das bedeutet jedoch, dass eine erneute Anklage bei Weigerung der Auflagen- oder Weisungserfüllung oder bei Bekanntwerden eines Verbrechenstatbestandes im Rahmen der einheitlichen prozessualen Tat ohne Weiteres zugelassen ist. Bei § 153 StPO fehlt eine entsprechende Regelung. Eine schlichte Übertragung des § 153a I 5 StPO auf § 153 StPO ist wegen der Abhängigkeit der Entscheidung des § 153a StPO von der Erfüllung von Auflagen und Weisungen nicht möglich, führt doch § 153 StPO zu einer Einstellung ohne Rechtsfolge. Für eine folgenlose Einstellung gem. § 153 I StPO wird von der hM angenommen, dass die Strafklage nicht verbraucht ist, da die Opportunitätsentscheidung lediglich aus Gründen der Verfahrensökonomie getroffen wird und daher jederzeit zurückgenommen werden kann. Zur Beschränkung der Rücknahme unter Gesichtspunkten des Willkürverbots jedoch wird das Vorliegen eines sachlichen Grundes verlangt (vgl. KK-StPO/*Diemer* § 153 Rn. 26). Dieser sachliche Grund liegt hier in der Erkenntnis, dass A bereits mehrmals falsch vor Gericht aussagte und damit eine Art Geschäftsmodell entwickelte und dementsprechend vorbestraft ist. S kann also erneut Anklage gegen A wegen uneidlicher Falschaussage erheben (§ 153 StGB).

Hinweis: Daraus folgt, dass auch Art. 54 SDÜ bei einer Einstellung nach § 153 I StPO nicht greift.

Ausgangspunkt b):

Materielle Rechtskraft und Strafklageverbrauch bei einer Einstellung aus Opportunitätsgründen gem. § 153 II StPO.

Bei der **Einstellung durch Gerichtsbeschluss gem. § 153 II StPO** stellt sich die Situation **anders** dar. Die Einstellung erfolgt hier durch eine das Verfahren beendigende gerichtliche Entscheidung. Vergleicht man den Beschluss nach § 153 II StPO unter dem Aspekt des Rechtsfriedens mit anderen gerichtlichen Entscheidungen dieser Art (§§ 174 II StPO, 211 StPO; § 47 III JGG), so stellt man fest, dass in diesen Fällen stets nur wegen neuer Tatsachen und Beweismittel erneut Klage erhoben werden darf. Diesen Entscheidungen kommt auch beschränkte Rechtskraft zu, sodass dies auch für § 153 II StPO gelten muss, zumal die Unanfechtbarkeit des Einstellungsbeschlusses (§ 153 II 4 StPO) für eine beschränkte Rechtskraftwirkung spricht. Diese Vorschrift würde ausgehöhlt, könnte die Unanfechtbarkeit des Beschlusses einfach durch ein erneutes Anklagen der Tat umgangen werden (so auch BGHSt 48, 331 [334] = NJW 2004, 375 [376]).

Fraglich ist also ausschließlich, welchen Umfang die beschränkte Rechtskraft bei § 153 II StPO einnimmt, wobei nach Ansicht des BGH § 153a I 5 StPO eine Art Grenze in Form eines Erst-Recht-Schlusses für die Einstellung nach § 153 II StPO bildet. Denn wenn sogar bei einer Einstellung unter Auflagen und Weisungen eine Verfolgung der Tat als Verbrechen möglich bleibt, dann muss dies erst recht für die Verfolgung der Tat nach einer rechtsfolgenlosen Einstellung gem. § 153 II StPO gelten (BGHSt 48, 331 [334 f.] = NJW 2004, 375 [376 f.]).

Lösungsansätze:

I. Beschränkung der Rechtskraft auf Vergehen und die Grundlage des Einstellungsbeschlusses

Eine erneute Verfolgbarkeit ist trotz Einstellung nach § 153 II StPO möglich, wenn sich herausstellt, dass es sich eigentlich um ein Verbrechen und nicht nur um ein Vergehen handelt. Dies gilt auch, wenn das Gericht zuvor nur aufgrund eines Subsumtionsirrtums von einem Vergehen ausgegangen ist. Die Ablehnung des öffentlichen Verfolgungsinteresses und die gleichzeitige Bejahung der geringen Schuld des Täters unterfallen jedoch der beschränkten Rechtskraftwirkung.

Vertreten von:
so jetzt auch BGHSt 48, 331 = NJW 2004, 375; OLG Jena BeckRS 2015, 05449; KK-StPO/*Diemer* § 153 Rn. 41.

1. Argument
§ 153 II StPO ist auf Verbrechen von vornherein gar nicht anwendbar, weshalb diese gar nicht von der Rechtskraftwirkung umfasst sein können, da sich Einstellungen nach § 153 II StPO eben nur auf Vergehen beziehen. Eine Verfahrenseinstellung wegen eines Verbrechens gem. § 153 II StPO würde die dem Gericht eingeräumte Entscheidungsbefugnis überschreiten und wäre damit insoweit unwirksam. Im Umkehrschluss kann sich also auch die Rechtskraft einer Einstellung eines Vergehens gem. § 153 II StPO nicht auf Verbrechen erstrecken.

2. Argument
§ 153 II StPO ist mit § 153a I StPO vergleichbar, weshalb § 153a I 5 StPO analog anwendbar ist.

3. Argument
Die gerichtliche Entscheidung nach § 153 II StPO kann mit einem gerichtlichen Urteil verglichen werden, bei dem der Freispruch keine geringere Sperrwirkung nach sich zieht als die Verurteilung. Dieser Gedanke kann auf die richterliche Einstellung gem. § 153 II StPO übertragen werden, sodass eine beschränkte Rechtskraft für den Bereich der Vergehen der prozessualen Tat gilt.

II. Beschränkung der Rechtskraft auf die bekannte Tatsachen- und Beweismittellage

Eine Entscheidung nach § 153 II StPO steht einer erneuten Anklage nicht entgegen, wenn neue Beweismittel oder Tatsachen bekannt werden, die die Grundlage des Einstellungsbeschlusses betreffen. Die neuen Tatsachen und Beweismittel können sich also auch auf die Beurteilung der geringen Schuld und des mangelnden öffentlichen Interesses beziehen.

Vertreten von:
Beulke/Swoboda StrafProzR Rn. 336; *Beulke* JR 2005, 31 (37); Löwe/Rosenberg/*Beulke,* 27. Auflage 2018, StPO § 153 Rn. 90.

Argument
Die vergleichbare Interessenlage gebietet eine analoge Anwendung der §§ 174, 211 StPO, § 47 JGG.

III. Beschränkung der Rechtskraft auf Vergehen und die bekannte Tatsachen- und Beweismittellage bei Verbrechen

Eine Entscheidung nach § 153 II StPO steht einer erneuten Anklage dann nicht entgegen, wenn neue Tatsachen und Beweismittel bekannt werden, die die Tat nunmehr als Verbrechen erscheinen lassen.

Vertreten von:
OLG Hamm JMBlNW 1951, 113 f.; *Heinitz* JZ 1963, 133.

1. Argument
Reine Subsumtionsfehler dürfen weder bei § 153 StPO noch bei § 153a StPO zu einer erneuten Verfolgung führen, wenn sich erst nach Einstellung die zutreffende rechtliche Würdigung als Verbrechen ergibt.

2. Argument
§ 153 II StPO schafft Rechtsfrieden und auch einen Vertrauenstatbestand für den Betroffenen. Diese gesicherte Rechtslage zu durchbrechen ist wegen eines Kategoriewechsels der Tat aufgrund neuer Tatsachen und Beweismittel möglich.

IV. Beschränkung der Rechtskraft auf die bekannte Tatsachen- und Beweismittellage bei Vergehen

Eine Einstellung gem. § 153 II StPO steht einer erneuten Anklage dann nicht entgegen, wenn sich die Tat entweder nachträglich als Verbrechen darstellt oder neue Tatsachen/Beweismittel bekannt werden, die zu einer neuen rechtlichen Qualifizierung der Tat und daraus folgend zu einer erhöhten Strafbarkeit führen.

Vertreten von:
BayObLG NJW 1965, 828; Meyer-Goßner/Schmitt/*Schmitt* StPO § 153 Rn. 38.

1. Argument
Neue Tatsachen oder Beweismittel, die die Rechtslage unverändert lassen, könnten nur die Beurteilung der geringen Schuld oder das fehlende öffentliche Interesse beeinflussen. Die beschränkte materielle Rechtskraft des Einstellungsbeschlusses ist davon nicht betroffen.

2. Argument
Das Systemgefüge der §§ 153 ff. StPO verbietet eine erneute Verfolgung aufgrund neuer Tatsachen und Beweismittel ohne andere rechtliche Qualifizierung der Tat.

V. Beschränkung der Rechtskraft auf Vergehen und die bekannte Tatsachen- und Beweismittellage hinsichtlich der Grundlagen der Einstellung

Trotz Einstellung nach § 153 II StPO ist eine Tat erneut verfolgbar, wenn sie sich entweder nachträglich als Verbrechen darstellt oder neue Tatsachen oder Beweismittel bekannt werden, die die geringere Schuld oder das fehlende öffentliche Interesse beseitigen.

Vertreten von:
Roxin/Schünemann StrafVerfR § 14 Rn. 26.

1. Argument
Auch bei § 153 II StPO hat sich die beschränkte Rechtskraftwirkung an dem durchgängigen Gedanken bei verfahrensbeendigenden Maßnahmen zu orientieren, dass

neue Tatsachen oder Beweismittel grundsätzlich zur weiteren Verfolgung führen (§§ 174 II, 211 StPO, § 47 III JGG).

2. Argument
Verbrechen sind § 153 StPO gänzlich entzogen, sodass es bezüglich dieser niemals eine Rechtskraftwirkung geben kann, selbst dann nicht, wenn das Gericht hinsichtlich der Qualität der Tat als Verbrechen einem Subsumtionsirrtum unterlag.

Im Beispielsfall:

Mit der ersten Ansicht kann gegen A nicht erneut Anklage erhoben werden, da die neu bekanntgewordene Tatsache am verwirklichten Delikt der uneidlichen Falschaussage (§ 153 StGB) nichts ändert und auch die Grundlagen der Einstellungsentscheidung vor den neuen Erkenntnissen Bestand haben. Die zweite Ansicht kommt zum Ergebnis, dass A erneut wegen uneidlicher Falschaussage angeklagt werden kann. Denn die Grundlagen des Einstellungsbeschlusses sind durch die neuen Tatsachen und Beweismittel (mehrmalige Tatbegehung als Erwerbsquelle; einschlägige Vorstrafen) betroffen, da die Beurteilung des öffentlichen Interesses wegen der Vorstrafen anders ausfallen wird. Die dritte Ansicht führt zu dem Ergebnis, dass keine erneute Anklage gegen A erhoben werden darf, da sich der Deliktscharakter nicht verändert hat und für die Beurteilung der Einstellungsentscheidung die frühere Tatsachengrundlage maßgeblich bleibt. Ebenso geht die vierte Ansicht davon aus, dass eine erneute Anklage des A nicht in Betracht kommt. Es würde zwar für die Ansicht ausreichen, dass sich alternativ der Deliktscharakter ändert oder neue Tatsachen/Beweismittel zu einer erhöhten Strafbarkeit aufgrund einer materiell-rechtlichen Qualifizierung führen würden. Allerdings ändern die neuen Tatsachen nicht die rechtliche Qualifizierung der Tat, sondern allenfalls Strafzumessungsaspekte oder prozessuale Grundlagen der Entscheidung. Die letzte Ansicht geht von einer erneuten Anklagemöglichkeit der Staatsanwaltschaft aus, denn das durch die neuen Tatsachen begründete öffentliche Interesse soll dafür ausreichen.

Da die verschiedenen Ansichten zu unterschiedlichen Ergebnissen führen, ist der Streit zu entscheiden. Da weitgehend Einigkeit dahingehend besteht, dass ein Strafklageverbrauch dann nicht anzunehmen ist, wenn sich die Tat **nachträglich als Verbrechen** darstellt (und zwar unabhängig davon, ob das Verbrechen auf neuen Tatsachen oder einer anderen rechtlichen Bewertung beruht, vgl. BGHSt 48, 331 [335] = NJW 2004, 375 [376]), bezieht sich der Streitentscheid maßgeblich auf die Frage, inwieweit neue Tatsachen und Beweismittel den Strafklageverbrauch entfallen lassen. Einer Übertragung der Rechtsgedanken der §§ 174 II, 211 StPO sowie des § 47 III JGG ist grundsätzlich kritisch gegenüberzustehen. § 47 III JGG ist schwer für andere Prozessordnungen fruchtbar zu machen, da die Norm eng im Zusammenhang des Jugendstrafrechts und damit mit dem Erziehungsgedanken steht. § 211 StPO kann ebenfalls nur eingeschränkt mit § 153 II StPO verglichen werden, enthält doch die damit zusammenhängende Norm des § 204 StPO eine bloße Verdachtsprüfung außerhalb der Hauptverhandlung im schriftlichen Verfahren. Die in § 153 II StPO geregelte Entscheidung aber ergeht nach umfassender Sachprüfung (vgl. BGHSt 48, 331 [335] = NJW 2004, 375 [376]). Daraus folgert der BGH auch seine der ersten Auffassung entsprechende Ansicht. Denn je umfangreicher die Möglichkeit des Gerichts zur sachgerechten Ermittlung des Schuldvorwurfs ausgestaltet ist und je ausgeprägter damit die Sicherungen für eine sachgerechte Entscheidung waren, desto größeres Vertrauen darf der Angeklagte in den Bestand der Entscheidung setzen. Im Rahmen des § 153 II StPO entscheidet gerade ein Richter, dem eine Sachverhaltsaufklärung in einer dem Urteil entsprechenden Art und Weise möglich ist und dessen Entscheidung von der Zustimmung der Staatsanwaltschaft abhängig ist, wodurch doppelte Prüfung und wechselseitige Kontrolle bestehen. Dies muss sich eben auf die Bindungswirkung der Entscheidung auswirken. Eine ohne Weiteres erfolgte Wiederaufnahme bei neuen Tatsachen widerspräche der systematischen Einordnung des § 153 II StPO wegen seiner Ähnlichkeit zum Urteilsverfahren hinsichtlich des Umfangs der Sachverhaltsaufklärung. Ein durch Urteil abgeschlossenes Verfahren kann aber gem. § 362 StPO gerade nicht allein wegen neuer Tatsachen unter Durchbrechung der Rechtskraft einer Wiederaufnahme zugeführt werden. Wenn dem Gericht aber im Rahmen des § 153 II StPO dasselbe Aufklärungspotential zur Verfügung steht wie in dem Urteil zugrunde liegenden Verfahren, so gebietet sich diesbezüglich keine Ungleichbehandlung im Rahmen des Umfangs der Rechtskraft (vgl. zu dieser Argumentation BGHSt 48, 331 [336 ff.] = NJW 2004, 375 [376 ff.]). Eine Unterstützung seiner Ansicht sieht der BGH bei Betrachtung des § 373a StPO. Dieser sieht eine Wiederaufnahme eines durch rechtskräftigen Strafbefehl erledigten Verfahrens nur dann vor, wenn neue Tatsachen den Vorwurf eines Verbrechens begründen. Im Strafbefehlsverfahren erfolgt allerdings lediglich eine summarische Prüfung. Da die Einstellung gem. § 153 II StPO aufgrund einer vorherigen umfassenden Sachprüfung erfolgt, ist nicht ersichtlich, weshalb diese Einstellung weniger Bestandskraft haben soll, als die aufgrund einer summarischen Prüfung ergehende Strafbefehlsentscheidung (BGHSt 48, 331 [338] = NJW 2004, 375 [377]). Aus diesem Grund ist ein beschränkter Strafklageverbrauch hinsichtlich Vergehen und hinsichtlich der dem Einstellungsbeschluss zugrunde liegenden Tatsachen anzunehmen. A kann deshalb nicht erneut wegen der uneidlichen Falschaussage (§ 153 StGB) angeklagt werden (aA vertretbar).

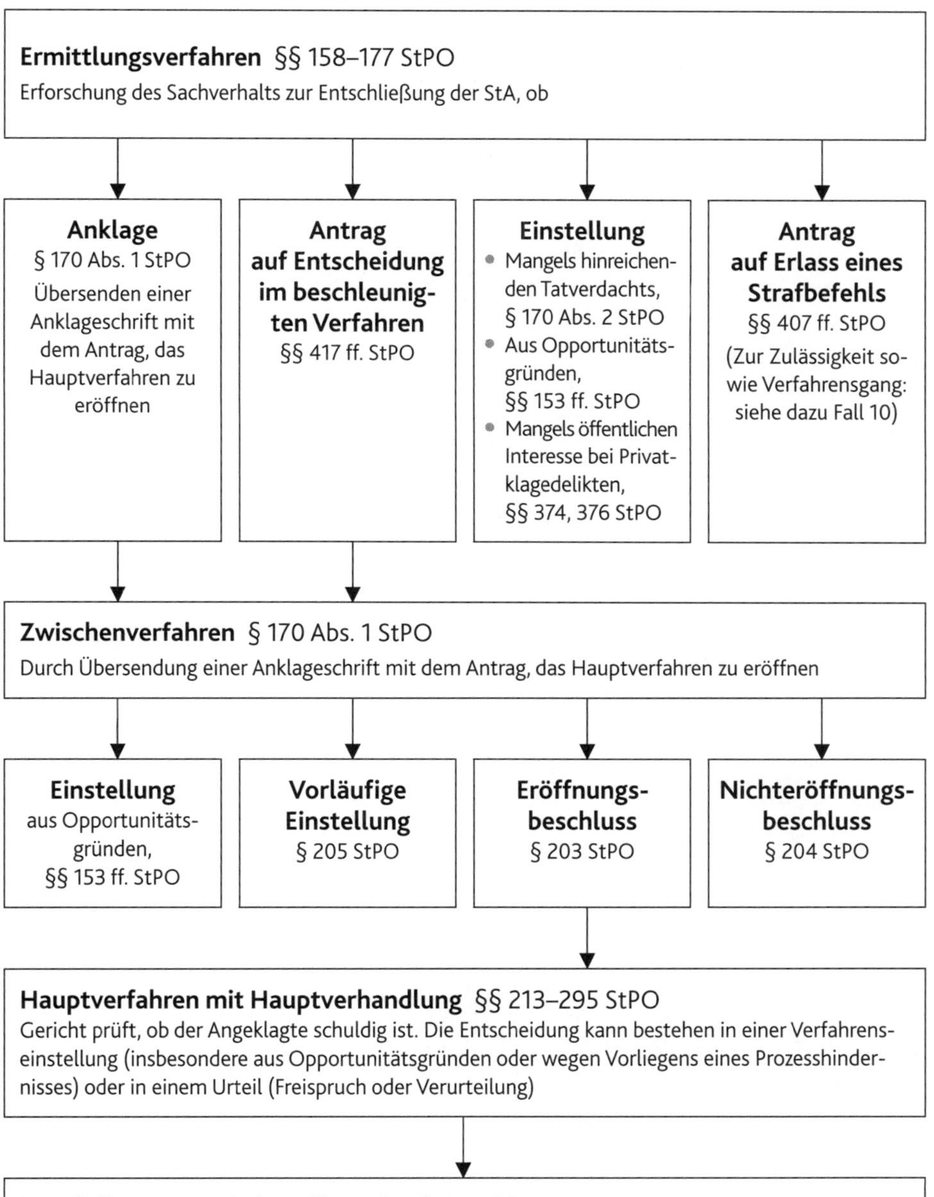
Tat im prozessualen Sinne
einfacher Anfangsverdacht (§ 152 Abs. 2 StPO)
Ermittlungsverfahren §§ 158–177 StPO
Erforschung des Sachverhalts zur Entschließung der StA, ob
Anklage
§ 170 Abs. 1 StPO
Übersenden einer Anklageschrift mit dem Antrag, das Hauptverfahren zu eröffnen
Antrag auf Entscheidung im beschleunigten Verfahren
§§ 417 ff. StPO
Einstellung
Mangels hinreichenden Tatverdachts, § 170 Abs. 2 StPO
Aus Opportunitätsgründen, §§ 153 ff. StPO
Mangels öffentlichen Interesse bei Privatklagedelikten, §§ 374, 376 StPO
Antrag auf Erlass eines Strafbefehls
§§ 407 ff. StPO
(Zur Zulässigkeit sowie Verfahrensgang: siehe dazu Fall 10)
Zwischenverfahren § 170 Abs. 1 StPO
Durch Übersendung einer Anklageschrift mit dem Antrag, das Hauptverfahren zu eröffnen
Einstellung
aus Opportunitätsgründen, §§ 153 ff. StPO
Vorläufige Einstellung
§ 205 StPO
Eröffnungsbeschluss
§ 203 StPO
Nichteröffnungsbeschluss
§ 204 StPO
Hauptverfahren mit Hauptverhandlung §§ 213–295 StPO
Gericht prüft, ob der Angeklagte schuldig ist. Die Entscheidung kann bestehen in einer Verfahrenseinstellung (insbesondere aus Opportunitätsgründen oder wegen Vorliegens eines Prozesshindernisses) oder in einem Urteil (Freispruch oder Verurteilung)
Urteil § 260 StPO / Einstellung durch Beschluss
Rechtskraft des Urteils oder Rechtsmittel (Berufung; Revision)